U0924164

国家社会科学基金资助项目（06XJL011）
西安电子科技大学学科建设项目资助

陕西省科学技术厅资助出版

21世纪
科技与社会发展丛书
（第二辑）
丛书主编 徐冠华

中国西部区域发展路径
——层级增长极网络化发展模式

张建军 /著

科学出版社
北京

内 容 简 介

本书以区域非均衡发展思想和系统理论为指导，在回顾众多传统区域经济发展理论的基础上，提出了一个全新的区域经济发展理论——层级增长极网络化发展理论及其模式，并结合中国西部区域经济发展的现实约束条件，提出了促进西部区域生产活动与人口分布向层级增长极网络辐射带内地理聚集或集中是实现西部开发成功的关键的观点。最后，本书从区域空间发展的视角提出了中国西部区域走层级增长极网络化发展模式的战略对策及路径选择。

本书可供中国区域经济发展理论与实践领域的研究人员、工作人员、对该领域发展感兴趣的人士及高校学生阅读。

图书在版编目(CIP)数据

中国西部区域发展路径：层级增长极网络化发展模式／张建军著.—北京：科学出版社，2009

(21世纪科技与社会发展丛书)

ISBN 978-7-03-025746-8

Ⅰ. 中…　Ⅱ. 张…　Ⅲ. ①区域发展－研究－西北地区　②区域发展－研究－西南地区　Ⅳ. F127

中国版本图书馆CIP数据核字（2009）第180285号

丛书策划：胡升华　侯俊琳

责任编辑：牛　玲　宋　旭　陈珊珊／责任校对：张　琪

责任印制：赵德静／封面设计：黄华斌

编辑部电话：010-64035853

E-mail：houjunlin@mail.sciencep.com

科学出版社 出版

北京东黄城根北街16号

邮政编码：100717

http://www.sciencep.com

中国科学院印刷厂 印刷

科学出版社发行　各地新华书店经销

*

2010年1月第　一　版　开本：B5（720×1000）

2010年1月第一次印刷　印张：13 3/4

印数：1—2 000　　字数：246 000

定价：43.00元

（如有印装质量问题，我社负责调换〈科印〉）

“21世纪科技与社会发展丛书”第二辑

编委会

总　序

进入21世纪，经济全球化的浪潮风起云涌，世界科技进步突飞猛进，国际政治、军事形势变幻莫测，文化间的冲突与交融日渐凸显，生态、环境危机更加严峻，所有这些构成了新世纪最鲜明的时代特征。在这种形势下，一个国家和地区的经济社会发展问题也随之超越了地域、时间、领域的局限，国际的、国内的、当前的、未来的、经济的、科技的、环境的等各类相关因素之间的冲突与吸纳、融合与排斥、重叠与挤压，构成了一幅错综复杂的图景。软科学为从根本上解决经济社会发展问题提供了良方。

软科学一词最早源于英国出版的《科学的科学》一书。日本则是最早使用“软科学”名称的国家。尽管目前国内外专家学者对软科学有着不同的称谓，但其基本指向都是通过综合性的知识体系、思维工具和分析方法，研究人类面临的复杂经济社会系统，为各种类型及各个层次的决策提供科学依据。它注重从政治、经济、科技、文化、环境等各个社会环节的内在联系中发现客观规律，寻求解决问题的途径和方案。世界各国，特别是西方发达国家，都高度重视软科学研究和决策咨询。软科学的广泛应用，在相当程度上改善和提升了发达国家的战略决策水平、公共管理水平，促进了其经济社会的发展。

在我国，自十一届三中全会以来，面对改革开放的新形势和新科技革命的机遇与挑战，党中央大力号召全党和全国人民解放思想、实事求是，提倡尊重知识、尊重人才，积极推进决策民主化、科学化。1986年，国家科委在北京召开全国软科学研究工作座谈会，时任国务院副总理的万里代表党中央、国务院到会讲话，第一次把软科学研究提到为我国政治体制改革服务的高度。1988年、1990年，党中央、国务院进一步发出“大力发展软科学”、“加强软科学研究”的号召。此后，我国软科学研究工作体系逐步完善，理论和方法不断创新，软科学事业有了蓬勃发展。2003～2005年的国家中长期科学和技术发展规划战略研究，是新世纪我国规模最大的一次软科学研究，也是最为成功的软科学研究之一，集中体现了党中央、国务院坚持决策科学化、民主化的执政理念。规划领导小组组长温家宝总理反复强调，必须坚持科学化、民主化的原则，最广泛地听取和吸收科学家的意见和建议。在国务院领导下，科技部会同有关部门实现跨部门、跨行业、跨学科联合研究，广泛吸纳各方意见和建议，提出我国中长期科技发展总体思路、目标、任务和重点领域，为规划未来15年科技发展蓝图做出了突出贡献。

在党的正确方针政策指引下，我国地方软科学管理和研究机构如雨后春笋般大量涌现。大多数省、自治区、直辖市政府，已将机关职能部门的政策研究室等机构扩展成独立的软科学研究机构，使地方政府所属的软科学研究机构达到一定程度的专业化和规模化，并从组织上确立了软科学研究在地方政府管理、决策程序和体制中的地位。与此同时，大批咨询机构相继成立，由自然科学和社会科学工作者及管理工作者等组成的省市科技顾问团，成为地方政府的最高咨询机构。以科技专业学会为基础组成的咨询机构也非常活跃，它们不仅承担国家、部门和地区重大决策问题研究，还面向企业提供工程咨询、技术咨询、管理咨询、市场预测及各种培训等。这些研究机构的迅速壮大，为我国地方软科学事业的发展铺设了道路。

软科学研究成果是具有潜在经济社会效益的宝贵财富。希望“21世纪科技与社会发展丛书”的出版发行，能够带动软科学的深入研究，为新世纪我国经济社会的发展做出积极贡献。

徐冠华

2009年2月21日

第二辑序

近年来，软科学作为一门立足实践、面向决策的新兴学科，在科学技术飞速发展和经济全球化的今天，越来越受到社会各界的广泛关注，已经成为中国公共管理学科乃至整个社会科学研究领域一个极为重要且富有活力的部分。当前，面对国际政治经济形势的急剧变化和复杂局面，我国各级政府将面临诸多改革与发展的种种问题，需要分析研究、需要正确决策，这就需要软科学研究的有力支撑。

陕西科教实力位居全国前列，拥有丰富的知识和科技资源。利用好这一知识资源优势发展陕西经济，构建和谐社会，并将一个经济欠发达的省份建设成西部强省，一直是历届陕西省委、省政府关注的重要工作。在全省上下深入学习科学发展观之际，面对当前国际金融危机，如何更好地集成科技资源，提升创新能力，通过建立产、学、研、用合作互动机制，促进结构调整和产业升级，推动经济社会发展，是全省科技工作者需要为之努力奋斗的目标。软科学研究者更是要发挥科学决策的参谋助手作用，为实现科技强省献计献策。

陕西省的软科学研究工作始于 1990 年，在国内第一批建立了软科学研究计划管理体系，成立了陕西省软科学研究机构。多年来，通过理论与实践的结合，政府决策和专家学者咨询的融合，陕西省软科学研究以加快陕西改革与发展为导向，从全省经济社会发展的重大问题出发，组织、引导专家学者综合运用自然科学、社会科学和工程技术等多门类、多学科知识，开展战略研究、规划研究、政策研究、科学决策研究、重大项目可行性论证等，取得了一批高水平的研究成果，为各级政府和管理部门提供了决策支撑和参考。

为了更好地展示这些研究成果，近年来，陕西省科技厅先后编辑出版了《陕西软科学研究 2006》、《陕西软科学研究 2008》，受到了省内广大软科学研究工作者的广泛关注和一致好评。为了进一步扩大我省软科学研究成果的交流，促进应用，自2009年起连续三年，陕西省科技厅将资助出版“21世纪科技与社会发展丛书”。该丛书第二辑汇集了我省近一年来优秀软科学成果专著10部，对于该丛书的出版，我感到非常高兴，相信丛书的出版发行，对于扩大软科学研究成果的影响，凝聚软科学研究人才，多出有价值、高质量的软科学研究成果，有效发挥软科学研究在区域科技、经济、社会发展中的咨询和参谋作用，不断提升我省软科学研究水平具有重要意义。

感谢各位专家学者对丛书的贡献，感谢科学出版社的大力支持。衷心希望陕西涌现出更多的在全国有影响的软科学研究专家和研究成果。祝愿丛书得到更为广泛的关注，越办越好。

朱静芝

2009年5月25日

前　　言

2007年10月，党的“十七大”提出，在新的发展阶段继续全面建设小康社会、发展中国特色社会主义，必须坚持以邓小平理论和“三个代表”重要思想为指导，深入贯彻落实科学发展观。科学发展观的第一要务是发展，核心是以人为本，基本要求是全面协调可持续，根本方法是统筹兼顾。而要深入贯彻落实科学发展观，首先要求我们积极构建社会主义和谐社会。

我国西部地区是一个自然资源富集区，特别是能源、矿产、生物以及旅游等资源相对丰富，但是这样一个资源富集区的经济社会发展水平却与东部甚至中部地区存在很大的差距。有关统计资料显示，目前西部地区仍有60%左右的劳动力依赖土地生存，地区生产总值中来自第一产业的比重高达20%以上；工业生产中，基于资源开采、加工的采掘业和原材料工业的比重为45%，其中超过50%的省区有青海、新疆、甘肃、西藏、内蒙古、宁夏。由于受技术水平和经济条件的制约，西部地区对资源的开发利用总体上仍属于粗放型。农业灌溉还是大水漫灌，能源资源开采是“吃肥丢瘦、采厚弃薄、挖浅甩深、采大弃小”的掠夺式开采。经济发展对能矿资源的依赖及其粗放的利用方式，使得西部地区脆弱的生态环境难以承受重压。从2004年资料计算来看，全国的工业废水排放达标率为90.7%，其中东部、东北部、中部分别为94.8%、91.1%和89.2%，西部最低，仅有83.16%；西部地区的工业废水和废气排放量分别占全国的22.1%和25.1%，而工业固体废物排放量占全国总量的53.3%；环境污染与破坏事故占全国总量的43.8%，污染造成的直接经济损失占全国比重高达91.6%（姚慧琴等，2007）。

以上这些事实说明一个重要的问题，那就是西部地区经济社会发展对自然资源依赖程度很高，而资源的开采和利用方式却很粗放，环境破坏严重，生态压力很大。在这样的情况下，西部地区显然成为全国经济发展的一个“洼地”。如果西部地区不能及时找到一条科学有效的经济社会发展战略路径，那么将直接影响我国全面建设小康社会的进程。

然而随着我国经济的不断快速发展，东、西部区域经济差距越来越大，特别是东、西部区域经济差异已经威胁到了整个国民经济的协调发展，影响到我国在21世纪中叶全面建设小康社会目标的实现。此外，东、西部区域经济的分化也已经严重制约了我国统一大市场的形成，影响了国内有效需求的扩大。同时，西部地处边陲，边境线漫长，又是少数民族聚居区，自然环境较为恶劣，如果西部区域经济长期陷于贫困和不发达的状态，势必会影响我国地缘经济的安全，并可能直接影响到我国政治社会的稳定与民族团结。因此，无论是从区域经济发展本身还是从政治社会稳定的角度来看，研究西部区域开发问题都具有非常重大的意义和学术价值。

当前学术界认为就西部大开发而言，目前的研究任务主要有三条。①研究促进西部区域开发的基本理论问题，建立西部区域经济发展理论，也就是要用何种开发理论来指导西部区域开发的实践，以解决西部大开发的必要性问题；②系统设计西部区域开发的思路，制定西部区域开发的战略构想，以解决西部区域开发的目标模式选择问题；③研究促进西部区域开发的对策和具体操作方法，制定西部区域开发的战略规划，以解决怎样促进西部大开发的问题。

我国西部地区自然环境较为恶劣，由于历史和现实的众多原因，广大地区经济发展仍然相当滞后，交通、通信等基础设施不完善，属于典型的欠发达地区。对于西部这样欠发达地区的开发问题，学术界已经有了较丰富的研究成果。但从当前西部区域开发的理论与实践的现状来看，仍然存在很多不足和需要进一步研究的问题，主要表现在以下几个方面。

1）针对西部区域开发的基本理论研究得不够。白永秀和任保平（2001）认为目前关于西部区域开发问题过于重视实证研究和应用研究，研究的侧重点局限于一般的就事论事和政策性阐释，急功近利的现象比较严重，缺乏从宏观的、长远的角度来对西部区域开发问题进行总体研究，没有揭示出西部区域开发过程中的若干内在、本质、必然性联系，特别是对西部区域开发的特征、规律和发展模式等基本问题研究得不够。正是由于没有从理论的高度去有效揭示西部区域开发的内在规律，尽管关于西部区域开发的研究成果很多，但真正能对西部区域开发起到指导作用的成果却很少。

2）缺乏整体系统的研究。从整个区域经济的总体特征来看，整个西部区域的地缘结构、经济、人文等诸多方面有着共同的特征，因此在西部区域开发的研究中应把西部作为一个整体来研究、看待，对西部区域开发问题进行整体、系统的研究。而从现有的研究成果来看，专题式的孤立研究比较多，有些侧重于战略研究，虽然有气势宏大的战略口号，然而内容空洞，缺乏实际可操作性。

3）对西部经济体制创新研究得不够深入。东部、西部经济的差异很大程度上是由于体制差异引起的，体制不健全、体制创新滞后是西部经济落后的主要原因。现有研究成果在这方面显得不足。

在现有的西部发展研究文库中，多数学者研究的视点放在线性的西部区域空间经济关系的认识平台上。在传统的城市化研究领域，不少学者关注的是空间变化过程和聚集过程。本书力图借助非线性的“网络”概念来探索西部区域经济活动的组织结构特征，并以西部区域网络化关联发展为切入点，揭示城乡相互作用关系的经济社会学实质，以此拓宽城市化研究的空间，构建新的理论框架。

正是基于以上对西部地区经济发展的认识，本书选择了以西部地区经济社会发展模式为研究主题，期望在认真总结、吸取众多区域经济发展理论和模式的基础上能够发展和寻找一条科学、高效、适合西部地区经济社会快速推进和发展的路径。

从西部区域自身的发展来看，当前制约西部区域经济发展的主要约束条件有6个。①西部地区的生态环境十分脆弱，极易破坏却很难恢复；②西部区域经济发展面临着日益严重的资源瓶颈的制约；③相对封闭的内陆性区位条件，基础设施落后，交通不便；④恶劣的自然地理条件，自然灾害频繁；⑤西部地域辽阔，经济的内向性特征明显，资源分布不均衡；⑥资金筹集困难。西部大开发是关系到21世纪我国全面建设小康社会能否实现的重大战略问题，对西部区域制度创新研究得不够深入，区域开发和城乡统筹发展以及区域经济发展模式（孙久文，2004）仍然需要进一步深入的研究。因此，从何种角度入手，选择何种开发模式来促进西部区域经济发展成为当务之急。

当今世界，信息化和全球化已经成为这个时代最重要的内容，交流互动和网络关联是其最重要的特征。高速发展的电信和信息技术塑造了一个全球网络化世界。在这个网络世界里，出现了许多新的社会经济行为规则和发展特点。例如，工业社会通行的建立在牛顿力学基础上的线性思维方式被非线性思维方式所取代。又如，当实质上的邻近关系（场所）被不分何物、何时、何地的多重互动关系（空间）所取代，中介者的机会将大幅度增加。所有这些都表明，地理上的邻近地区和一个地区范围内的城市的相对规模比起过去可能变得不太重要。另外，我们不仅生活在一个日益变小的世界，而且还生活在一个日益相互依赖的世界，这种相互依赖的构成机制存在于大量的网络交往关系中。因此，经济发展的地域约束越来越小，空间关联约束越来越大。这种全球化的大趋势把人们纳入一个无法摆脱的关联交往、相互作用和相互依赖的网络之中。由此看来，区域增长极网络关联的层级增长极网络发展模式，是与全球化和信息化时代的发展趋势相当吻合的。

综上所述，作为本书提出的可供区域发展选择和参考的层级增长极网络开发战略模式，无疑具有科学的立论依据。在本书的研究中，作者运用层级增长极网络开发理论深入揭示了西部区域网络化发展过程中的网络构建、系统运行以及协同发展等方面最具本质规定性的东西，这为进一步确立层级增长极网络开发理论提供了更为重要的科学依据。

在理论研究方面，本书有以下创新。

1）在总结增长极理论、点轴开发理论、核心－边缘理论、梯度推移理论以及网络开发理论等现有研究成果的基础上，依据区域经济发展的规律和特点，提出了层级增长极网络化发展的概念。在此基础上提出了区域层级增长极网络化发展理论，并对该理论从基本概念、内涵、运行机理、形成条件、特征和功能等方面进行了系统研究与分析。

2）对区域层级增长极网络化发展理论的理论模型、衡量指标和方法进行了具体分析，构建了区域层级增长极网络化发展的理论模型和数理模型，并结合西部区域经济发展的实际进行了实证分析，认为西部区域经济发展战略模式采用层级增长极网络化发展的战略模式具有可行性。

3）提出西部区域经济发展受到两大条件的约束：区域经济空间格局不经济和自然地理环境的制约，在这两大条件的约束下，在区域层级增长极网络化发展模式的框架下促进西部区域生产活动与人口分布向层级增长极网络辐射带内地理聚集或集中是实现西部区域开发成功的关键的观点。

4）区域层级增长极网络化发展模式大大拓展了前人的研究成果，该理论模式以区域经济社会全面协调发展为目标，从一个农村大国的欠发达区域的现实出发，以提高空间经济组织化程度为目的，开拓了区域开发模式研究的新视野。国内外区域经济学和城乡发展研究的成果，只是把网络发展作为一定区域发展阶段的产物或模式，而本书则提出把网络化发展作为一个区域有序化发展的前提条件，作为指导一个区域发展全过程的基本模式。不仅把网络化作为一种现代区域发展现象加以认识，更重要的是把它作为一种再发展的动力机制和充要条件。以上这些均是在吸收和借鉴前人研究成果的基础上提出的新的理论模式和概念，同时也是本书的创新点。

层级增长极网络理论的框架构建是区域经济发展理论的一次新探索，对于经济欠发达地区的区域经济发展和结构演变、区域内和区域间的协调发展，对于我国西部地区情况类似的其他区域经济开发具有较为普遍的借鉴和指导意义。

从上述分析来看，本书的选题意义重大，具有较高的学术价值，特别是本书以对欠发达地区开发有重要影响的增长极理论为理论基础，提出了对欠发达地区有普遍借鉴和指导意义的层级增长极网络开发理论，创新性明显，深入探索了新形势下的西部区域开发战略模式问题，为西部区域经济发展提供了一条有益的路径选择。

张建军

2009 年 3 月

目　　录

第一章　层级增长极网络化发展的研究进展及理论背景

第一节　层级增长极网络化发展的研究进展

一、区域空间经济网络化发展

在现实社会经济生活中，人们已经意识到区域经济发展不能忽视空间经济关系的变化。区域经济空间结构的发展变化深刻影响着一个区域经济社会的发展变迁趋势和走向。区域经济发展不仅需要体制创新、管理创新和技术创新，更需要区域空间经济结构创新和空间经济关联机制的创新。随着全球经济竞争日益激烈和新经济（以新技术革命为代表的新兴产品生命周期的变短和不断革新的趋势）的出现，特别是全球经济一体化的发展，区域间各种经济活动主体之间的空间交往关系也变得日趋复杂化和网络化。在当今社会，经济信息化、区域经济城市化以及国际经济全球化等发展大趋势都无不蕴涵着空间经济网络化的内容。区域经济空间网络化的发展趋势和现象已经受到国内外经济学者的普遍关注。

（一）国内研究

从目前我国国内关于区域空间经济网络化发展的研究现状来看，涉足空间经济领域的主要是地理科学和区域经济研究方面的学者，研究的视角主要侧重于三个方面。①对区域空间相互作用原理的探讨。区域之间和区域内城乡之间客观存在着交通和通信等各种关联性基础设施，以及以这种关联性实体为主要载体的各种要素流。这种要素流的存在使空间域（区域城乡各类要素输入与输出实体）发生联系和互相影响，这就是空间相互作用。不少学者从距离衰减原理、最大熵原理和重力模型等方面探讨了空间相互作用的理论模式（杨吾杨，1989；牛文元，1992；王铮和丁金宏，1994）。但是，国内至今鲜见有关城乡空间相互作用的有价值的应用性研究成果。②区域空间结构及空间组织原理方面的研究。在区域和城乡发展研究中，为了深刻认识社会经济空间组织的构架或脉络，有的学者在区位论研究的基础上提出了“空间结构”学说（陆大道，1995a），认为空间经济结构特征是区域发展的重要指示器，并阐释了“点轴开发”这种社会经济空间网络组织的有效形式。为了深入剖析经济活动的空间选择问题，有的学者从系统与结构两个层面初步建立了空间经济学的理论框架（曾菊新，1996），其中也探讨了由点、线、面诸要素抽象组织而成的区域网络系统及其发展。在研究如何实现经济发展诸要素的空间优化问题上，有的学者还提出了“区域经济空间组织”思想（覃成林等，1996）。③区域发展的网络因素和网络化开发分析。有的区域经济学者在透视区域构成要素的问题上，阐述了经济中心、经济腹地和经济网络三者不可缺一的观点（程必定，1989），尤其对区域发展的网络要素的分析更为透彻。还有的学者从区域发展阶段论出发，认为落后地区或经济稀疏区，可采取增长极点开发模式；发展中地区或经济密集区域，应采取点轴开发模式；发达地区或经济重心区，应采取网络化开发模式（魏后凯，1995）。他认为区域经济发展是一个动态的过程，在发展中呈现出增长极点开发、点轴开发和网络开发三个不同阶段。任何一个区域经济的发展，总是最先从一些点开始，然后沿着一定的轴线在空间上延伸。这些点既可以是一个城镇，也可以是由多个城镇组成的群体，每个点都通过投入和产出方面的联系，对周围广大地区产生较大的乘数作用，从而促进和带动整个区域经济的发展。点与点之间的经济联系及相互作用的结果往往在空间上沿着交通线连接成轴线，轴线的经纬交织形成经济网络。针对这一特点，落后地区应采取增长极点开发，发展中地区应采取点轴开发，而发达地区应采取网络开发。魏后凯（2002）认为从动态的角度看，一个地区的经济开发大体要经历极点开发、点轴开发和网络开发三个不同的阶段。随着经济发展水平的提高以及交通运输网络的形成。预计到2010年前后，我国工业布局和区域开发将由目前的点轴开发逐步过渡到网络开发的新阶段。网络开发理论认为，经济发展到一定阶段后，一个地区形成了增长极（各类中心城镇）和增长轴（交通沿线），增长极和增长轴的影响范围不断扩大，在较大的区域内已经形成了商品、资金、技术、信息、劳动力等生产要素的流动网络及交通网络、通信网络。随着这些网络的不断扩展和延伸，不仅区域内的经济联系日益密切，区域经济一体化快速发展，而且与区外其他经济网络的联系愈加紧密，促进了经济全面发展。这是一种把空间经济网络化发展思想应用于区域开发实践的基本构想。

（二）国外研究

作为一种结构主义分析方法，“网络”的研究最早为英国人类社会学家所重视，并试图用网络结构来描述和分析社会结构，希望探讨和总结出一种文化体系是如何规定社会群体中人类的行为及其规律。为了系统地发展“网络”的概念，他们把“网络”定义为联系跨界、跨社会的社会成员的相互关系。近10多年来，国外社会学家相当重视社会经济生活中网络式组织实践的研究。这个新的研究领域主要把焦点放在侧生或横向交换模式，以及相互依存的资源流动和互达性的沟通等研究内容上。

20 世纪 80 年代以来，经济网络分析方法被借鉴并应用到经济领域的研究。“网络”作为经济现象的主要要素已经弥合了传统的抽象理论研究和现实世界的鸿沟。经济学家对“网络”的关注包含了对下述事实的重新认识，即在人类已经进入知识经济时代的条件下，新古典经济学或新制度经济学的传统分析方法是不系统的，组织公司日常活动的管理阶层较少受制于正式的公司治理结构的制约，企业的风险和战略决策更主要的是依赖个人网络，如家庭和朋友关系而不是企业计划来完成（黄泰岩和牛飞亮，1999）。

经济学家库克和摩根认为，网络范式（network paradigm）是企业和区域发展的新起点，网络化（networking）是人们经常讨论的组织实践（organizational practice）问题（Cooke and Morgan，1993；Cumbers et al.，2003）。根据文献资料分析，国外学者一般从微观与宏观两个层面上研究空间经济网络化（Lucas，1988；Romer，1986；Solow，1956）。

1. 空间经济网络化的微观组织行为

阿德斯·卡尔莱维斯特和拉斯·诺恩德奎斯提出了空间相互作用的微观定向理论（micro－oriented theory），并研究了微观区位的确定原理。它包括效用导向理论（utility theory）和选择方向理论（choice theory），前者是指生产力要素及主导产业的导向机制，后者是指在确定区位和产业的基础上对发展战略的选择倾向（Karlavist and Lundavist，1997）。

塞吉奥·康迪和爱德华·J. 马尔伊基分析了工业企业的组织、理论以及空间化途径（spatialising approache），认为企业组织的发展是通过市场的空间网络来进行转移和扩散的（Conti and Malecki，1995）。

赫伯特·伊尔斯奇从服务业和服务部门的发展变化探讨了第三产业在空间拓展中的区位决定（locational decision），论证了服务行业在区位和技术进步方面对网络化更有效的利用（Eiersch，1995）。

库克和摩根通过对企业间网络化活动本质和范围的分析，发现现存的组织理论并没有对企业和公共、半公共媒介机构之间的网络化关系予以足够的重视。企业方面的网络化特征主要反映在部门协作、消费者介入、市场反应和合作转包等方面。它们强调合作和整体竞争力最大化。实际上，网络化模式已取代了市场关系，正如市场取代了福特制典型的层级（hierarchies）关系一样（Swan，1956）。

2. 城市与区域的空间经济网络化

最早从城市与区域角度涉足空间经济网络化问题的是克里斯泰勒，他创立了中心地理论（central place theory），还有在此基础上做出较大理论贡献的廖什的经济景观（economicl and scape）学说（Yeung，2003）。这些理论揭示了城镇与区域空间所形成的网络化相互依存关系。中心地理论的建立分三个步骤。第一，根据已有的区位理论原则，确定个别经济活动的市场半径；第二，引进在空间上相互竞争和组合的概念，构成一个多中心网络；第三，将多种经济活动嵌入多中心网络的等级序列中。这个理论的主要内容包括三个方面。①区域有中心，中心有竞争；②中心地与市场区相对应，市场区以六边形为最佳；③中心地等级体系及空间结构的生成与演化（郝寿义和倪鹏飞，1999）。中心地理论和经济景观学说均以抽象演绎方法解释了空间经济网络化的形成机理。人们试图肯定或否定这些理论的预测，但没有获得理想的结果，这或许是因为人们还没有能力建立起类似克里斯泰勒和廖什假设的那种控制环境（周一星，1995）。

罗伯特·卡佩洛和彼得·尼吉坎普探讨了区域演变与网络外在性（network externality）的关系，从理论概念和经验主义的角度论证了通信网络的外在客观性，由此进一步论证了消费者网络和生产者网络的客观存在性，并认为区域的演变是由网络的发展而产生的（Capello and Nijkamp，1996）。

亨德利克·福姆和简·奥斯特海温从系统的角度分析了区域网络化系统的空间非均衡（spatial inequalities）成长途径，提出由人口子系统、社会文化子系统、经济子系统和生态子系统构成的区域网络化系统，并建立数学非线性模型以分析4个子系统在空间网络化系统中成长的非均衡性（Folemr and Ooster haven，1997）。

菲利普·库克提出了空间网络化中的结构-功能规划论（structural-functional planning theory），并运用区域均衡论、区域非均衡论和核心-外围结构等理论探讨了区域的发展过程（Cooke，1983）。

杰诺特·格兰普赫和戴维斯·塔克从空间组织多元化（organizing diversity）的角度阐述了网络分析（networking analysis）与区域发展的关系（Grabher and Stark，1996）。

柯林·李提出了区域空间网络化模拟系统理论，他认为网络化是区域经济增长的动力机制和途径，并创立了网络化的系统动力学模型（Lee and Rongxing，1996）。在考察美国1800～1914年工业城市的空间增长动力后，艾伦·普雷德提出了网络化动力系统理论，并认为城市网络化是区域发展的重要途径（Pred，1997）。

二、区域经济关联发展

20世纪70年代以前，国际学术界有关区域经济发展研究存在着两种倾向。其一，许多关于“发展”的论著都把城市与作为其腹地的乡村分离开来研究，这已对世界上不发达地区与社会经济演化过程的理解产生了不良后果；其二，西方城市发展观和“增长正统论”（优先建立和发展制造业，实现都市化的西方发展观）占据主流，区域发展中的城市增长极理论备受学术界的青睐（胡乃武，龙向东，2001）。西方学术界也有少数政治和经济思想偏激的学者（所谓新马克思主义者），他们认为区域经济发展的地理特征是阶级利益的反映，他们特别强调城乡对立的发展观，反对小城镇和农村与大都市的空间联系，并主张地方自中心发展、乡村内源式发展和有选择性的空间封闭式发展。总而言之，上述理论范式分别代表了两种极端的城市发展观和农村发展观。

20 世纪 70 年代后，发展的唯一途径——以城市为中心的西方发展观和“增长正统论”受到了质疑，激进的新马克思主义的发展理论也没有多大市场，倒是出现了城乡融合和城乡空间网络系统的理论与实践研究的新格局（西奥多 · 舒尔茨，2000）。日本的“第四全综”和韩国的“第三次国土规划”，都突出了点（城镇）、线（网状基础设施）和面（农村区域）网络化发展的内容。世界各地的区域经济发展态势也是倾向网络化行为。自 70 年代后半期以来，欧洲高度发达地区的城市化呈现一种网络化态势。地方和全球城市网络、基础设施网络、城市和城乡网络、企业组织网络等日益增强的相关性，使我们可以从“网状”角度去进行分析。“网状”组织可以说是不同的社会经济和城市活动在空间上的再调整这一持续的复杂过程的动态结果。这些城乡社会经济活动通过密集的网络相互联结。事实显示，不少地区的经济活动（尤其是高级的第二、三产业活动），其竞争、互补和协同的城市群体之空间网络关系正在代替传统城镇体系的等级关系，这与长期存在的城乡“分化”形成反差。由于有大量可供选择并相互联结的网络，相互独立正被相互依赖所代替。自 70 年代以来，亚洲多数发展中国家和地区开始推行“多中心城市化”和“空间一体化”的发展政策。如果亚洲国家政府的“平衡发展”目标被认真考虑的话，那么，这些目标必须具备的政策是，创造能够刺激农村地区发展的空间网络系统，其发展要从中心地区扩大开来，并在落后地区和腹地形成增长能力。这种“多中心城市化”的策略与网络化发展的内涵是相当一致的。这种发展模式有利于通过分散城市化地区来加速农村的发展，也有利于建立一个相互连接的城乡空间网络系统。

80 年代以来，国内从事城市规划和城市地理研究的部分学者，其学术视野开始转向城镇体系研究（周一星，1995；顾朝林，1992；顾朝林，1999；姚士谋和陈振光，1992）。这种城镇体系研究相对于过去侧重于城镇个体空间研究，应该说是一个研究领域的拓展。但是，现有的城镇体系研究往往是将研究地域视为一个相对闭合的自运行系统（尤其是难以突破行政区划的局限），并着眼于本系统内要素的均衡配置及良性运作的探讨（张京祥和崔功豪，1999）。然而，当今城镇发展的事实表明，许多发展的现象与机理已远远超越了“城镇体系”所界定的这个狭隘"系统"。这是城镇体系研究中暴露出的问题之一。部分城镇体系研究者习惯于将城镇作为点状要素来模拟城镇群体的组织结构。这种研究方式，不仅使抽象的城镇群体空间结构与现实的城镇个体空间结构存在严重的理论与实际的脱节，而且由点状要素构造的城镇体系研究往往忽略乡村空间、生态空间研究的整合，也忽视了城乡发展的融合。有的城镇体系研究与规划者往往追寻系统内各要素层次性的明晰规划，描绘树枝状的等级规模谱系（张京祥和崔功豪，1999）。殊不知，当今发达地区的城镇群体发展已日益呈现出网络状的复杂关系，城镇发展的前途、层次与绝对的规模并不存在必然的相关关系。城镇的全球性或区域性的网络关系比其区位和工业综合程度等传统特征显得更重要。在计划经济体制下，中国的城镇体系基本以行政体系为依托，城镇之间的联系以行政关系为主，经济联系也是垂直系统内的分配与交流关系。随着市场经济体制的建立，城镇之间的经济关系已进入市场联系的框架，空间竞争关系显现化，城镇体系开始从垂直体系转为横向网络化。

20世纪80~90年代，经济学、社会学和地理学等众多学科都涉足城乡发展中的相互关系和影响作用的研究（周叔莲和金碚，1993；金碚，1993；周叔莲和郭克莎，1996；张雨林，1985；马昂主和胡必亮，1993；周一星，1998；中国科学院国情分析研究小组，1997）。但是，各学科研究的重心不一。国内不少经济学家和社会学家对"城乡一体化"和"乡村城镇化"情有独钟。不过，欧美学术界中鲜见有关城乡一体化研究的文献，或许是这些发达国家城乡一体化已是"过去完成时"的概念。不过国外不少学者十分重视研究发展中国家的城乡转型和城乡关联发展问题。例如，英国地理学会发展中地区研究小组，曾于1984~1985年专题研究了"城乡相互作用网络"，并且还有较多的经济学家和社会学家对微观层面上城乡企业网络化发展、城乡社会经济活动中的网络型组织及其关系等课题颇有兴趣（Cooke & Morgan，1993；Henderson & Mitra，1996；Fujita & Mori，1997；Yinger，1992；Nakagome，1991；Kanbur & Zhang xiaobo，1999）。

20世纪90年代，学术界在深入研究可持续发展这个永恒主题的过程中，开始反思传统的城市化理论，旗帜鲜明地提出从产业理论转向生态思维的城市化取向（程春满和王如松，1998）。景观在时空尺度上的迅速变化是城市化最明显、最直接的表征。由于强烈的人为干扰，这个演化过程和结果表现为由自然环境向人工环境的变迁，形成密集的所谓"人居环境"。虽说不能将城市化单纯归结为工业化，但是将传统的城市化过程解释为产业驱动似乎是合理的。城市化带来了社会进步和经济发展，但传统的城市化付出的生态代价是触目惊心的：环境污染、资源耗竭、生物多样性丧失、温室效应和臭氧层破坏等。如果传统的城市化不能走出资源掠夺的恶性循环，它所带来的任何所谓"繁荣"和"进步"都经不起推敲，并且变得毫无意义。于是，中外学者开始探讨以生态思维为核心的城市化道路。这种道路摒弃了传统城市化中只追求聚集经济效益的线性产业布局的理念，代之以可持续发展为目标，以非线性的城乡网络式发展为模式的新理念。这是 20 世纪 90 年代后城市化发展观的新取向。

近 10 多年来，中国的经济增长轴心开始从工业化推动型向城市化推动型转移，国民经济区域化、区域经济城市化已成为一个重要的发展走向，伴随而来的是国民经济持续和高速发展，社会结构、经济结构和空间结构急剧转型。在这个新时期，不可忽视的新问题是城市化发展的盲目性所造成的资源浪费，主要表现在两个方面。一是城市化发展地区布局零乱，城市之间、城乡之间的基础设施配置混乱，没有形成以大城市为核心，中小城市合理布点和城乡联动发展的网络化格局；二是小城镇开发过多，点多面广的小城镇已滋生了大量的“农村病”。前者既不能产生城市关联和城乡关联的集约化效果，也不能充分发挥城市经济的聚散效应；后者不仅大量占用稀缺的土地资源，而且增大了城市化发展成本。针对如此重要的城乡发展问题，有必要重新思考和调整区域发展政策和措施，选择新的城市化取向和区域发展战略模式。这正是本书选择并研究该问题的重要动因。

三、以增长极理论为代表的中心－外围范式

（一）国外研究

1950 年法国经济学家佛朗索瓦·佩鲁首先提出了增长极理论，并经由布代维尔、拉苏恩、帕尔、达温特和尼科尔（邱成利和冯杰，2000）等学者不断发展和修正。该理论认为区域经济的发展主要依靠条件较好的少数地区（空间增长极）和少数产业（产业增长极）的带动，应把少数区位条件好的地区和少数条件好的产业培育成经济增长极，通过增长极的极化和扩散效应，影响和带动周边腹地的经济发展。瑞典经济学家缪尔达尔（Myrdal，1957）提出了循环累积的因果关系理论，对增长极理论做了进一步的补充和完善，他认为市场的力量会倾向于扩大区域差异而不是缩小区域差异，由于规模经济与聚集经济的存在，发达区域会因市场的自发力量而越发强大，从而形成持续的、累积的加速增长。因此，他认为不发达国家或地区在经济发展的初级阶段，政府应优先发展基础条件较好的地区，以效率为目标，获得较高的投资回报及较快的经济增长速度，并通过扩散效应带动其他地区的发展，当经济发展到一定水平时，政府应防止由于循环累积的因果关系而导致区域差距过大的状况，应通过一系列的特殊政策而促进落后地区的发展，进而缩小区域差异。这一观点对于指导欠发达地区的经济发展，具有一定的现实意义。而赫希曼（1992）的“核心－外围”理论也有类似的观点，认为区域经济增长过程中的不均衡现象是必然的，核心区的发展会通过涓滴效应

带动外围腹地，但腹地的劳动力和资本流入核心区又起着扩大区域差距的作用，因此，要缩小区域经济差距就必须加强政府干预，增加对欠发达地区的“核心区”的扶持和援助。美国经济学家弗里德曼（1966，1969，1996）提出的“中心－外围”理论对赫希曼的“核心－边缘”理论，又从不同角度对增长极理论进行了补充。

另外，新经济地理学的发展为区域层级增长极网络的研究提供了新的思路。新经济地理学主要用垄断竞争模型和一般均衡的分析方法，对资本与人口流动、生产与人口分布、区域聚集经济的形成和城市体系（增长极系统）进行了研究，其主要代表作有 Krugman（1991）、Fujita 和 Krugman（1995）、Venable（1996）、Ottaviano 和 Puga（1998）、Puga（1999）、Fujita 和 Mori（1997）、Fujita 等（1999）。

以克鲁格曼 1991 年的著名论文《规模递增与经济地理》为标志的新经济地理学（Krugman，1991），利用垄断竞争模型和一般均衡的分析方法，对核心－边缘这一普遍存在的经济地理现象，做了正式的理论模型解释。克鲁格曼（P. Krugman，1991）在总结哈里斯（Harrison，1974）的“市场潜力”理论与普里德（Pred & Allan，1966）的以市场规模与区域产业范围间循环关系为基础的进口替代区域经济增长理论的基础上，采用迪克斯特与斯蒂格利茨（Dixit and Stiglitz，1977）的垄断竞争假设，把一个经济分为生产同质产品的农业和生产不同的可以替代产品的制造业，农民不能流动而工人可以流动，农业没有运输成本，制造业的运输成本以萨缪尔森的“冰山”形式存在（任何成品在运输过程中都有一部分丢失），建立了一个两区域两部门模型。模型分析的结果认为，一个经济规模较大的区域，由于前向与后向联系，会出现一种自我持续的制造业集中现象，经济规模越大，在厂商水平上的规模经济越明显，越有利于聚集，中心－边缘结构的形成取决于规模经济、运输成本和区域国民收入中的制造业份额。克鲁格曼还建立了一个动态的多区域模型来解释当空间结构均衡时，动态的力量确实趋于形成沿地形大概等距离分布的聚集点（增长极）。他通过区域跑道模型演绎了区域运行的几何结构。区域跑道模型反映了区域经济体系中各个构成部分呈环状分布，认为运输费用仅仅受环形周长的影响，制造业的同一布局总是处于均衡分布状态。地平面并不是稳定不变的，集中的区域环形分布会产生轻微紊乱的地平面，自发演绎出一个或多个制造业集中区域。这样，制造业区域布局特征正好相反。瓦尔兹（Waltz，1996）则认为，区域经济一体化会导致规模收益递增的生产和创新产品的区域性集中，区域经济增长源于产业部门的地理集中及此产业生产率持续提高。马丁（Martine，1999）研究了聚集经济条件下的区位竞争问题。他通过模型分析得出结论，认为在最初的区位竞争中获胜的区域对其他企业具有较大的吸引力，虽然参与最初区位竞争的第一个企业可以获得较大的财政激励，但随后的其他企业却能够从该区域产业聚集形成的外部经济中获益。藤田和莫瑞（Fujita and Mori，1997）研究了多制造业经济体系中的运费与规模经济差异，认为经济体系会自动发展成为一个中心地体系，Fujita 和 Ogawa（1982）对克里斯泰勒的中心地等级体系模型进行了修正，通过构建基础模型进行预测分析，发现人口增加会使新城市在一定时期内在一个长而狭窄的经济体系内产生，并沿着一条线逐渐向外扩展，形成多城市空间（多增长极）。

Christaller（1966）和 Lösch（1954）提出了中心地理论。该理论认为，在理想的均质平原上，各级中心地最终会形成一个具有等级关系的空间结构体系。在这个体系中，高级中心地区位于它的服务范围的中央，有 6 个低一级的中心地分布在服务范围的角上；这低一级的中心地有它自己比较小的服务范围，它的角上又有 6 个更低一级的中心地分布，以此类推，直到最低一级的中心地和服务范围。中心地理论反映了对经济地理运行规律的一种基本观察，是构建层级增长极理论的理论基础，并对区域开发具有 定的参考意义，其主要局限是中心地模型是静态的和非历史演化的（ahistorical）。

Fujita 和 Krugman（1995）模型是一个单中心空间经济模型，模型中城市形成和城市体系演化的聚集力是制造品的种类，分散力是城市之间及其腹地之间的运输成本。该研究证明在制造品差别足够大，人口不太多的情况下，von Thünen 的孤立国是一种空间均衡。当人口超过某一临界值，von Thünen 的单中心空间体将不是一种空间均衡。这暗示单个城市体系将向多个城市体系转化，即单个增长极将向多个增长极演化。

Fujita 和 Mori（1997）、Fujita 等（1999）应用复杂性理论的最新成果——非线性动力学中的分叉理论，采用演化的方法，将 Fujita 和 Krugman（1995）模型扩展为多城市模型。这两个模型考虑到了经济空间的动态调整，使模型能够明确地分析新城市形成的动态过程，这样就可以考察随着人口的增长，经济空间是如何演进的。模型证明，随着人口的增长，城市体系将按 Christaller 的方式形成高度规则的等级体系。这些模型正式解释了中心地这一常见的经济地理现象。

从上述西方区域经济理论的研究当中我们能够看出，西部区域经济理论从区域经济的聚集和扩散入手，深入的剖析了中心－外围模式的形成机理和运行轨迹，以及中心对外围的经济影响原理。虽然他们从各个角度和侧面来解释中心－外围这一范式的内在动因，但是在他们的研究当中区域空间结构、空间联系以及空间关系则往往被忽略，不同“中心”之间的空间关联关系如何发展和影响区域经济增长则没有涉及，因而也就无法利用现有的理论框架来说明在现代区域经济发展实践中，在一个较大区域空间范围内各个“中心”或“增长极”之间的空间关系是什么？它们如何发展？它们之间如果存在空间关联，那么究竟是一种怎样的关联结构，如何对整个区域经济发挥影响？这些内容没有研究。包括新经济地理学在内的经济学家们，对单个厂商生产能力的规模报酬递增、运输成本和要素流动性等因素相互作用的研究也都面临着区域空间经济网络化现实的挑战。除了上述理论研究上的不足外，西方区域经济理论虽然在动态化、模型化方面具有相当的优势，但整个区域经济理论的研究还缺乏系统性、全局性和广泛性，有待进一步的系统化和广泛化。

（二）国内研究

增长极理论进入我国以后，在增长极理论的基础上演化出了众多的区域发展理论。特别是以点轴开发理论、网络开发理论以及“大都市区”理论等为代表的理论，都是在增长极理论基础上的进一步扩展和延伸。

1. 围绕增长极理论衍生的区域发展理论模式

我国经济学家陆大道（1995a）根据区位论和空间结构理论的基本原理，提出了点轴系统开发论。所谓点轴开发，是在全国或地区范围内，确定若干等级的具有有利发展条件的线状基础设施轴线，对轴线地带的若干个点——中心城市给予重点发展。随着开发活动的增加和经济发展水平的提高，经济开发的重点由高等级点轴向低等级点轴延伸。使区域经济在另一个发展阶段上，继续保持较快增长。厉以宁（2000）提出的经济发展辐射理论揭示的现代化程度和经济发展水平较高的城市和地区与现代化程度和经济发展水平相对较低的城市和地区之间通过道路、交通、通信等媒介在技术、资金、人才、思想观念、思维习惯和生活习惯等方面的辐射，实质上就是增长极理论的进一步演化和发展，其所谓的经济发展水平和现代化程度相对较高的地区称为辐射源，实质上就是增长极。

围绕增长极理论和点轴开发理论，国内学术界先后提出了许多区域发展战略模式，例如，陆大道（1995a）在点轴开发模式的基础上提出“T”字形发展战略，认为东部沿海地带和长江沿岸地带构成的“T”字形地域具有地理位置优越、经济技术基础雄厚、交通便捷等多项优势，应当作为全国的一级重点开发轴线，重点建设、重点布局，以实现最佳的空间组合。晏学峰（1986）、徐炳文（1985）先后提出“π”字形发展战略。主张国家的开发重点除了“一”、“L”（沿海和长江流域）字形以外，还应把陇海—兰新作为另一条“π”字形开发轴线，形成一条“π”字形的区域开发格局，在充分发挥东部重点开发作用的同时，把一、三线地区的核心地段紧密联系在一起，从而更好地发挥新亚欧大陆桥的作用。陈传康（1987）提出TYIS发展战略。他认为，在梯度开发论基础上应考虑加强出海联系和加强一定轴线的各增长极的联系。“T”轴（沿海和长江沿线地区）通常被认为是我国开发的一级点轴系统；“Y”轴指东起连云港西接东欧国家的陇海—兰新线，并在兰州分出一支，通到青海的西宁和格尔木，延伸到西藏，是我国一个潜在的一级开发轴。此外还需加强不在这两个结构体系上的各地的出海联系，这些各自独立的出海联系，由内地指向沿海，称为多“I”轴，是对“T”“Y”轴的补充，也具有独立的开发意义。“T”、“Y”和“I”等点轴的总体开发，可称之为TYIS发展战略。“开”字形发展战略（戴晔和丁文峰，1988）强调要在重视“π”战略的基础上重视京广沿线，即“一”的开发轴线的建设。“弗”字形发展战略（杨承训和阎恒，1990）则在“开”字形的基础上又加上沿黄河经济带。张伦（1992）提出“目”字形发展战略，也就是全面全方位开放，即四沿开放（沿海、沿路、沿江、沿边）。“目”字的外框“口”代表国家的周边地区，“目”字的中间两横“二”代表长江和陇海线。刘宪法（1997）提出菱形发展战略，该理论根据各地区的资源条件、经济发展水平和原有分工基础的不同，选择若干发展条件较好、潜力大、区位优势明显的地区作为核心工业区，突出中心城市（增长中心）在地区经济发展中的作用，建立多个增长极，形成以水路、陆路交通干线为纽带的区域经济技术联系的经济空间，采取点状跳跃式的区域开发模式，形成菱形网络式的发展格局，即把京津、沪、穗深、成渝、武汉作为中国北部、东部、南部、西部、中部的经济增长极点，在地理位置上呈现出菱形的发展格局。徐炳文（1986）从东部、西部区域经济发展差距呈扩大趋势的事实出发，以我国生产力按“一线”［东部沿海12省（直辖市）］、“二线”［黑龙江、吉林、内蒙古、山西、安徽、江西6省（自治区）］、“三线”［云南、贵州、四川、陕西、甘肃、宁夏、河南、湖南、湖北9省（自治区）］、“四线”［新疆、青海、西藏3省（自治区）］的格局划分作为实践基础，主张采取“一个半重点”（又称“H”形）的区域发展战略。一个重点是指东南沿海地区，半个重点的投资开发基础是“三线建设”时期形成的工业基础，形成“H”形区域发展格局。右侧的“I”指东部沿海地带；左侧的“I”指三线地区和兰新—北疆铁路沿线；中间的“—”指陇海线和长江流域之间的广阔地带。戈银庆（2004）认为该理论强调在“H”形布局结构中，重点还是“T”形布局，而另一个倒“T”形布局虽然不是重点，但必须与正“T”形布局之间统筹兼顾，协调发展。范保宁（1998）提出多增长极战略是我国现阶段区域经济发展的最佳选择，认为西部地区应该实施基础设施突破和重点地区突破相结合的重点突破战略。

以上以增长极为理论基础的区域开发模式其共同点在于，都强调把区域中心城市和主要交通干线作为发展区域经济的“增长极”和“增长轴线”，对西部区域经济发展具有较强的指导意义，但它们的主要缺陷在于，在运用增长极理论和点轴理论的同时，没有考虑到西部这么大的范围内应该有几个增长极来带动，这些增长极之间的空间结构和空间关联关系如何处理，它们的区域分工如何以及在何种框架下进行协调，更没有考虑西部的人口分布和产业布局问题如何与增长极相“对接”，因而无法从根本上解决西部的区域经济、社会发展问题。

2. 增长极理论基础上的西部区域经济发展模式

国内围绕增长极理论本身对西部区域经济发展展开研究的文献数量非常众多，主要代表有：宫新荷和王云才（1994）提出了建立并开发边境口岸增长极系统以促进周边区域经济增长的理论模式。范保宁（1998）提出了多增长极战略，建立西部开发的点（重庆、西安、兰州）、线（陇海、兰新、南昆、成渝）、面（成都平原、渭河平原等）。苏廷鳌和付伟（1999）认为区域发展应在有效抑制差距扩大的同时，坚持区域经济一体化和分类指导的区域增长极发展政策。蔡昉和都阳（2000）依据增长极理论提出了西部的战略重点和基本开发格局：一个经济中心，两大经济走廊，三级城市支点群，四条出海（出境）通道，五梯次分步推进区域的战略框架。而陈德敏（2002）运用点轴开发理论和网络开发理论提出了实施西部大开发的战略构想，构建基础——交通、环境治理和人才培养；支持重点——扶持战略产业，构建经济增长极；培育特色——各地各领域因地制宜，形成特色经济和优势产业；波次推进——增长极点辐射带动其他地区：较发达的经济中心地带→区域中心城市→中等城市→县城与城镇→农村特区；从布局地域上：较发达的中心地带→城市支点→沿交通干线扩展→边远山区→高寒、荒漠地区；工程牵动——国家投资倾斜与吸收社会投资并举，建立一批标志性大工程，拉动西部大开发向深度和广度进军。侯家营（2000）运用增长极理论分析西部区域经济发展，提出宏观上要强化较发达的中心城市（增长极）的功能和作用，微观上要扶持一批“推进型”企业，加快国有企业改革，建立现代企业制度，充分利用辐射和扩散效应带动整个西部区域的发展。孙茜（2000）分析了选择和培育我国知识经济的产业增长极和城市增长极问题。刘淑慧（2001）运用增长极理论结合梯度推移理论和轴线理论提出了区域经济发展的增长极战略，认为可以在西部建立一批具有示范效应的加工贸易区、经济协作区和经济开发特区，以此作为经济增长点，对于成渝地区、关中地区、以兰州为中心的黄河上游地区、陕甘宁接壤区、柴达木盆地、塔里木盆地和晋陕蒙接壤区等具有突出区位优势条件的地区，国家应重点投资，使其成为西部的核心发达地域，从而带动整个西部的发展。叶穗瑜和李栋亮（2001）认为过度强调各区域平衡发展会导致资源过度分散，在资源稀缺的情况下，应先小范围建立一些增长极，才有可能进一步形成大增长极使东西部地区平衡发展。冯邦彦和叶惠瑜（2001）提出了西部开发应先从小处（各个中心城市）着眼，积极培育西部经济的增长极，再以梯度开发形式渐进推动整个西部区域的发展。钱小平（2002）探讨了我国各地在20年的增长极培育实践中的经验，认为“非经济因素”在增长极的形成过程中的重要作用，认为它们既不是决定因素，也不是增长极形成的单一因素。龙游宇（2002）提出以点轴开发理论为指导，认为西部大开发应“点”、“线”开发相结合，以成都、重庆、西安等“点”为增长极，通过沿流域开发与沿交通线开发促进西部区域经济发展。李丽萍等（2003）提出运用增长极理论开发远西地区，认为要加强基础设施建设，培育市场经济环境，进行产业结构调整，培育产业增长极，加快沿边口岸开放和建设，加快西部小城镇建设培育城市增长极——实施双极增长发展模式。李宪建（2003）则提出了从极点开发、点轴开发到网络开发的战略模式。颜鹏飞和孙波（2003）探讨了增长极和区域经济发展理论的含义、演变和新进展，并结合中国具体国情做了相应的分析。汪波等（2004）从技术进步的角度对增长极模型化进行了探索。罗正英和彭磊（2003）在大国模型下考察发现一国内部经济增长首先总是出现在某些极点上，然后通过扩散－回流效应对经济发展全局产生影响。而我国经济发展的俱乐部效应表明，不同区域发展缺乏内在联系，因而未能实现区域经济联动。他还探讨了区域产业同构对区域增长极带动作用的阻碍，区域经济发展的关键是增长极的培育以及不同增长极之间的衔接与互补，提出了不同地区必须围绕增长极配置产业链，确定产业结构导向。严琼（2004）认为形成富有积聚与辐射效应的发展极（增长极）是西部实现跨越式发展的关键。左伟等（2002）则提出实施“立足地区资源优势，积极借助外力启动，以工业增长极建设为中心，工业增长极建设和农村发展建设有机结合”的西部区域经济发展战略。李娟娟（2002）认为西部大开发是中国区域经济发展战略大格局的调整。而西安可作为中西部地区的“增长极核”带动中西部区域经济的发展。其核心思想仍没有脱离增长极理论的实质。胡俟（2003）提出依靠大工业、大城市、大交通线、小城镇以及优势资源积极营造增长极来拓展县域经济，从而促进整个区域经济的发展。袁兮（2002）提出了自然增长极和人工增长极的概念，认为欠发达地区（西部地区）需要通过国家政策以及政府投资创造增长极，其最关键的是选择好推进型产业，这是促进区域经济发展的关键。谢让志（2004）依据“大都市区”理论提出“大都市区”是区域的基本框架和区域发展的核心力量，是区域经济发展的引擎，认为中西部地区目前应积极培育大都市区。这实际上是增长极理论核心思想的进一步延伸。此外，史东明（2000）、钟声和高小琴（2001）、汪波等（2004）、叶依广和曹乾（1999）、白彦壮等（2004）、珀努尔（1997）、曾国安和冯涛（2004）、刘甲金和孙新安（2001）、颜鹏飞和马瑞（2003）、许烨和和雨（2004）、刘大勇和朱召龙（2004）、阮德信和屈晓华（2004）、赵现红等（2004）分别从不同角度、不同侧面研究了增长极理论在西部的应用问题，并结合具体条件做了相应的分析。

另外，刘茂林（2001）、颜鹏飞和黄树人（2002）、汪霞（2004）、刘朝明等（2004）、李桂生（2004）、黄薇和王惠文（2004）、陈修颖和陈国生（2001）等分别探讨了安徽省、“长株潭”地区、湖北省、武汉市、温州市、江门市、北京地区、湖南省等成为区域增长极的可行性以及如何发挥辐射带动作用。

3. 关于增长极理论及区域发展应用研究的简评

增长极作为一种区域发展理论，它充满逻辑的发展机理，对我国的区域经济发展产生了重要的影响，并在经济实践中不断被运用、修正和扩展，使增长极理论在实践中衍生出了众多的区域经济发展理论和模式。但是我们应当看到，迄今为止，增长极理论仍然只是一种发展理论，并没有经过严格的逻辑证明，因此对该理论的适用性应该有比较确切的认识，增长极对于诸如我国西部这样的经济欠发达地区是否适用以及如何付诸实施，等等，否则就可能误入歧途（颜鹏飞，2003；丁四保，1989）。此外，增长极理论还存在一些缺陷，如目前尚未建立增长极理论的较为完善的数理模型等。因此，诸如怎样正确评价增长极的支配效应，也就是积聚经济的正负效应；怎样确定推进型产业以及适宜发展和形成增长极的空间位置（地点），怎样解释增长极对其他产业或其他地区扩散经济效果的机理分析以及增长极带动地区发展的动力的；区域层级增长极网络的建立与区域人口分布和产业布局的关系如何处理等问题目前还无法给出答案。从这个角度来看，增长极理论的形成和产生有一定的时代背景和区位背景，现有的增长极理论本身以及在其基础上形成的各种区域发展理论和发展模式必须随着经济实践的发展而不断与时俱进。在增长极理论的基础上对其进行理论的改造和创新，构造适合我国西部地区经济发展的、基于增长极理论指导的区域经济发展战略模式显然是一个合理的、可行的明智选择。

纵观世界各国区域经济发展的历程，它们大都经历了一个由“不平衡—平衡—新的不平衡—新的平衡”的循环往复的过程，区域经济的发展一般都会经历：①增长极出现和发达地区与落后地区分化的阶段；②开发大城市或发达地区的阶段；③开发落后地区的阶段。由此，完成了一个由“不平衡—相对平衡”的循环。在循环的发展过程中，新的经济增长点或增长极又开始涌现，又形成新的不平衡，从而开始了新一轮由不平衡—平衡的循环，周而复始，形成区域经济发展的一般过程。基于以上认识，如何结合我国西部区域的自身特点，运用科学合理的区域发展理论做指导，制定切实可行的发展战略来促进西部区域经济、社会持续、快速、稳定、健康的发展是一个非常有价值且研究空间较大的课题。

区域经济的增长并不是简单地建立一个或多个增长极就能推动的（因为区域

的范围有大有小，并且具体的地理因素各不相同），而是要由多个增长极及其所形成的、有相应产业结构分工的、有内在有机联系的系统网络来实现和推动，增长极是分为不同的层级，在区域发展中发挥不同的作用，否则任由各增长极自由发展，就会各自为政，群龙无首，不能形成产业合力和区域发展系统网络，反而阻碍区域的发展。它必须要在协调区域内的生产与人口分布的前提下，结合各地的自然禀赋优势和经济发展实际，把整个区域按照一定的标准优化为一个有机的网络系统，在核心增长极的带动下，各增长极在网络内都会有自己相应的“发展地位”和促进型产业。按照这样一个层级增长极网络战略模式来推动整个区域的长期、可持续发展是欠发达区域快速发展的必然选择。而已有的增长极理论都没有能力解决上述问题，原因就在于它们的理论出发点和逻辑起点都没有从系统论的角度，具体结合我国西部地区的自然地理环境、产业及人口分布现状等“实情”，因此就西部区域经济发展而言，缺乏强有力的指导作用。因此，在对区域经济发展的实践进行认真总结和研究的基础上，对传统区域发展理论进行理论扬弃和创新是目前我们能够选择的一条捷径和有效方法，并且在这方面我们借鉴国外研究成果，对国内的研究成果加以扬弃，研究中国西部的具体情况及特殊现象，并探求成因与对策的空间还很大。

第二节 层级增长极网络化发展的理论基础

一、层级增长极网络化发展理论提出的理论前提——系统理论

系统理论的基本思想就是系统思想，人们对系统这个概念的理解和定义是不尽相同的。系统论创始人之一，冯·贝塔朗菲认为“系统可以定义为相互作用着的若干要素的复合体”（冯·贝塔朗菲，1987）。我国科学家钱学森（1982）“把极其复杂的研究对象称为‘系统’，即相互作用和相互依赖的若干组成部分合成的具有特定功能的有机整体，而且这个系统本身又是它所从属的一个更大系统的组成部分”。按国内外大多数学者的理解，一组结构有序、功能独特、对外部激励产生响应、有一定的自我调节能力和自我组织能力的要素、属性或对象的集合，称为系统。它是宇宙万物的一种存在方式。系统把事物之间的复杂联系（外部联系和内部联系），事物之间的包容特征（等级有序），事物之间的定量关系（从逻辑关系向函数关系的演进），事物之间存在的可调、可控、可测的特点（互相作用，互相制约的总体把握）等，以理性的深度和在抽象的意义上进行表达和判断，从而把事物之间存在的综合性与分析性，分层次地统一在一个完整的图式或模型之中。而且，越是复杂的事物集合，应用系统的概念或系统分析的方法，就越能揭示出比其他理论和方法更好的结果。现在，系统论早已超出工程学

科的界限，它的思想和方法在整个科学界受到重视，并且成为认识世界、解释世界的强有力的武器之一。

系统理论主要包括整体性原理、联系性原理、有序性原理、动态性原理、调控性原理和最优化原理（整体功能达到最优，同时也包括系统结构形态最优、运动过程最优和性质最优（王淑荣，等，1993）等基本原理（黎鹏，2003）。

在当今全球经济一体化的背景下，各国、各地区都已被涵盖于“世界空间经济系统”之中（黎鹏，2003）。在世界空间经济系统里，各国、各地区是互相依存和互相依赖的不可分割的整体。各区域都处于相互依赖的网络之中而形成“系统”，区域之间经济与社会不可能独立地发展，必然地彼此依存和相互联系。当然在这一大系统之下，存在着许多层次的子系统，每一个子系统同样具有系统的一般特性。各区域之间不仅是相互依赖的，而且都处于其上一级区域所构成的系统整体之中。在这样的系统整体里，所有区域都已成为其上一级区域的子系统。因此各区域之间必须“协同”运作、共同发展，以获得系统原理中的“达到功能最优”、“整体大于各部分之和”等效应，以谋求自己在共同的发展中得到更好的发展。

二、层级增长极网络化发展理论的理论基石

（一）层级增长极网络化发展理论与增长极理论

1. 增长极理论的内核是合理的

佩鲁的增长极理论融非均衡发展、熊彼特的创新理论以及新古典主义的人口和资本流动思想为一体，不仅对传统的均衡分析是一种挑战，而且对指定经济计划和政策具有重要的指导作用。佩鲁关于经济增长的基本观点是：“增长并非同时出现在所有的地方，它以不同的强度首先出现在一些增长点或增长极上，然后通过不同的渠道向外扩散，并对整个经济产生不同的最终影响（Martin and Sunley，2001）。”这可以视为佩鲁关于增长极理论的最核心思想，也是对非均衡发展思想的精辟论述。赫希曼曾经指出：“毫无疑问，一个经济系统要发展到更高水平，必须首先发展其内部的一个或几个区域性经济中心。在发展过程中，需要这些‘增长点’或‘发展极’的出现，表明国际与区际增长的不平衡性，这是增长本身不可避免的伴随情况和条件（Rodriguez ，2001）。”希金斯在系统地评价增长极理论时也认为，发展涉及极化，增长极是一种“好事物”，它的主要作用在于能够作为创新的源泉和扩散者，应鼓励增长极形成并发挥其作用，即使增长极要涉及某种程度的支配与依附关系问题等（Yeung，2003）。实际上，空间极化经济思想在中国现实的城乡发展思想、模式、计划和政策中是可以得到许多

佐证的（周民良，1994）。

2. 增长极理论具有其自身的局限性

增长极理论并非是一种成熟的、经过严格的逻辑证明的理论，并不能完全用于对区域经济增长的解释，“因为增长并非同时出现在所有地方”，而现代区域发展则构成一个连续的、完整的空间经济系统（夏振坤，1997a）。增长极理论的应用是有一定的时代背景和区位背景。该理论主要与处在比较成熟阶段的经济现象相联系，对于落后地区或萧条地区的经济现象的解释还失之空泛。从理论与实践的角度综合分析，在区域经济发展中借鉴增长极思想，要认识到以下几个方面的局限性。

第一，不同区域推行增长极战略的效果有差异。在发达地区，产业结构和城市体系发育比较成熟，具有便捷的交通通信联系，区域城乡产业之间有较明显的关联效应，各中心之间也具有较强的空间相互作用，引进和培植一个新增长极，有可能产生较大的区域乘数效应，从而推动区域经济发展。相反，欠发达地区的农村最大的弱点就是产业之间缺乏关联效应，基础结构落后，故增长极战略模式并不完全适于贫困的农村地区。从区域发展决策来讲，如果要在相对落后的地区创造增长极或把它作为该地区社会经济发展的地区组织模式，一定要经历一个在区内创立经济联系与空间联系的过程（夏振坤，1997b）。针对20世纪60年代西方国家把增长极理论作为落后地区发展政策的状况，著名经济学家希金斯批评指出：“增长极战略很少有像佩鲁所钟情的那样，流行的增长极战略并不去强化和鼓励现有的增长极，而是试图在落后的缺乏优势的区域创造增长极，希冀扩散效应能从增长极传导至周围的地理区域……”（周民良，1994）近年来，国内有关增长极战略研究就陷入了这个误区，有的贫困落后地区，在未改变投资环境条件下倾力建设城市－工业增长极，其社会经济效应不甚明显，原因概源于此（张锦鹏，1996）。

第二，要防止增长极在区域内形成“飞地”（enclave）式经济。要使增长极取得较好的扩散效应，除了具有推进型单元外，还需要有适宜的外部环境。如果周围地区的条件严重滞后，没有成熟的产业体系，那么增长极通过产业关联效应的空间扩散所形成的乘数效应就难以在区内实现，并有可能使增长极成为区域经济中的“飞地”或“孤岛”。1957～1966年，意大利政府在意大利南部选择了4个增长极典型地区，建立了钢铁、石油化工、机械、金属加工和电机等“推进型产业”，还配置了与此相关的一大批小型企业，但其效果不明显（王磊，2000）。据考察分析，主要原因是这些新建的大型现代化企业和当地传统落后的企业之间出现产业链的断层和连锁效应的中断。这些推进型产业同当地的产业没有发生紧密的联系，两者在规模和技术上相差悬殊，无法形成产业之间的连锁，也无法形成资源要素向外扩散的网络。换言之，增长极带动不了其他产业的发展，也不能够给所在地区创造就业机会（安虎森，1997）。这类似于中国“三线”地区许多现代企业与当地传统产业之间的关系，如作为汽车工业基地的十堰市，长时期无法与鄂西北农村地区形成产业链，成了鄂豫陕交界地区的一块“飞地”式经济。

第三，要防止增长极的负面效应。西方学者认为，增长极理论的假设过于空泛而缺乏微观因素的解释，要注意研究增长极对落后农村地区的影响。如果没有政府的有效干预（资助和扶持农村区域发展的政策等），自发的“涓流效应”将会落空，增长极往往表现为“空吸泵”，把周围地区的人力、物力吸引到中心来，造成更大的贫富两极分化。1964 年，弗里德曼和阿郎索在研究城市与腹地的互动关系时就刻画了这种现象：迅速增长的中心犹如“一台抽水机，从越来越停滞的腹地抽取，推动越来越发展的增长中心”，其他地区被排斥在发展之外（Markusen，1999）。因此，这种“发展”只不过是扭曲化发展（distorted development）或矮化发展（development of underdevelopment）。即使增长极要发挥扩散作用，也存在一个时效问题。通常认为，需要 15 ~ 25 年才能使增长极有益的扩散作用超过回流作用。如果政府不能有所作为，处于发展不利地位的外围地区要度过这个漫长的时期是相当困难的（Wang and Yao，2001）。

（二）层级增长极网络化发展理论与核心 - 外围理论

1. 核心 - 外围理论有一定的解释价值和规范价值

工业化和城乡经济发展在空间上并非均衡分布，而是集中在一个或少数几个地区，它的空间组织必然表现为二元结构。这种二元结构在不同尺度的空间范围内具有客观存在性，最低层次的二元结构关系可分解为城乡关系。城市是现代部门的区位，效率高；乡村是传统部门的区位，效率低（陈福义，2001）。弗里德曼刻画了这种结构并提出了核心 - 外围理论模型。这个理论认为，发达的城市等核心区具有较高的增长倾向，外围区的发展途径受控于且依附于核心区域，核心与外围区共同构成一个完整的二元空间结构。技术、资本和信息等促进经济发展的要素均产生和集中在核心区，而外围区缺乏经济自主以及技术、资本和信息等要素，使得空间二元化（spatial dualism）在发展初期日趋明显（Yeung，2003）。然而，政府的作用以及区际人口迁移等将影响创新的扩散与资源配置的格局，最终使得核心与外围的界限逐渐消失。值得称道的是，在如何促进核心 - 外围结构的变化和持续的经济转换方面，赫希曼提出了“有控制的非均衡”发展战略。这种战略主张核心区优先发展，并在核心和外围经济发展差距达到最优非均衡临界点时，通过在外围区域建立新的、次一级的核心区和相继的一种新的空间非均衡环境，修正原来的非均衡格局，维持最优非均衡发展。作为城乡区域发展规划的一种工具，这种理论的规范价值对城乡发展规划者和决策者特别具有吸引力。正如达温特所指出的那样，在从总体的角度处理一个特定区域的空间经济问题，和在寻求解决外围地区的有关问题时，核心－外围模型为制定分配政策，实现既定的经济和社会发展目标，迈出了很有价值的一步（Lovering，1999）。核心－外围模式论和核心地区发展战略思想，对于处在发展中的二元结构比较明显的中国西部地区来说，在区域经济发展研究中无疑具有一定的适用性和可借鉴性（曾建民，2001）。

2. 核心－外围理论也存在尚待研究的问题

虽然核心－外围发展思想摆脱了新古典主义均衡发展理论的束缚，突出了发展的非均衡性，但是，这个理论模型尚存在不少自身难以解决的问题。例如，第一，核心、外围之间的转变过程是否必须依赖于政府积极的干预，如果通过政策来加速这个转变过程，怎样把握“度”，又如何才能做到恰到好处（丹尼斯·C. 缪勒，1999）。第二，核心作用于外围的扩散效应，由于受距离衰减规律的影响，或许经济活动从核心地区扩散到它的外围附近（如城市近郊区），而不是趋向于相对偏远的外围农村地区，这样就有可能使一部分农村地区更加“边缘化”（徐梅，2002）。若是如此，实现区域经济一体化和协调发展的假说就难以成立。第三，尽管有控制的非均衡发展战略是一个有价值的见解，但是也留下了一个难以把握的问题，这就是政策制定者怎样知道区域城乡发展在何时已经超出最优非均衡态？何时非均衡态完全无效（迈克尔·麦金尼斯，2000）？第四，弗里德曼认为核心－外围结构会随着经济进入持续增长阶段而消失。如图 1-1 所示，由于城市中心需要货物和服务而使外围农村地区得到收

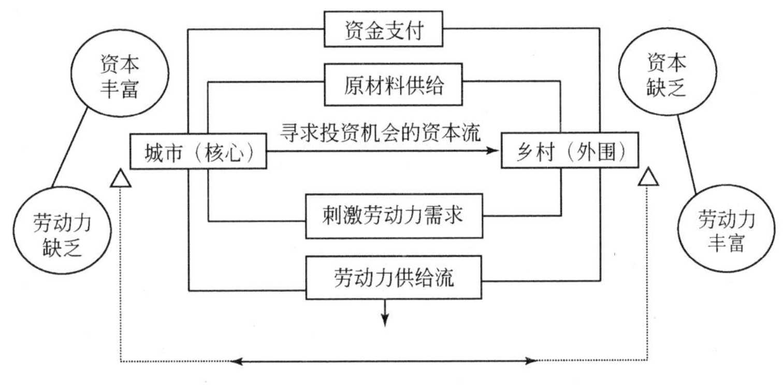

图 1-1　非均衡消失过程中的核心－外围关系

图中的箭头表示相互间的经济联系与辐射作用

益，农村剩余劳动力流向城市后可以使农村劳动力的平均收益得到提高，以及农村创造投资机会吸引城市资金等各种原因，使得核心－外围（城市与乡村）差异转换成一个发展均衡的空间。弗里德曼的核心－外围结构消失论也值得进一步商榷。从理论上分析，只要空间经济系统的运行保持非均衡性（发展始终是非均衡的），那么核心－外围结构就不会消失。纵向考察核心－外围结构，它有传统和现代之分，前者以劳动的部门－空间分工为基础，后者以劳动的等级－空间分工为基础。随着经济持续增长的到来，传统结构将逐渐被现代结构替代，但这并不意味着二元结构的消失，只是结构的质的规定性发生了变化（张培刚，1994）。

（三）层级增长极网络化发展理论与梯度理论

1. 梯度理论的主要内容

梯度理论是产业梯度转移理论的简称，它是在区域生命周期理论与产品生命周期理论的基础上形成的。梯度理论的主要观点有两个。①经济与技术发展的区域梯度差是客观存在的，是产业生产生命循环阶段在空间上的表现形式；区域梯度是区域间经济发展差距在地图上的表示。不论是哪个国家，其区域间的梯度差总是存在的，所不同的是差异程度不同而已，落后国家的区域梯度陡峭，发达国家的区域梯度相对和缓。②客观上存在产业与技术由高梯度地区向低梯度地区扩散与转移的趋势。产业发展有个过程，即创新阶段→发展阶段→成熟阶段→成熟后期阶段，处在创新阶段的产业一般出现在高梯度发达地区，而产业发展到衰老阶段后，一般会有向低梯度落后地区转移的趋势。随着时间的推移及生命周期阶段的变化，生产活动主要通过多层次的城市系统逐渐从高梯度地区向低梯度地区推移。市场的扩大与其引致的生产规模扩大、生产费用节约与地区接受能力的差异共同引致了技术及产品生产从最高梯度向下一级梯度的顺次推移。

在当前区域经济研究的实践中，大多数学者主要是从静态的角度将不同的区域划分成不同的等级梯度，从而使产品的生产技术按照梯度依次转移。但从动态的角度讲，产业和技术的梯度转移与传播是区际空间关系协调与区域经济布局优化的需要①。区域梯度转移的快慢与各个方向传播程度的强弱取决于三种力量的

---

① 首先，产业的适时转移是高梯度发达地区产业结构调整的需要。当一个区域发展到老年阶段后，若其成熟产业不适时转移出去，就会产生衰退产业与新产业在用地、用电、用水、用工等多方面的冲突，导致区域产业拥挤，区域经济陷入萧条乃至危机之中。其次，落后地区接受产业转移与传统技术对其本身的发展利多弊少。一些传统产业转移至落后地区可大大降低生产成本，增加落后地区就业机会，提高人民的收入水平，并以此为契机累积经济起飞的条件。例如，美国“阳光地带”的崛起与新英格兰地区的传统产业向南部转移是分不开的。最后，产业与技术转移涉及区域经济布局格局的整体调整，发达地区的推力不足或落后地区的拉力不足均不能使产业顺利转移。当转移的趋势出现后，政府应制定适当的政策加以诱导，以保持整个国民经济的协调发展。

综合作用，区域经济的发展受极化效应、扩展效应与回程效应三种综合力量的影响，极化效应会使生产向优势突出的高梯度地区集中，导致梯度差扩大；扩展效应会促进低梯度地区发展，缩小梯度差；回流效应会遏制低梯度区域的发展，从而扩大梯度差。而何种力量占主导地位，则将影响到区域经济所处的发展梯度及区域之间的差异。

2. 关于梯度理论的评述

20 世纪 70 年代末期以来，我国学者将梯度转移理论本土化，提出了“梯度理论”，也称为梯度推移理论，其基本点：无论是在世界范围，还是在一个国家范围内，经济技术的发展都是不平衡的，客观上形成了一种经济技术梯度。有梯度就有空间推移。生产力的空间推移，应从梯度的实际情况出发，首先让有条件的高梯度区引进掌握先进技术，然后逐步依次向二级梯度、三级梯度区推移。随着经济的发展，推移速度的加快，就可以逐步缩小区域间的差距，实现经济分布的相对均衡。这里梯度推移理论与倒“U”字形曲线说在发展机理上得以统一，因为梯度推移理论是增长极理论和倒“U”字形曲线说的结合（陈福义，2001）。

根据这种观点，在区域经济结构调整过程中，要因势利导，充分利用梯度差的经济功能，按照东、中、西的顺序安排投资和建设项目的区域布局；在区域发展政策的调整方面，主张经济技术发达的东部地带要面向国际市场，重点发展技术密集型产业。同时，将国内市场转让给中、西部地带。中部地带的经济技术水平仅次于东部地带，具有“承东启西”的作用，因此必须继续紧抓能源与原材料资源型产业的发展，另外则要承接东部地带让出的国内市场和相应的生产能力。西部经济地带以资源型开发为主，着重开发国家急需且本地又富有的资源，并根据区域市场的需要，发展“进口替代”产业。

在我国生产力总体布局和区域经济发展战略选择上，梯度理论起着重大的作用。但在我国经济理论界，20 世纪 80 年代发生了一场“梯度理论”之争（何钟秀，1983；夏禹龙等，1983；潘照东，1985；陈家泽，1987；王至元，1988；刘再兴，1988），理论界在肯定其积极意义的同时，认为存在不足，并引申出了反梯度推移论、双梯度推移策略理论、并存论、主导论等新的空间推移理论。对梯度理论尤其是梯度推移战略产生的争议甚至误解，导致了梯度推移论及其梯度推移战略在 90 年代一度沉寂。至今仍有人在曲解梯度理论的基础上对该理论评头论足。

实际上，早在 20 世纪 60 年代，汤普森、弗农等就已阐明了梯度理论的本义。国内梯度理论的提出者和针对梯度理论的争论都误解了该理论的本义，都是不全面的。梯度理论主要是总结客观上存在的现象与趋势，并没有特殊的政策倾向。在这个意义上，梯度理论本身是科学的。

梯度转移是区域经济发展到一定程度后产生的必然要求，只有顺应这种要求，区域经济关系才能协调。产业梯度转移规律是客观存在的，从世界范围的产业转移与许多国家内区间产业转移的事实中不难总结出这一规律。但应注意，在产业转移的同时，也产生了发展的传播。发展的传播包括经济机会传播、技术传播以及生活方式和观念等的传播。通过这种传播，一些相对落后的地区可抓住某种契机在一种或几种生产技术方面率先取得突破，实现跳跃发展，经济发展水平赶上甚至超过发达地区。这里不难发现，产业梯度转移是跳跃发展的先决条件之一。落后地区不可能在无传统产业发展的基础上突然起飞。跳跃发展必须有个过程，在这个过程中，吸收传统产业是个极其重要的内容。产业转移是个中介，它有可能将发展机会传播给落后地区。国内外之所以存在许多落后地区，正是由于这些地区没有很好地抓住这种发展机会或缺乏抓住这种发展机会的条件（包括政治、经济体制、地区文化传统、人口素质等方面的条件）。另外，发展机会总是以某种方式传播的，一些方向比另一些方向传播得快些，在遇到阻力（如政治障碍、经济体制弊端、错误认识等）时，发展机会传播会中断，此时各种类型的区域都会出现问题，不仅落后地区会丧失发展机遇，发达地区也会因此而陷入膨胀的困境。梯度理论只指明了产业与技术空间转移与传播的基本规律以及产业和技术转移对不同类型地区的影响与作用，并未提出重视何类地区的行动方案。具体的政策选择或行动方案是由特定时期的发展条件与环境所决定的，并非由梯度理论或其他理论规定。

梯度理论关于区域经济发展中不同地域的经济发展水平差异，即梯度和技术、经济转移与扩散的研究很好地解释了区域经济发展中的区域经济发展差异现象，同时为区域经济均衡协调发展指出了发展方向。但是，随着现代经济的发展，由于新技术革命、知识经济的出现，梯度推移中的“黏性”现象引起了学者们的关注，因而梯度理论遇到了自身难以解释的难题，梯度理论的缺陷和不足在梯度“黏性”研究下逐渐暴露出来。

（四）层级增长极网络化发展理论与网络开发理论

区域网络开发理论是近年来区域经济发展理论研究中较为重要的一个理论，网络战略模式也是空间均衡区域结构的一种（图 1-2），是在点轴开发模式基础上的进一步延伸，它主张均衡发展，实现区域整体推进（王之泰，2000）。区域网络开发模式受到了研究区域经济问题的众多专家学者的广泛关注，如何深刻认识这一理论模式并把它与区域经济发展的实践紧密结合起来具有重要的理论和实践意义（郑伯红，2005；王湘东，2004；乔光平，2004）。本书在对网络式开发研究文献深入分析的基础上，对学术界关于区域网络式开发的概念、内涵、路径依赖以及实现开发的实践意义等进行了梳理，并对其做了相应的比较分析和述评，以期对区域网络式开发理论的研究更加深入和切合实际，能够更具可操作性和灵活性，真正成为能够推动区域经济快速、协调发展的一个有力工具。

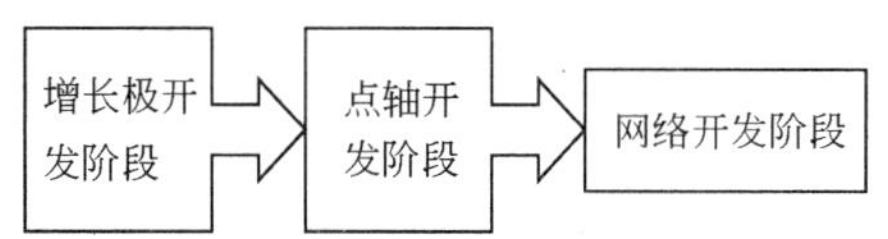

图 1-2　网络开发理论中区域发展的三个不同阶段

1. 网络开发模式的运行机理以及适用条件

交通网络、通信网络以及信息网络等是网络开发模式中的核心部分，它们构成网络开发模式的关键因素。朱厚伦（2004）认为网络开发理论实质上是将经济开发由发展轴线向发展域面的延伸。它旨在进一步延长、拓宽增长极和发展轴，强化“点”、“轴”在经济发展中的辐射功能。通过网络发展，逐步实现区域经济的均衡协调发展。

当一个区域的经济活动包括人口、产业、第三产业都集中在一个狭小的地域范围内，并且当这种集中的规模达到一定程度以后，必定会产生一种集中的规模不景气，如土地价格的上涨、房地产价格的上涨等。所以到达一定阶段后，必须要进行网络开发。这种网络的开发要有两个方面的任务，一是对老区进行整治，进行再开发，中心环节就是对它的产业结构、空间结构进行调整，大力发展高新技术产业，要发展现代都市产业，不能发展一般性的、有一定技术含量的加工制造业，这些要向其他地区转移。二是对新区进行开发，应选择一些重点的开发路线、一些重点地区进行开发，这样更能构成一个区域开发的网络，经济发展就能达到均衡（曾菊新等，2003）。学术界认为网络开发理论是在一个区域的经济发展到一定阶段以后，这个地区形成了增长极（各类中心城镇）和增长轴（交通沿线），增长极和增长轴的影响范围不断扩大，在较大的区域内已经形成了商品、资金、技术、信息、劳动力等生产要素的流动网络及交通网络、通信网络（李培祥和石正方，2003；李咏梅和郑传均，2001；申俊喜，2003）。在此基础上，网络开发理论强调加强增长极与整个区域之间生产要素交流的广度和密度，促进地区经济一体化，特别是城乡一体化；同时，通过网络的外延，加强与区外其他区域经济网络的联系，在更大的空间范围内，将更多的生产要素进行合理配置，促进区域经济的全面发展（魏后凯，1998）。

就目前而言，学术界普遍认为网络开发模式属于较高层级的开发模式，一般要在区域经济发展到一定阶段并具备相应的条件以后才能适用该开发模式。

魏后凯认为网络开发模式的运用有其具体的前提条件：①首先要经过前两个阶段的开发，即要经过极点开发和点轴开发两个阶段以后才能运用网络开发；

②一个地区的经济实力已经达到一定阶段，综合经济实力较强，有较好的经济基础；③这个地区应该进入工业化的中后期阶段。从目前情况看，我国的珠江三角洲、长江三角洲加上环渤海地区的部分地区，已经进入这个阶段。实现网络开发有两方面原因。一个地区逐级开发，面临的一个主要问题是经济发展的空间不够，大量的经济活动集中在一个狭小的范围内，很难把总量规模扩大，就面临一个经济空间的扩张问题。而且地区经济发展水平提高以后，一个地区也有能力、有实力来进行大规模的新区开发（魏后凯，1998）。

2. 区域网络开发模式的实践及其简要评价

网络开发理论的最大特点在于它有利于缩小地区间发展差距，促进区域整体均衡发展。增长极开发、点轴开发都是以强调重点发展为特征，在一定时期内一定条件下会扩大地区发展差距，而网络开发是以均衡分散为特征，将增长极、增长轴的扩散向外推移。该理论一方面要求对已有的传统产业进行改造、更新、扩散、转移；另一方面又要求全面开发新区，以达到经济布局的平衡。新区开发一般也是采取点轴开发形式，而不是分散投资，全面铺开。这种新旧点轴的不断渐进、扩散和经纬交织，逐渐在空间上形成一个经济网络体系。网络开发模式一般适用于经济较发达地区或经济重心地区，在不发达地区不宜应用。网络开发理论注重于推进城乡一体化，加快整个区域经济全面发展。因此，该理论应用的时机应选在经济发展到一定阶段后，区域之间发展差距已经不大，区域经济实力已允许较全面地开发新区的时候。网络开发理论在发达地区应用取得了较好的效果。在我国珠江三角洲、长江三角洲地区，经济发展已达到了较高水平，网络开发已成为当地发展模式的主要选择。这一地区是我国城镇化水平最高，城乡差别最小的地区。选取网络发展模式主要动因有两个。一是中心城市的生产成本日益加大，在利润最大化规律的作用下，生产要素向相对便宜的落后地区扩散和发展更加有利可图。二是当地政府的主动参与。政府加大了对不发达地区的基础设施投入，引导资金流向未开发地区，推进了城乡经济一体化发展。

从促进区域经济开发的角度审视，区域网络开发理论的局限性仍然是比较明显的。这主要表现在以下几个方面。首先，网络开发理论忽视了不同区域在不同历史条件下开发所面临的具体情况，把区域开发的条件和阶段人为的固定化、模式化，把区域开发模式的运用与区域发展阶段一一对应，这种认识过于武断和教条，不利于区域开发实践。其次，缺乏系统性区域开发的思路，即理论出发点和逻辑起点缺乏系统论的指导，没有真正有效的切入点，可操作性差。最后，以西部地区开发而言，如果把西部地区的主要大中城市及其所辖郊区作为增长极，把联结各个城市的公路、铁路等交通网络、通信网络及信息网络作为网络联结通道，构成一个增长极网络。由于这些地区是西部发展条件相对较好的地方，经济发展水平较高，基础设施完善，科技创新能力强，笔者认为西部的这些城市群也具备了适用网络开发模式的条件。但是这显然与目前网络开发模式的一些基本观点不一致。因此，本书认为网络开发模式必须要经历极点开发和点轴开发阶段以后才能运用，这一观点尚缺乏必要的实证和实践检验，不能一概而论。

第三节 基于增长极理论内在逻辑的理论整合

一、区域经济要素的极化式分布

1. 聚集式发展

纵观世界各主要国家区域经济发展实践，生产与人口的分布是极不均衡的。目前世界上人口规模超过1000万的巨型城市和它的连绵带已从第二次世界大战后的2个增加至20世纪末的27个（其中中国有3个），这些连绵带聚集了几千万人口和大小城镇，提供国家几乎2/3的国民生产总值（如美国、日本）。以大城市为中心的城市带和层级增长极网络的形成与发展是区域经济发展的重要趋势。从区域发展层面看，日本的东京都、大阪府、神奈川县3个地区仅占全国国土面积的1.75%，却集中了全国31.21%的国内生产总值（GDP）和22.94%的人口；英国的伦敦、曼彻斯特、西米特兰3个地区仅占全国面积的1.05%，却生产了全国25.82%的GDP和集中了全国20.91%的人口；美国生产和人口最集中的14个州占国土面积的13%，而人口却集中了全国的50%以上（范红忠，2004）。从单个城市的角度比较来看（表1-1），这种由于生产和人口大量聚集而形成聚集经济带（大都市+郊区+交通线复合经济结构区）已经成为区域经济发展的规律，并有进一步加强的趋势。由此而带来的城市聚集经济、产业簇群经济又进一步促进了区域经济的规模效应和外部溢出效应。目前全世界人口中有16.5%集中于百万人口的大城市，中国这一比例只有11.3%，比世界平均水平低5.2%（表1-2）。

表1-1 国外大都市区人口分布密度情况表

城市名称	洛杉矶	马尼拉	雅加达	曼谷
城市人口占该国总人口的比例/%	4.39	20.72	7.35	12.24

资料来源：泰国官方统计局网站：http://www.nso.go.th；美国官方统计局网站：http://www.fedstats.gov；菲律宾官方统计局网站：http://www.nscb.gov.ph；印尼官方统计局网站：http://www.bps.go.id

表 1-2　世界主要国家人口集中度及大城市 GDP 占本国的份额（2003）

城市人口超过 100 万的国家	集中度/%	2003 年中国大城市与国外大城市比较
世界平均水平	16.5	东京的 GDP 占日本的 18.6%
中收入国家	22.6	伦敦的 GDP 占英国的 17.0%
高收入国家	32.0	汉城的 GDP 占韩国的 26.0%
美国	39.0	北京的 GDP 占全国的 2.5%
日本	37.5	上海的 GDP 占全国的 4.6%
德国	41.8	上海的 GDP 只是香港的 1/4
中国	11.3	上海的 GDP 只是东京的 1/20

资料来源：以上数据资料来源于《羊城晚报》

再从我国西部地区的大城市发展现状来看，无论是生产占全国的比重还是人口分布密度都无法与全国大都市区平均水平相比，以西部人口和产业分布较集中的关中平原为例（表 1-3），我们就会发现西部地区增长极的生产与人口分布集中度明显偏低，没有形成地理空间上的聚集。为了尽可能地减少高昂的交易成本和规模不经济对西部发展的制约，以获取规模经济和交易效率为目标，尽可能的压缩人居地理空间，实行生产与人口的极化式分布，这是西部开发的必然选择。

表 1-3　西部地区部分中心城市人口分布密度情况

城市名称	西安	咸阳	宝鸡	渭南
城市人口占我国总人口的比例/%	0.55	0.37	0.29	0.41
人口密度/（人/公里^2）	717.8	474.6	206.0	406.5

资料来源：表中数据资料来源于《2003 陕西年鉴》和《2004 西安年鉴》

2. 层级增长极网络开发模式的典型范例

层级增长极网络开发模式的典型范例。从长江三洲角的发展过程来看，以上海为核心增长极，南京、无锡、苏州、杭州、扬州、南通、宁波等大中城市组成了次核心增长极，其他小城市和城镇构成了外围增长极，通过铁路、高速公路以及密集的信息网构成的联结通道共同组成了一个开放型的层级增长极网络，在上海这个核心增长极的带动下，“长三角”区域内的所有资源实现了优化配置，网络对市场的及时反映通过区域内巨量的物质流、信息流，经过网络有效联结通道在各层级增长极之间快速的输入、输出得以体现。增长极的极化效应和扩散效应通过层级增长极网络得以实现。网络的开放性主要体现在核心增长极对外强大的辐射能力以及网络不断向外扩张和延伸。“长三角”区域经济发展的实践证明，这个以上海为核心增长极的层级增长极网络是非常高效的，能够快速促进区域的发展。“珠三角”和环渤海湾地区都有相同的情形。

二、区域城市由孤立走向网络式关联

"孤立城市发展阶段→区域城市体系形成阶段→层级城市网络体系形成阶段"，这是现代区域经济高度发展条件下城市体系演变的产物，也是现代区域城市化的规律和方向。在这样一个发展过程中，原来的单个孤立城市逐步演变成了层级城市网络体系中的一个节点，即它既是区域经济发展的增长极，又是这个区域层级城市网络中的组成部分。在这个区域城市网络中，由于各个城市自身发展的先天条件（如区位、自然环境、交通运输条件等）和后天条件（如政治、文化、民族、历史、国际联系状况等社会条件以及地域分工专业化等）各不相同，在区域发展中通过不断的整合，最后会形成区域性中心城市（核心增长极）、地区中心城市（次核心增长极）和县域中心城市（边缘增长极）等不同层级的城市网络体系。因此，我们认为区域城市从孤立走向网络式聚集是现代区域城市化的规律。

德国著名学者郝特纳（Hettner，1983）在论述空间联系的构想中认为："地球上各个不同地点并不是互不相关地彼此接壤的，而是这样或那样地互相联系着，组成复合体或者体系，研究它们是科学最重要的任务之一。这绝不是一个阐述的任务，而是研究的任务或者分析检验的任务。因为这个复合体和体系都是真正的实体，是必须由科学来认识的事物"。

辩证唯物主义认为，世界上一切事物都具有普遍联系性，不仅事物内部矛盾双方相互依存，互为条件的不同事物的矛盾之间，也是相互渗透、相互制约的。辩证唯物主义哲学讲的"联系"是指事物、现象以及事物和现象之间的互相连接、互相依存、互相影响、互相作用、互相决定、互相产生的过程。世界是一个整体，任何事物和现象都同其他事物和现象有着不可隔绝的、极其丰富的复杂联系——直接或间接、必然或偶然、有形或无形、现象或本质——绝对孤立的事物和现象是没有的。因此，事物的相互关联是客观规律，人类的科学活动主要就是发现、认识、记录事物和现象之间的关联。

国内有的学者（杨承训和杨继，1996）认为，社会分工与社会联系是社会化生产内在的对立统一运动。商品-市场经济之所以与网络经济有着血肉联系，这是由其内在的经济渊源及其所需要的功能所决定的。以往总是讲"社会分工是商品经济的基础"，这当然是千真万确的，但还没有把社会联系提到应有的地位。现在看来，讲得更全面一些，应当说社会化大生产是商品-市场经济的基础。恩格斯认为，生产本身也从一系列的个人行动变成一系列的社会行动，而产品也从个人产品变成了社会产品。生产社会化就是通过一定的联系形式使以往狭小的生产变成一个社会过程，其产品变为满足社会需要的产品。社会化生产包括两个方面。一个是“分”，即愈来愈精细的社会分工，使专业化程度不断提高；另一个是“联”，即愈来愈密切的社会联系，互相依赖性日益强化。二者互为条件，互相促进，社会分工愈深化，承担社会分工的生产者之间的联系愈密切、愈广泛，而社会联系的强化又以新的综合生产力及新的形式推动社会分工的深化。这种以技术进步为支撑的社会分工与社会联系的联动机制和趋势，是社会化生产内在的对立统一运动。这是它的本质特征，也可以说是它的基本规律，简称为“分联结合规律”。

人类社会经济活动总是发生在特定的地域空间。由于各种社会经济活动及其要素分布在不同的地域空间，它们在空间上的相对位置、组合状况、聚集与分散过程以及规模结构等，无不构成一种有机关联的空间网络关系。人类社会经济活动的这种空间独占性和关联性，即生产与消费、供给与需求的普遍存在并在空间上分离，决定了区域城市与腹地（乡村）之间空间关联的普遍存在性。尽管区域城市与腹地（乡村）空间关联在不同的体制和发展水平条件下的具体表现存在较大差异，但却具有本质上的联系：①区域城市与腹地（乡村）的生产力具有内在的扩张力。当某一特定城市与乡村生产力发展到一定程度后，就会超出原有的地域范围，并向新的区域转移、扩展和延伸，并形成新的组合和联系方式。②区域城市与腹地（乡村）经济的发展，必然要冲破分散、狭隘、封闭的自给自足的自然经济格局，在广阔的空间范围内代之以相互往来和相互依赖。③区际、城乡之间的差异性。从物质的运动来说，差别本身就是构成运动的内在动力。地区之间、城乡之间资源禀赋上的差别形成了不同产销关联格局，经济优势上的差别产生了要素流动的动力，结构上的差别则提供了城乡要素转移的空间。④在技术加速生成和传播的作用下，地区之间、城乡之间的技术空间推移和协作，更大地扩展了城乡空间关联的深度和广度。由于存在空间关联的客观必然性，以至于有的专家学者对城市化的动力和概念产生了新的认识。例如，马普宫杰就持有这样的观点：“由于城市是作为联系的节点存在于地表上，所以它们的存在显然是为经济系统服务的。”于是，联系性就成为隐藏于城市化过程中的一个重要动力（阎小培等，1994）。人类学家盖尔迪（Guldin，1992）认为：“都市化并非简单地指越来越多的人居住在城市和城镇，而是指社会中城市与非城市地区之间的往来和相互联系日益增多的过程。”

从时间维上来考察，不难发现人类社会中的各种关联活动和要素的流动性是不断增强的。活动性是社会经济变化的体现，技术进步不是原因，而只是影响空间经济结构改变的方向性因素。尤其是人的流动性增强，有时也造成了居住与工作地点的分离。但这不应看作是过渡性的和迫不得已的，而应该看作是现代生活的特征，甚至是有利的。未来人居环境结构的社会应该有这样一种特点：空间组织在流动性不断增加的环境中，能满足城乡社会与个人之间的空间关联需要。

在深入探讨城乡空间关联的过程中，科勃把区域城市与腹地（乡村）看作是一种“独立的现实”（independent social fact）。科勃认为区域城市与腹地（乡村）关联的实质既不决定其他社会结构变迁，也不依附于其他社会进程，仅仅在于它是一种“独立的现实”（Li et al.，2000）。这样，现实的区域城市与腹地（乡村）关联既不被看作是问题的起源，也不被看作是问题的表现。科勃在《扩展的大都市：眼周聚落转型》一书中指出，它“代表和反映了独立的社会和空间事实，其产生、演进和变化，既是城市化和农村发展的结果，又是一系列社会、经济、政治进程的产物，还与当地特殊的文化、历史条件有关”（Ginsburg et al.，1991）。

综上所述，城市与腹地（乡村）的联系是必然的，现代城市发展不可能脱离乡村物质环境和自然环境，现代乡村发展也不可能摆脱城市的影响，只有通过各种联系渠道、营造多种关联途径和培育各种城乡交易市场，乡村才有可能寻找到发展的机会。

三、多种理论方法的相互融合与整合

在经济全球化进程加速、知识经济时代来临、可持续发展思想在全球普及的社会经济背景下，区域发展理论作为地理学和区域科学研究的一个焦点仍将具有旺盛的生命力。从20世纪90年代以来所体现的研究特点看，多种理论方法的融合和更加详尽的经验案例研究将是区域发展理论发展的两个基本方向。

在理论方法的融合上，一方面，伴随着制度与文化因素的引入和“结构主义方法”的发展，人们将会更加重视区域经济的特定制度结构对企业联系框架和企业间网络、知识的循环、组织行为与可持续发展目标、市场的行政管理与区域管制等所具有的重要作用，从而有助于动态区域发展理论的形成。尽管制度因素本身复杂多样，地理学对制度因素的处理往往是马克思主义的政治经济学方法（新马克思主义）而非新制度学派的新古典方法，经济地理学在区域发展的制度分析中还缺乏一个统一的理论框架，但近年来新古典主义方法在区域发展尤其是新产业区研究中所得到的越来越广泛的运用，已体现出新马克思主义、结构主义和新古典主义的融合趋势。另一方面，为建立区域学习创新、地方环境和区域增长之间的有机联系，一些学者相继提出了一些全新的概念和研究范式，如 Morgan（1997）等提出了“学习区域”（learning region）概念，试图将网络、技术和制度创新、制度环境（institutional milieu）联系在一起以解释区域经济增长，Cooke（1998）等提出创新区域系统（regional systems of innovation，RSI）的概念，试图以动态演化的观点将新区域科学中的制度、文化、组织等因素和新马克思主义、新熊彼特主义的创新研究有机结合起来，以解释区域进行系统化创新（systemic innovation）的能力和潜力以及对制度、组织等环境条件的要求；Jin 和 Stough（1998）则使用“学习能力”（learning capability）的概念，将福特主义和后福特主义时期产业组织和国际竞争的变化纳入到一个统一的研究框架，并讨论了个体和组织学习、交易学习、网络学习、空间学习的性质和特点以及对学习基础设施的要求；Maskell（1998）提出了“地方化能力”（localized capability）概念，并将其区分为4种要素：制度禀赋、已有结构、自然资源和区域的知识及技能，以建立区域学习创新与地方环境的有机联系；Matin 和 Sunley（1998）则使用内生区域增长（endegenous regional development）和本土化发展（indigenous development）的概念，试图将经济学中以不完全竞争、收益递增、外部性、人力资本、技术创新和技术转移等为核心的新增长理论、新贸易理论和克鲁格曼的地理经济学同新经济地理学的区域发展理论有机结合在一起，以构筑区域经济增长的一般机制。这些新的概念和研究范式说明，在区域学习创新－地方环境－区域增长这一区域发展研究的新议程下，新马克思主义和新熊彼特主义、新古典主义与新增长理论、新经济地理学和新区域科学之间出现了某些更深、更广泛的融合趋势，尽管这些不同的理论方法有着不同的学术传统，要实现真正的融合还存在许多困难和障碍，但通过这些不同理论方法的碰撞和交流，新的区域发展理论必将会获得更为迅速的发展。

从中国区域差距、区域政策制度与区域发展战略间的逻辑互动关系得出的基本结论是区域差距的动态变化引致区域政策制度变迁，区域政策制度变迁简约为区域发展战略的逻辑演进，区域发展战略的实施效果暗合了区域政策制度的实施绩效，区域发展战略与区域政策制度又可追溯到区域发展理论的支持。“均衡发展”的指导思想是区域均衡增长理论（孙海鸣和赵晓雷，2003），包括前苏联生产配置理论和马克思主义经典作家关于平衡发展理论的论述（魏后凯，2003）；“非均衡发展”的指导思想是在总结我国区域发展经验、教训和学习借鉴西方发达国家区域发展理论的基础上，我国学者先后提出的区域经济非均衡发展战略思想，在具体实施非均衡发展战略过程中，主要存在梯度理论与反梯度理论两种主张。相比而言，“区域经济协调发展”的支持理论还未成熟。20世纪90年代中期以后，国内外环境共同引致了重新思考和构建中国区域经济协调发展战略蓝图的需求。党的“十六大”报告“积极推进西部大开发，促进区域经济协调发展”任务与党的十六届三中全会“五统筹”任务的提出，再次表明创新区域经济协调发展理论具有重大的理论和实践意义。

第二章　层级增长极网络化发展理论

第一节　层级增长极网络化发展理论的提出及其基本概念

一、层级增长极网络化发展理论的基本概念

基于以上对区域经济发展规律的深刻认识和西部区域发展约束条件的分析，在借鉴增长极理论、中心地理论、梯度理论和网络开发理论的基础上①，本书提出了西部区域开发的最佳发展途径——层级增长极网络开发模式。层级增长极网络简单而言就是指由处于不同层级的增长极②组成的一个关系密切的有内在联系的开放型网络（从增长极的规模和发展梯度的角度来看，会呈现出不同的等级层次性，图 2-1）（苗长虹，1999；林其屏，2001；颜鹏飞和邵秋芬，2001；安江林，2003；轩明飞，1999；姜鑫，2001；许良军，1995；邱云美，2004）。在区域开发过程中，由于区域内各增长极的经济发展水平、科技创新能力、文化、资源、环境、地理位置、交通及通信条件等各不同，由此所形成的核心竞争力也不相同，在区域发展中所发挥的功能和作用也不相同，从推动整个区域发展的角度来看，各个增长极处于不同的地位和层级，并且它们（我们把它简单分为核心增长极、次核心增长极、边缘增长极）之间组成一个有内在联系的开放型网络。

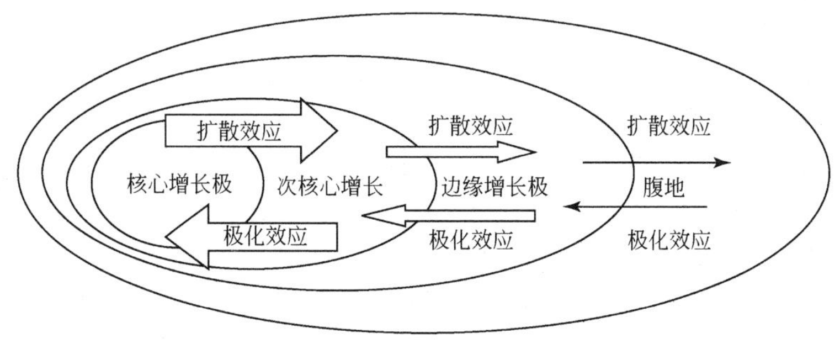

图 2-1　层级增长极网络结构框架

---

① 本书吸收了增长极理论促进落后地区发展的基本原理，同时也借鉴了中心地理论中关于区域城市等级体系的思想以及网络开发的阶段论，提出了西部区域层级增长极网络开发的理论模式。

② 本书从实践的角度把地区中心城市均简称为区域增长极。

二、层级增长极网络化发展的基本内涵

层级增长极网络化发展理论以构建区域一体化市场体系、合理布局生产与人口、充分发挥区域比较优势、调动各地区的积极性、促进整个区域经济增长为基本出发点，以追求西部区域经济社会全面发展为目标，以区域倾斜政策与产业倾斜政策相结合和区域补偿政策与区域扶持政策相结合为基本原则，以城市化为途径，吸纳了广义梯度推移理论中的多梯度不平衡发展有利于扩散和聚集经济的理念，旨在根据区域内部经济差异和区域经济优势，选准核心增长极，构建层级增长极网络，把握好纵向和横向联合的结合点，明确各层级增长极之间的产业分工、发展方向和规模，促进区域内产业结构的有机耦合和更新升级，形成区域产业特色，实现优势互补。同时，建立核心增长极的区际经济传递机制，促进区域内要素合理流动和区际产业科学、合理的转移，在实现生产与人口极化式分布的基础上，充分发挥层级增长极网络的极化效应和扩散效应，促进西部地区全面发展（延军平，2001；陈栋生，2000；张平军，2004；林毅夫和刘培林，2003；胡乃武和张可云，2004）。因此，我们可以这样理解层级增长极网络的一般含义：层级增长极网络是在具有较发达的交通条件的区域内，由一个或几个大型或特大型核心增长极率领的若干个不同等级、不同规模的增长极构成的增长极体系。增长极网络内的增长极之间在自然条件、历史发展、经济结构、社会文化等某一个或几个方面有密切联系。其中，核心增长极对网络系统内其他增长极有较强的经济、社会、文化辐射和向心作用。至于网络内的众多增长极是否属于同一行政辖区，并不是构成层级增长极网络的必要条件。

三、层级增长极网络的系统结构

著名的协同学创立者H. 哈肯说过：“人们试图分析社会科学中大量的复杂的相互作用，如对群体中的个体之间、不同群体之间的竞争和合作以及不同社会形式的共存等问题的分析。一般说来，系统中这些相互交错、非常复杂的联系中某些主要的网络决定了系统的性质。”（姜璐和沈小峰，1990）

层级增长极网络发展是一个相当复杂的系统（图2-2）。通过图2-2可以对这个系统形成一个框架性的理解和认识。首先，层级增长极网络系统包括实体要素、网络流和地域组织要素。作为现代层级增长极网络化发展系统的结构，这三大要素具有客观性和不可缺一性。其次，一定的结构具有一定的功能。随着结构的变化，层级增长极网络系统的功能将日趋复杂化和多样化，图2-2所描述的功能只是一个基本的概括。最后，考察系统还可应用时空关系 x，y，z，t 来描述层

级增长极网络系统及其要素的分布和结构。

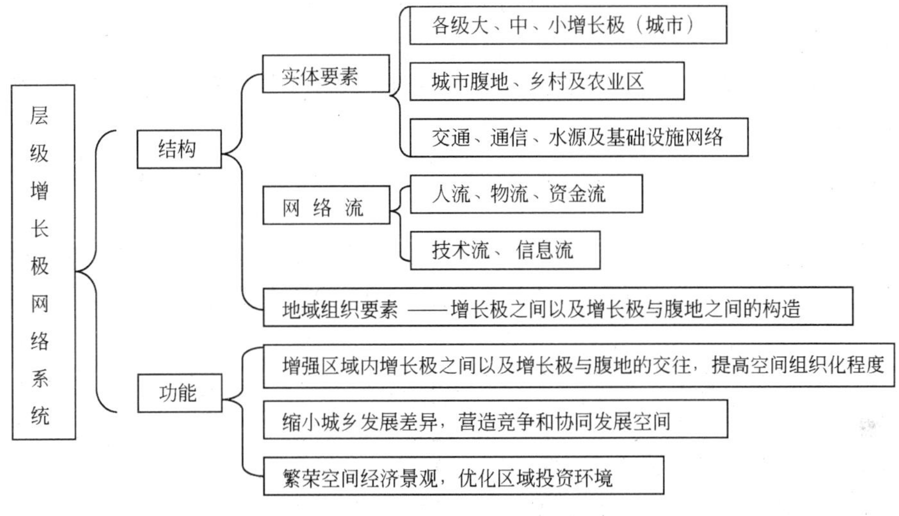

图 2-2　区域层级增长极网络系统

作为一种区域社会经济发展的空间组织形态，层级增长极网络发展并不是一堆杂乱无章的“乱麻”，而是按照经济的内在联系形成的一种可识别的系统，其实际内容反映在以下三个方面。①区域城乡地域实体要素的相互依存性，即各种地域性要素或子系统彼此呈某种相互补充、相互依赖、相互影响的关系，如城市与腹地（农村）两个子系统的相互依存、互为条件关系；②区域城乡相互作用关系反映在子系统之间或系统与外部环境之间，相互作用的实质内容是经济网络的发育和发展，即区域生产力要素流在功能性要素的作用下在区域上的有序流动；③人类的行为因素极大地影响着区域层级增长极网络系统，随着网络化的发展和不断推进，区域层级增长极网络系统将实现人类的特定经济目标，如促进区域城乡社会经济交流与增长以及缩小城乡差异等。

系统的结构是系统保持整体性及具有一定功能的内在根据，也是系统内部各个组成要素之间相对稳定的联系方式、组织秩序及其对时空关系的内在表现形式。结构反映了系统的各个要素是如何构成一个整体，反映了系统的有序性特征，它和要素密切相关，没有要素就不会有结构。

1. 实体要素

实体要素是指人类长期的社会经济活动所形成的地域经济实体（geoeconomic substance），以及支撑这些实体生成与发展的线状基础设施（Liu，2000）。毋庸置疑，实体要素主要包括区域不同层级的城市以及乡村两类异质同构的区域经济实体，这两大类实体要素又由各种企业以及社会团体所组成，它们是区域社会经济活动的主体。而与城市和乡村相关的非农产业区和农业区是均质区域（uniform regions），这是区域经济活动的基本空间（Sun and Parikh，2001）。作为空间实体的区位线状要素，主要包括在地域经济空间上具有确定线段的交通、通信线路、动力和水源供给设施。这些设施是区域经济活动的基本结构和区域经济活动横向拓展的先决条件。

2. 网络流

威尔逊认为“流”是一种“耦合”。各成分之间的耦合在决定特定系统中行为的性质时起着一种重要作用（Wei et al.，2001）。此类耦合常常是某种载于结节（node）之间的连接（link）上的流（flow）。这种“流”的概念可理解为具有相互作用的某种联系。按照空间经济学的观点，各种空间实体之间联系的实质内容就是生产力要素流。生产力要素的空间流动，泛指生产力要素在一定时空范围内所发生的量与质的转移和交换现象（Brun，2002）。

根据区域生产力要素流的自然和社会属性，可分为人流、物流、资金流、技术流和信息流等多种类型，可以统称为层级增长极网络的网络流。这些网络流的集合过程将对区域层级增长极网络系统结构的生成与演化起着重要作用。根据要素流的组织性，可分为城际贸易与协作、城乡贸易与协作、城乡投资；若按照操作形式，网络流又可分为扩散、集中和注入三种形式。据考察，区域城乡间的网络流具有两个方面的指向规律。①供求相关规律。这种规律表明，网络流的流向与区域供求能力密切相关。一般而言，当需求引力越大时，说明要素稀缺性越大，要素的供需矛盾越尖锐，因而也越容易吸引其他区域的网络流进入。②区位优势规律。生产力要素的流动带有明显的增值倾向。在现实的区域空间经济活动中，客观存在着要素流动的偏好倾向，即稀缺的要素不愿意流出而愿意流进。

3. 地域组织要素

从区域增长极之间及于腹地之间关联的整体性、发展的不可分性和空间的连续性等特点出发，由中心（增长极）及腹地（农村）所组成的节点区域（nodal region）无疑是最基本的地域组织要素。这种节点区域具有内聚性（cohesion），它反映的不是一个平面而是一个结构性组织。地域组织要素的实质应该是一种区域社会经济活动中最基本的组织关系。自从有了城市与乡村，就有了这种组织关系。任何一个特定地域（不论哪一个层次的经济区域）差不多都具有中心与腹地关系。美国学者弗里德曼认为，这种地域组织形态将随着区域经济的发展而消失。本书认为这种基本的地域经济构造（或地域组织要素）只是随着区域层级增长极网络系统的完善和升级而趋向现代化。不论城市与乡村发生什么变化，作为一种基本的社会要素和景观形态，中心（城市）与腹地（农村）的构造关系不会消失，但发生某种程度的变形是有可能的。

四、层级增长极网络的运行机理

层级增长极网络的运行机理：以交通和信息网络为通道，高层级的增长极对低层级的增长极发挥辐射和带动作用，低层级的增长极对高层级的增长极产生极化和聚集效应，它们之间形成一个相互作用的复杂的网络系统。在这个层级增长极网络系统内，由于各个不同层级的增长极之间的推进型产业选择要按照比较优势的原则来确定，从而能够避免区域内产业同构、重复建设等现象。此外，以区域交通主干道为轴线，通过层级增长极网络的极化效应和扩散效应，形成一个层级增长极网络辐射带，能够使区域内的人口与经济布局在辐射带内实现地理上的集中。

五、层级增长极网络的结构特征

层级增长极网络结构的基本特征包括以下五方面。

1. 空间结构的分形特征

分形理论是美国学者曼德尔·布罗特创立的。他认为层级城市群网络是特定地域范围内不同性质、类型和等级规模的城市所构成的相对完整的城市“集合体”。层级增长极网络的空间分布具有明显的无标度特征。因此，在层级增长极网络空间分布上具有分形性质。层级增长极网络形成，就在于经济、社会的联系，通过不同形态、速度、流向、流量的“空间流”，城市之间的相互作用，形成了城市间分维特征（Wang and Yao，2001；Zhang and Zhang，2003；Qian and Roland，1998；Wei，2000）。城市间的相互作用导致了城市间的职能分工。分维值越高，则表明城市间分工更明显，城市间空间流交换更强烈。层级增长极网络区域由于中心城市辐射作用强度的差异导致以中心城市为核心的层级增长极网络地域结构紧凑与松散的差别。经专家测算，沪宁杭、京津唐等地区分维值最大，地域结构最紧密，而珠江三角洲、四川盆地层级增长极网络分维值最小，地域结构最松散。

2. 地域结构形成过程中的“二次极化”特征

层级增长极网络在形成过程中，核心城市起着极其重要的作用。在经历了极化阶段以后，层级增长极网络区域的地域结构进入了相对稳定期。层级增长极网络地域结构发生新的转换，取决于层级增长极网络边缘地区新的极化产生过程，即“二次极化”过程（图2-3）。由于层级增长极网络区域综合交通网的发展，特别是层级增长极网络边缘地区与核心地区快速综合交通走廊的建立，层级增长极网络边缘地区会产生新的增长极。新的增长极的极化作用导致层级增长极网络边缘地区地域结构的重组，形成新的城市组群。

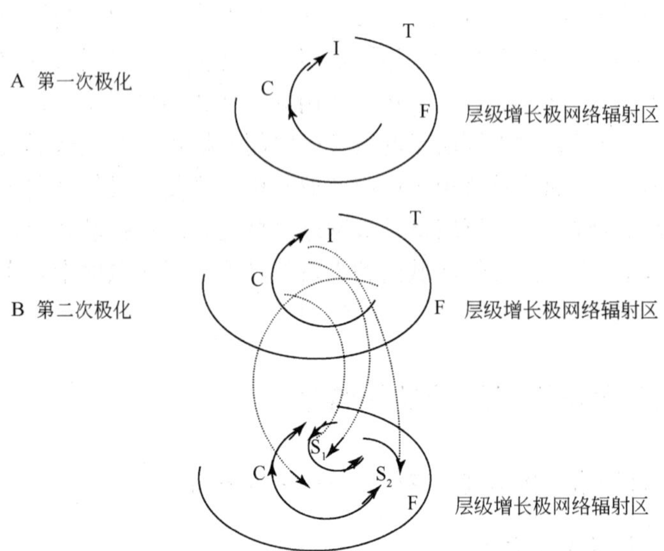

图2-3 层级增长极网络的“二次极化”（朱英明，2004）
S_1 表示核心增长极；C 表示网络核心增长极区域；
S_2 表示次核心增长极；F 表示网络次核心增长极区域；
I 表示网络边缘增长极区域；T 表示网络腹地

3. 地域结构的交通导向特征

在层级增长极网络形成过程中，交通运输对增长极组团或层级增长极网络的地域结构基本单元起着制约、引导或导向作用，从而形成沿交通走廊的增长极组团的层级增长极网络地域结构（图2-4）。例如，珠江三角洲层级增长极网络已经形成铁路、公路、河运、海运、航空等多种运输方式组成的交通运输网：京广、京九、广梅汕、广茂湛等铁路；广深、广佛三、广花、惠深等高速公路和若干条国道公路；广州、深圳、珠海、肇庆等港口；广州、深圳、珠海机场等；香港是世界航运中心和国际航空中心，澳门也是重要的海港，这些都成为层级增长极网络的网络节点，连接各点的基础设施所形成的城市发展网络，成为层级增长极网络地域结构的基本组成单元，促进了增长极网络地域结构的形成与发展。

4. 区域结构在发展中的经济传动特征

层级增长极网络地域结构是层级增长极网络区域经济整体协调发展的“晴雨表”，也是层级增长极网络经济发展的“杠杆”。通过地域结构的变化可以协调各城市经济发展，形成层级增长极网络区域整体良好态势。地域结构的这种作用使得其在层级增长极网络区整体经济发展中具有传动作用。

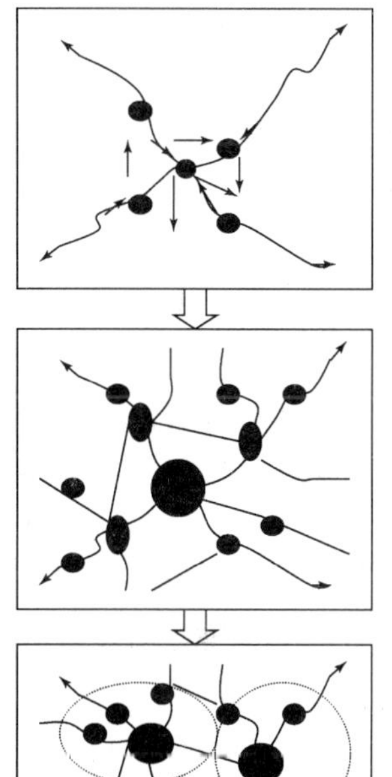

图 2-4　层级增长极网格地域结构交通导向作用示意图

图中大小不同的黑色实心圆圈分别表示区域内不同规模城市（增长极）；黑色虚线圆圈表示大的中心城市的辐射范围

5. 层级增长极网络地域结构具有开放性的网络组合特征

交通运输方式组成了层级增长极网络的综合交通体系的网络结构，市场经济体制的不断完善，城市功能日益增多和强化，层级增长极网络区的开放性网络结构开始形成。随着地区资源开发，层级增长极网络区城市间的社会经济联系更加快捷，许多城市在一个地区内形成了各具特色的层级增长极网络经济。在层级增长极网络区，不同等级、规模、性质的城市构成城市网络，各城市具有一定的经济吸引范围，它们相互嵌套，形成以城市为节点，以交通线密切联系的地域网络，形成了有特色的多层次的开放的层级增长极网络体系（图 2-5）（朱英明，2004）。

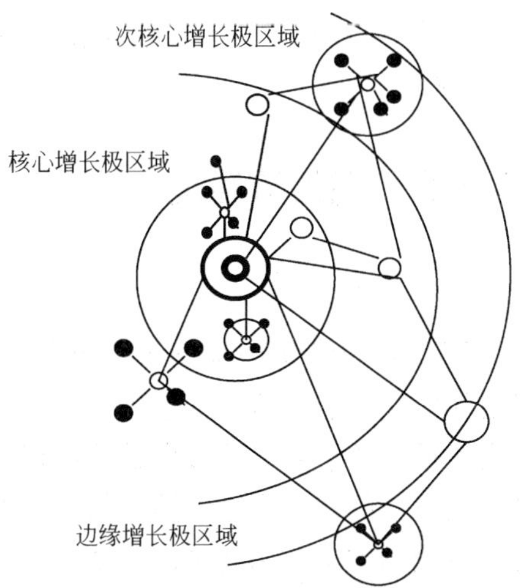

图 2-5　开放型的层级增长极网络体系

图中不同圆圈分别表示不同规模的城市（增长极）

交通运输网络、商贸网络、住宅网络、旅游网络、城镇网络等的建设和完善，都是层级增长极网络形成的重要特征。以交通运输网络化为例，层级增长极网络域内不仅有发达的铁路、公路、水运和通信网络将各大、中、小城市连为一体，而且还应通过城市交通将城市与城市联结成城市网络群。

六、构成层级增长极网络的基本条件

层级增长极网络的形成一般要符合以下 5 个基本条件。

第一，层级增长极网络域内至少应有一个经济发达并具有较强城市功能的大都市或层级较高的核心城市，而且对周边城市和地区应具有较强的经济吸引力和辐射力，能够成为区域经济发展的“领头羊”。

第二，层级增长极网络所覆盖的地区应具有一定的人口规模和人口密度，并与核心城市形成经济和通勤上的密切关系，能够依托中心城市形成经济和社会文化活动上的融合性和互补性，从而构成经济上的一体化关系。

第三，层级增长极网络域内核心增长极的城市化水平应达到一定程度，并形成以核心增长极为首位的，大、中、小城市等级体系合理，圈层空间清晰，扩散地域宽广的都市圈。具体可分为核心增长极、次核心增长极、边缘层增长极及腹地等多个层级。

第四，层级增长极网络域内有发达的基础设施网络，产业结构互补，城市之间功能具有不断创新和向高级化演进的能力。

第五，层级增长极网络是一个经济社会发展圈层，并不是一个行政区。圈层内各行政区和各级政府之间仍具有行政上的独立性，但在发展上更依赖于区域共管、协调自治的市场经济体制的平等性。各行政区和各级政府在实现共同目标上，融为一体（郁鸿胜，2005）。

七、层级增长极网络的网络流强度

（一）网络流的概念

在上一节层级增长极网络系统结构中提到了“网络流”概念。所谓网络流是指区域内各个增长极之间的人流、物流、资金流、技术流、信息流等空间流在层级增长极网络区域所发生的频繁、双向或多向的流动现象（朱英明，2004）。

层级增长极网络区域内发达的综合交通运输网的通达性与便捷性，是网络流得以实现的基础与保证。在我国整个西部地区已经基本形成了以铁路、公路为主的综合交通运输网，随着近年来各地兴建的高速公路网不断以几何倍数增长，网络流也将呈现出更加活跃和频繁的流动趋势。

层级增长极网络的聚集与辐射功能是网络流得以进行的推动力。层级增长极网络的聚集是指社会经济要素由非增长极地域或者由低层级的增长极地域流向高层级的增长极地域。随着层级增长极网络的发展，网络聚集的数量和强度进一步加大，这种聚集由非增长极地域向增长极地域的网络要素流动主要以物流为主，转化为由增长极地域向非增长极地域的网络要素流动主要以人流、信息流、技术流、资金流等非物质流为主。各种生产要素向城市的聚集是工业化、城市化进程加速的宏观背景下，城市和产业追求聚集经济和规模经济的必然结果。为了取得最大化的经济效益和聚集经济效益，不同部门或行业的各类企业纷纷在各级增长极区域聚集，各种生产要素也不断从非增长极地域被吸引到增长极所在的区位集中，从而产生了远远高于农村地区的经济效益。这种聚集经济的存在是层级增长极网络形成和产生的根本动力，也是推动各级增长极快速发展的基本动力。

层级增长极网络的辐射功能是指网络流由增长极地域向其他增长地域或非增长极地域的流动。在工业化和城市化进行到一定程度以后，由于增长极地域资源的有限性和稀缺性的绝对制约，网络流向增长极的聚集过程是有一定的限度的，在超过了这一限度以后，增长极的规模经济就开始变成规模不经济。这时由于网络内交通运输通道越来越畅通，网络要素流动的“阻力”越来越小，增长极地域的各种网络流就会向其他增长极地域或腹地流动，进一步扩大了层级增长极网络的经济空间，因此，也就促进了层级增长极网络的迅速发展。

（二）网络流的强度及其模型

本书借鉴了中国城市规模设计研究院 1994 年提出的城市流强度概念，认为其与本书提出的层级增长极网络的网络流强度概念有内在的一致性。网络流强度是指层级增长极网络内增长极之间的联系中增长极外向功能[①]（聚集和辐射）所产生的影响量。公式为

$$F = N \cdot E \tag{2-1}$$

式中，F 为网络流强度；N 为增长极功能效益，即各个增长极之间单位外向功能量所产生的实际影响；E 为城市外向功能量。

网络流强度说明了增长极与网络内其他地域联系的量化指标，对测度层级增长极网络的发育程度、增长极网络流影响因素、网络流规模结构、网络流规模体系分析等将提供科学的依据。增长极功能是网络流产生与发展的内在机制，增长极的功能是增长极中进行的所有产生、服务活动的总称，它是由增长极的各种结构（地域结构、产业结构、产品结构、技术结构）所决定的机能，这种机能在

① 根据增长极联系范围的不同，增长极功能分为增长极外向功能与内向功能，外向功能是增长极在与外界联系中所产生的经济活动，而内向功能是指增长极内部的经济联系所产生的经济活动。

增长极与其外界联系中就表现为网络流，通过增长极自身的聚集与辐射对层级增长极网络覆盖区域产生影响。

以下以具体指标来说明网络流强度模型①。这里选择增长极从业人员作为增长极功能量的度量指标，则增长极是否具有外向功能量 E，主要取决于其某一部门从业人员的区位商，i 增长极 j 部门从业人员区位商 Lq_{ij} 为

$$Lq_{ij} = \frac{G_{ij}/G_i}{G_j/G} \quad (i = 1,2,\cdots,n;j = 1,2,\cdots,m) \tag{2-2}$$

式中，G_{ij} 为 i 增长极 j 部门的从业人员数量；G_i 为 i 增长极从业人员数量；G_j 为整个西部 j 部门从业人员数量；G 为西部总从业人员数量。

若 $Lq_{ij}<1$，则 i 增长极 j 部门不存在外向功能，即 $E_{ij}=0$；若 $Lq_{ij}>1$，则 i 增长极 j 部门存在着外向功能，因为 i 增长极的总从业人员中分配给 j 部门的比例超过了整个西部的分配比例，即 j 部门在 i 增长极中相对于整个西部是专业化部门，可以为增长极外界区域提供服务。因此，i 增长极 j 部门的外向功能 E_{ij} 为

$$E_{ij} = G_{ij} - G_i \cdot (G_j/G) \tag{2-3}$$

i 增长极 m 个部门总外向功能量为

$$E_i = \sum_{j=1}^{m} E_{ij} \tag{2-4}$$

i 增长极的功能效率用 N_i 人均从业人员的 GDP_i 表示，即

$$N_i = \mathrm{GDP}_i/G_i \tag{2-5}$$

i 增长极的网络流强度 F_i 为

$$F_i = N_i \cdot E_i = (\mathrm{GDP}_i/G_i) \cdot E_i = \mathrm{GDP}_i \cdot (E_i/G_i) = \mathrm{GDP}_i \cdot K_i \tag{2-6}$$

式中，F_i 为增长极外向总功能量占增长极总功能量的比例，它反映了增长极总功能量的外向程度，称之为层级增长极网络的网络流强度。

第二节　层级增长极网络的功能、运行、演化及发展规律

根据雅典统计中心的统计，2002 年全世界大层级增长极网络已达 160 个以上，集聚了全世界45% ~50% 的人口。层级增长极网络具有单个城市所没有的整体效益，这一整体效益并非是层级增长极网络内每个城市单个效益的简单相加。城市体系内各城市之间相互依存、彼此协作，在发挥自身优势的基础上，实现了区域化的产业关联，形成具有群体凝聚力的城市区域有机统一体。层级增长极网络就是一个由众多的具有个性发展特征的增长极所组合成的区域经济网络体系。

---

① 本书在选择层级增长极网络的网络流指标时，参考和借鉴了朱英明博士的《城市群经济空间分析》一文的研究成果。

一、层级增长极网络系统的功能

功能是指系统与外部环境相互联系和相互作用所表现出来的性质、能力和功效，是系统内部相对稳定的联系方式、组织秩序及时空形式的外在表现。一个系统往往具有多种功能，区域层级增长极网络系统的功能效应也是多方面的，主要体现在增强区域城乡交往，提高空间组织化程度；缩小城乡发展差距，营造竞争和协同的发展空间；繁荣空间经济景观，优化区域投资环境等方面。这里问题的关键是如果能够通过建模来测定这些功能效应就更为理想了。但是，至今仍没有探索出更有效的方法和技术。以下借鉴经济学的基本原理和方法，简要讨论区域层级增长极网络对区域经济增长的贡献以及对区域差异影响份额的基本思路。

（一）对区域经济增长份额的决定

理论与实践表明，区域层级增长极网络作为一种空间聚集与扩散、竞争与协同的耦合过程，无疑是推动区域经济增长的变量。以下试用西方经济增长因素分析的理论和方法，并假定区域层级增长极网络发展中的资金流、人才流、技术流是影响经济增长的主要因素，试构建区域层级增长极网络在区域经济增长中贡献份额的数学模型。

即由科布－道格拉斯增长函数求出：

$$Y_i = A \cdot K^{\alpha} \cdot L^{1-\alpha} \tag{2-7}$$

式中，Y_i 为区域经济增长函数；A，K，L 分别为技术流、资金流、人才流因素；α，$1-\alpha$ 分别为资金流、人才流的投入对区域经济增长的贡献率，即资金流收入弹性和人才流收入弹性。对式（2-7）两边同取对数，然后分别对时间求导，有

$$G_{y_i} = G_{t_i} + \alpha \cdot G_{k_i} + (1-\alpha) \cdot G_{l_i} \tag{2-8}$$

式中，G_{y_i}，G_{t_i}，G_{k_i}，G_{l_i}分别为区域的产出增长率、技术进步增长率、资金增长率和人才增长率。

$$G_{k_i} = \frac{1}{k_i} \cdot \frac{d_{k_i}}{d_t} = \frac{1}{k_i} \cdot (S_i + \sum K_{ji}) = \frac{s_i/Y_i}{K_i/Y_i} + \frac{\sum K_{ji}}{K_i} = \frac{s_i}{k_i} + V_{ji} \tag{2-9}$$

式中，S_i，s_i 分别为 i 区域的储蓄、储蓄率；$\sum K_{ji}$，V_{ji} 分别为 j 区域向 i 区域的资金迁入、资金净迁入率；K_i，k_i 分别为 i 区域的资金产出、资金产出率；d_t，d_{k_i} 为 i 区域技术变化率和资金变化率。

$$G_{L_i} = \frac{1}{L_i} \cdot \frac{d_{L_i}}{d_t} = L_i + \sum m_{ji} \tag{2-10}$$

式中，L_i 为 i 区域的人才自然增长率；$\sum m_{ji}$ 为 j 区域向 i 区域的人才迁入率；d_t，d_{L_i}

为 i 区域技术变化率和人才变化率。

$$v_{ji} \propto (R_i - R_j) \tag{2-11}$$

式中，R_i，R_j 分别为 i，j 区域的资金报酬率。

$$m_{ji} \propto (w_i - w_j) \tag{2-12}$$

式中，w_i，w_j 分别为 i，j 区域的工资率。

令资金流、人才流及技术流对 i 区域经济增长的贡献份额分别为 C_{k_i}、C_{L_i}、C_{t_i}，i 区域的收入总量为 Gy_i，由式（2-8）、式（2-9）、式（2-10）得

$$C_{k_i} = \frac{\alpha \cdot G_{k_i}}{G_{y_i}} \times 100\% = \frac{\alpha \cdot (\frac{s_i}{k_i} + v_{ji})}{G_{y_i}} \times 100\% \tag{2-13}$$

$$C_{L_i} = \frac{(1-\alpha) \cdot G_{L_i}}{G_{y_i}} \times 100\% = \frac{(1-\alpha) \cdot (L_i + \sum m_{ji})}{G_{ji}} \times 100\% \tag{2-14}$$

$$C_{t_i} = \frac{C_{L_i}}{G_{y_i}} \times 100\% \tag{2-15}$$

根据 i 区域历史的经济增长速度、人力资源、资金和技术的资料数据，以及经验数值 α 值，由式（2-13）、式（2-14）和式（2-15）即可计算出区域层级增长极网络发展中资金、人力和技术等要素流在区域经济增长中的贡献份额。

通过对生产力要素流在区域经济增长中贡献份额的分析，可得出区域层级增长极网络对区域经济增长贡献的大小。一般而言，区域层级增长极网络发育度越高，各种生产力要素流越发达，对区域经济增长的贡献就越大；反之，网络化发育度越低，对区域经济增长的贡献就越小，甚至会有负面效应。因此，区域层级增长极网络发育与区域经济增长呈正相关关系，并且网络化水平在很大程度上决定了经济增长水平。

（二）对区域经济差异影响份额的决定

通过区域层级增长极网络化程度对 i，j 两区域经济增长水平的决定，可以进一步讨论网络化对区域经济差异的影响。

对 j 区域有：

$$Y_j = A \cdot K^{\beta} \cdot L^{1-\beta} \tag{2-16}$$

式中，β，$1-\beta$ 分别为资金流、人才流收入弹性。

j 区域的资金流、人才流、技术流等生产力要素流对区域经济增长的贡献份额分别为 C_{k_j}，C_{L_j}，C_{t_j}，则

$$C_{k_j} = \frac{\beta \cdot (s_j/k_j + v_{L_j})}{G_{y_j}} \times 100\% \tag{2-17}$$

$$C_{L_j} = \frac{(1-\beta) \cdot (L_j + \sum m_{ij})}{G_{y_j}} \times 100\% \tag{2-18}$$

$$C_{t_j} = \frac{G_{t_j}}{G_{y_j}} \times 100\% \tag{2-19}$$

由式（2-13）、式（2-14）、式（2-15）、式（2-17）、式（2-18）和式（2-19）可以求出资金流、人才流、技术流等生产力要素流对两区域经济增长差异的贡献份额$\overline{\Delta C_k}$、$\overline{\Delta C_L}$、$\overline{\Delta C_t}$。

$$\begin{aligned}\overline{\Delta C_k} &= \frac{\Delta C_k}{\Delta C_y} = \frac{\Delta C_{k_i} - \Delta C_{k_j}}{\Delta C_{y_i} - \Delta C_{y_j}} = \frac{\dfrac{\alpha \cdot (s_j/k_j + v_{ji})}{G_{y_i}} \times 100\% - \dfrac{\beta \cdot (s_i/k_j + v_{ji})}{G_{y_i}} \times 100\%}{G_{y_i} - G_{y_j}} \\ &= \frac{\alpha \cdot (s_i/k_i + v_{ji}) \cdot G_{y_j} - \beta \cdot (s_i/k_i + v_{i_j}) G_{y_j}}{G_{y_i} \cdot G_{y_j} \cdot (G_{y_i} - G_{y_j})} \times 100\%\end{aligned} \tag{2-20}$$

$$\begin{aligned}\overline{\Delta C_L} &= \frac{\Delta C_L}{\Delta C_y} = \frac{\dfrac{(1-\alpha) \cdot (L_i + \sum m_{ij})}{G_{y_i}} \times 100\% - \dfrac{(1-\beta) \cdot (L_i + \sum m_{ij})}{G_{y_i}} \times 100\%}{G_{y_i} - G_{y_j}} \\ &= \frac{(1-\alpha) \cdot (L_i + \sum m_{ij}) \cdot G_{y_j} - (1-\beta) \cdot (L_i + \sum m_{ij}) \cdot G_{y_i}}{G_{y_i} \cdot G_{y_j} \cdot (G_{y_i} - G_{y_j})} \times 100\%\end{aligned} \tag{2-21}$$

$$\begin{aligned}\overline{\Delta C_t} &= \frac{\Delta C_k}{\Delta C_y} = \frac{\dfrac{G_{t_i}}{G_{y_i}} \times 100\% - \dfrac{G_{t_j}}{G_{y_j}} \times 100\%}{G_{y_i} - G_{y_j}} \\ &= \frac{G_{t_i} \cdot G_{y_j} - G_{t_j} \cdot G_{y_i}}{G_{y_i} \cdot G_{y_j} \cdot (G_{y_i} - G_{y_j})} \times 100\%\end{aligned} \tag{2-22}$$

根据 i，j 两区域的资料数据，由式（2-20）、式（2-21）和式（2-22）可计算出区域层级增长极网络中各种生产力要素流动对区域经济增长差异影响的大小。两区域层级增长极网络发展水平差异越大，区域经济差异就越大。

二、层级增长极网络系统的运行

耗散结构理论认为，在结构和功能相互转换的关系中，涨落起着很重要的作用，并且把随机性因素带入其中。系统通过涨落达到有序，这是进化的标志，通过涨落也可以造成无序而进入退化。系统通过涨落被放大实现从无序到有序的发展过程，这是系统的结构和功能得到优化的过程（魏宏森和曾国屏，1995）。

区域层级增长极网络系统也遵循一般系统的运行规律。在结构与功能的演化过程中（图2-6），区域层级增长极网络系统的要素性质趋向专业化和综合性，在规模层面上表现为城镇要素配置层级化。在这个过程中，城市行为在社会经济活动中日益突出，新的城市要素不断产生和原有要素不断分裂，这种结构的分化增长了系统运行中的非平衡性，其要素联系更加紧密，并形成有序的网络型结构（周建军，1997）。从空间角度分析，在城乡网络化系统的运行中，以信息活动为主的要素不断集中，且信息的层次越高，集聚的倾向越强烈。这样就使得增长极（各级中心城市）极化现象明显，并渐次形成城市群落。与此同时，随着交通、通信和计算机网络技术的发展，扩展了城市空间许多要素活动的半径，并降低了对空间的要求，导致这些要素集中性降低，并加速了农村地域的转化。在这个空间过程中，区域层级增长极网络系统将形成有序化的格局。

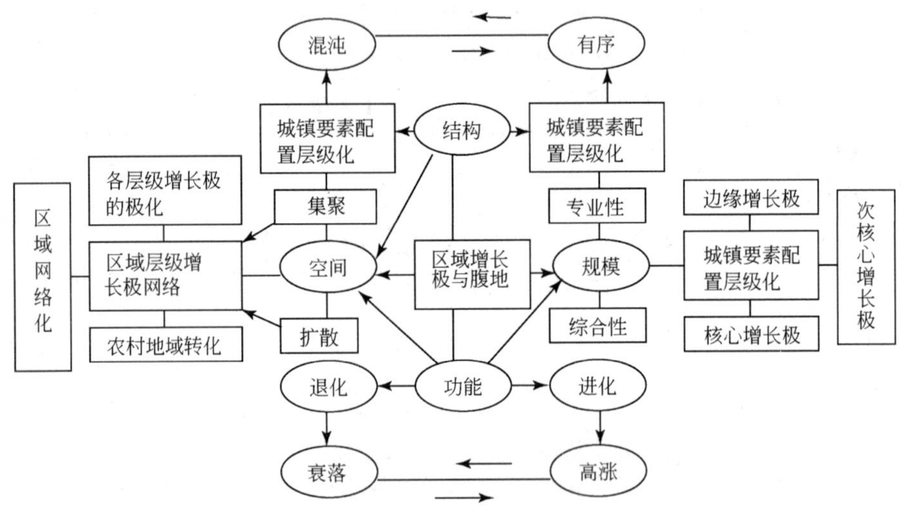

图 2-6 区域层级增长极网络系统运行的一般性描述

三、层级增长极网络结构的演化

（一）层级增长极网络结构的演化形式

层级增长极网络结构主要为四圈层空间，其形成主要是以区域内首位城市为核心依次向外推移，城市的规模、城市化密度、城市组群的等级依次降低。在圈层系统中，城市能量较低区域向能量较高区域或个体集聚，且随城市规模的增大，具有集聚能力的城市个体数目逐级减少，逐步形成有序的层级增长极网络的等级序列。

层级增长极网络层级结构的主要构成（张建军和蒲伟芬，2006）有以下4种。

一是核心首位增长极层：位于层级增长极网络中心，城市规模大，第二、三产业发达，交通通达性能好，具有极强的集聚和扩散功能。

二是次核心增长极层：围绕核心增长极的规模不等的次级城市聚集区，区内城市化水平较高，城市体系发展良好。次核心增长极层在整个网络中分担着特定的功能，与核心首位增长极在功能上相互补充，交通便捷。

三是边缘增长极层：分布于层级增长极网络的外围，城市个性突出，但城市的集聚性功能较低。城市个体分布带与前两圈层主要通过某些交通干道连接，接受层级增长极网络核心区域的功能辐射。这一层级的增长极内农业用地所占比重较大。

四是层级增长极网络腹地：主要由分布在层级增长极网络周围的区域构成，因交通因素的影响，层级增长极网络的功能扩散并未直接对这一区域产生明显作用，而只是波及该区域。该区域内主要经营第一、二产业，第三产业欠发达。

层级增长极网络空间的演化，其结构和功能由简单到复杂，内外联系由松散到密切，空间结构由不稳定到稳定。

弗里德曼把多级城市群网络的结构演化按社会经济发展阶段分为4个阶段。第一阶段（前工业经济期）为没有系统独立的地方中心。第二阶段（工业化初期）为一个简单强大的中心和发展滞缓的广大外围次中心。第三阶段（工业成熟期）为一个单一的全国中心和强大的外围次中心。第四阶段（大量消费期）是一个功能上互相依赖的城市系统，同时区域经济持续增长，并推动着区域空间经济逐渐一体化。与之相对应，层级增长极网络体结构的演化也遵循城市增长和区域经济发展的规律，产业发展按“一、二、三”、“二、一、三”和“三、二、一”的序列发展。产业用地类型由农业用地向非农业用地转化，圈层结构也由少到多，功能结构由简单综合、整体分化、局部分化、局部综合朝整体综合的方向转化。总之，层级增长极网络结构演化主要体现在生长形态的变化上。在自然和社会经济条件均衡发展的理想状态下，层级增长极网络形态通常为圆形。如果条件因素不均衡，特别是交通条件和交通设施存在较大差异，这将使层级增长极网络形态发生变形，有可能形成团聚状生长形态、带状生长形态和星状生长形态等（图2-4）。

（二）层级增长极网络的空间扩散

层级增长极网络的空间扩散有着更为广泛的内涵，不仅包括城市区域的扩张，而且也包括城市功能的分化、产业的转换和更替、城市人口的增加等。

投资的增加，加快了层级增长极网络空间的扩展，并以外延式扩展为主；反之，则使层级增长极网络空间扩展以内涵式扩展为主。在层级增长极网络形成初期，产业聚集和产业结构演变是层级增长极网络空间扩展的直接动力。在层级增长极网络基本形成以后，层级增长极网络的扩展与发展将以网络域内的城市功能定位和制度、机制创新为主要的推动力量。

（三）层级增长极网络的规划机理

层级增长极网络已成为区域经济发展的主要动力。层级增长极网络作为城市体系的一个重要组成部分，需要整体上对其特定的地域范围内的城市性质、类型和等级规模进行合理规划，以确保层级增长极网络系统健康有序地运行。

层级增长极网络的总体规划，以特定的层级增长极网络系统区域为对象，以网络范围内资源条件和各城市特点为基础，以实现城市可持续发展为原则，以协调城市功能分布为重点，对层级增长极网络的总体发展做出战略性部署。在战略规划上重点强调层级增长极网络中的城市个体与层级增长极网络整体的协调、眼前利益与长远利益的协调、人口适度增长与社会经济发展的协调、资源合理开发利用与保护生态环境之间的协调，构建一个自然空间与社会发展相适应的层级增长极网络系统。

1. *层级增长极网络规划的原则*

层级增长极网络规划是一项宏观性、战略性和整体性规划，它作为城市体系的规划，应遵循四项基本原则。

一是系统性原则。层级增长极网络规划是区域性规划与城市总体规划的结合，因此，既要考虑一般城市总体规划所包含的主要内容，也要考虑城市与城市间的系统结构合理化和系统整体效能的最大化。在城市规划中，要特别关注单个城市与其他城市之间的整合效应，防止单个城市各自为政，造成空间的畸形发展和区域经济的不平衡。宏观控制各城市扩展市镇用地的“摊大饼”方式，实现层级增长极网络资源的优化配置、合理布局。

二是功能互补性原则。层级增长极网络的规划要考虑群区内各城市的区位、资源、功能等特点，实现城市间的功能配套。要根据层级增长极网络的自身特点和各城市的自身优势，实现群区内合理的分工协作，把经济、社会、生态、环境等因素有机结合，达到层级增长极网络系统的放大效应。

三是系统动态性原则。层级增长极网络是一个特殊的城市规划系统，由于城市规划系统结构的不断重组与变化，各城市不断地要求层级增长极网络的规划体现层级增长极网络系统的动态调整方向和政策。因此，在层级增长极网络规划中要充分考虑层级增长极网络的发展规律、系统内部各城市发展状况及层级增长极网络外部环境的复杂性与多变性，尽量使层级增长极网络规划系统形成开放、科学的规划体系。

四是可持续发展原则。层级增长极网络实现可持续发展是各城市内在的要求。层级增长极网络规划要处理好区域内各种资源的开发、利用与整合，同时更要强调层级增长极网络系统内部各城市资源的整体调配。

2. 层级增长极网络规划的主要内容

其主要内容如下。

一是层级增长极网络发展战略的规划。在现有层级增长极网络区域内各城市总体战略的基础上，依据国际、国内发展的状况和前景，对层级增长极网络未来发展战略进行规划，包括发展目标、总体思路及各城市战略中的产业、人口、交通、社会、生态等方面规划以及实现区域一体化发展的政策与措施。

二是增长极功能定位和布局。层级增长极网络规划的内容要考虑增长极人口、土地、产业、交通、环境等因素，要关注层级增长极网络域内核心增长极、次核心增长极、边缘增长极的分布，以及增长极之间主要基础设施的建设。

三是构建层级增长极网络区域协调发展机制。建立完善的层级增长极网络区域发展协调和管理机制是层级增长极网络发展的主要保障。要制定层级增长极网络区域行政部门协调机制、区域资源共享机制、交通一体化机制、环境保护机制等。

四、层级增长极网络的发展规律

（一）层级增长极网络化发展阶段

有关专家已经从长江三角洲层级增长极网络的发展研究出发，归纳出了层级增长极网络化发展的 4 个阶段。石忆邵和章仁彪（2001）在《从多中心城市到都市经济圈——长江三角洲地区协调发展的空间组织模式》一文中提出了以下观点。

一是城市孤立或离散发展阶段。在西方，孤立的城市发展主要在前工业化时期。由于较低的生产力水平，城市的发展对周围地区的发展影响不大，城市与城市联系并不紧密。我国在改革开放以前，由于实行计划经济，城市与城市之间也完全处于封闭状态，各个增长极（城市）独立发展，相互间联系十分薄弱，增长极（城市）的市区由小到大逐渐向四周扩展，形成向心环带的地域结构。

二是单中心增长极网络形成阶段。在区位及市场经济等多因素作用下，一些城市会形成经济的增长点，逐步形成中心城市。增长极网络的发展初期一般都是以单中心城市为主构成层级增长极网络。由枢纽功能引起的各种网络流汇聚，产生了大量的新思想、新方法、新技术和新产品，成为层级增长极网络体系发展的主要动力。

三是多中心层级增长极网络发展阶段。随着单中心层级增长极网络不断发展，层级增长极网络区域的经济实力不断增强，多个城市开始走向聚合，区域内多个核心增长极之间的强大联系导致层级增长极网络系统的进一步形成和发展，网络流产生了更广泛区域的极化作用，区域内城市间的相互关系更为紧密，一些区位优势好、经济实力强的若干城市逐步发展成为中心城市，层级增长极网络的部分城市功能逐步分化。层级增长极网络内副中心城市和次中心城市不断发展，逐步形成了多中心层级增长极网络。

四是网络化发展阶段。这是层级增长极网络发展要达到的总体目标。层级增长极网络在多中心层级增长极网络的基础上沿交通主轴扩展，同时沿着次级轴线做短轴方向的扩展，几个或多个多中心层级增长极网络相互融合或聚合，形成更大、更复杂的层级增长极网络系统。各中心城市能量增强，形成次层级增长极网络并逐步发展。当层级增长极网络有机连成一体时，层级增长极网络随功能效应增强而空间逐步扩大，达到了层级增长极网络的共融发展，其影响可能要超出国界，形成世界级层级增长极网络经济区域，产生跨国界的集聚和辐射作用。

（二）层级增长极网络化演进机制

层级增长极网络的发展直接源于城市空间的不断扩散。层级增长极网络主要遵循了蔓延扩散、轴向扩散、点状融合等发展规律。

一是蔓延扩散规律，周边中小增长极围绕在核心增长极的周围，并通过不断的扩张，逐渐向周围地区延伸、推进。蔓延扩散一般发生在滞后的工业化早期阶段，主要决定于区域内的交通、人口居住、产业布局、环境状况、社会问题等因素。英国伦敦的层级增长极网络就是城市蔓延扩散的结果。1841 年伦敦的居住人口主要分布在距市中心 12 公里的范围之内，市中心人口密度达到每平方公里 4 万人，城市边缘区每平方公里仅 20 人。随着层级增长极网络半径的不断扩大，居住的人口也不断地向外扩散，1941 年市区圈域半径已扩大到 30 多公里，市中心人口密度也下降到每平方公里 1 万人，在城市边缘区人口密度已达到每平方公里 1000 人。

二是轴向扩散规律。层级增长极网络经济沿着交通主干道向外扩散，交通干道将层级增长极网络内中心城市和其他各类城市联系起来，组合成交通网络，层级增长极网络各主要城镇和功能区沿交通轴线布局。轴向扩散是目前层级增长极网络的主要发展规律。在一些新兴区域，通过交通扩散轴，较好地引导城市的布局，构建一个合理的层级增长极网络框架。例如，日本大阪 - 京都层级增长极网络，就是沿着交通要道而建，并沿着交通要道与名古屋大都市圈、东京大都市圈连成一片，构成日本最大的城市连绵带。

三是点状融合规律。层级增长极网络内非中心城市在层级增长极网络的发展过程中，通过市场化运作不断强化其在区域发展中的地位，成为下一层级增长极网络的主要中心城市，并通过蔓延扩散或轴向扩散与原中心城市融合，形成更大一级的层级增长极网络。点状融合是一般层级增长极网络和更大能级的层级增长极网络形成的必然过程。例如，美国东北部大西洋沿岸层级增长极网络和英国伦敦-利物浦层级增长极网络都是若干点状层级增长极网络按融合规律形成的。

第三节 层级增长极网络的模型化探索

一、层级增长极网络化发展的理论模型

区域层级增长极网络化发展理论是关于欠发达地区依靠市场的力量在政府的引导下，促进生产力合理化布局以及区域经济发展的理论，对层级增长极网络理论用形式化的严谨的数学模型表达，有利于该理论向更加精确、规范化方向推进，更易于理论的深入研究和发展。同时，为了能够比较简洁地表示层级增长极网络内部各层级增长极之间的聚集、扩散效应，便于比较直观的分析，这里给出了相当严格的假定条件，在后面的扩展部分将对部分假定条件放松。

（一）单层级增长极模型的假定

为了便于模型的分析，先分析单层增长极与腹地的情况，现给出模型的假定前提条件（杜俊涛等，2002）：①将欠发达区域分为增长极和腹地两大部分，先假定整个区域处于封闭状态，即不与外界发生交换。②技术进步在增长极内是内生的并且属于劳动附加型技术进步，在腹地却是外生的。也就是说先进技术总是在增长极出现，然后向腹地传播，并且技术的传播不花费成本和时间。③在初始时刻，增长极的技术水平和经济发展水平要高于腹地。④整个区域的人口自然增长率是常数，且劳动力占总人口的比例保持不变。⑤增长极和腹地的生产函数都是一次齐次 C-D 函数。K 为资本，L 为劳动，Y 为产量，T 为技术水平，用带下划线的字母表示该变量对时间的导数。下标 0、1、2 分别为整个区域、增长极和腹地的变量。$r_x = \underline{x}/x$ 为变量 x 的增长率，n 为人口自然增长率。在一般情况下，省略了时间下标 t。

（二）理论数理模型的构建（杜俊涛等，2002；汪波等，2004）

由假定，我们得到了增长极的生产函数形式

$$Y_1 = f(K_1, N_1) = K_1^{\alpha} \cdot N_1^{\beta} \tag{2-23}$$

$$N_1 = A_1 \cdot L_1 \tag{2-24}$$

式中，N_1 为有效劳动；A_1 为劳动附加型技术进步；$\alpha + \beta = 1$。

由于在技术进步是内生的情况下，技术进步 $A(t)$ 与资本 K 之间存在增函数关系，即 $\Delta A(t) = C\Delta K(t)$，$C$ 为比例常数。对上式积分得到：

$$A(t) = C \cdot K(t) + d \tag{2-25}$$

式中，d 为积分常数。该关系式已经在航空制造业、造船业及其他行业的经验研究中得到了广泛证实（蒲勇健，2000；Brun，2002）。为了简化计算，我们假定 $d=0$，得到：

$$A = C \cdot K \tag{2-26}$$

由式（2-26）可得：
$$\gamma_A = \frac{\dot{A}}{A} = \frac{C \cdot \dot{K}}{C \cdot K} = \gamma_K \tag{2-27}$$

式中，γ_A 为技术进步增长率；γ_k 为资本增长率。

将式（2-24）、式（2-26）代入式（2-23）得到：

$$Y_1 = K_1^{\alpha} \cdot A_1^{\beta} \cdot L_1^{\beta} = \mathrm{C}^{\beta} \cdot K_1 \cdot L_1^{\beta} \tag{2-28}$$

可见式（2-23）给出的生产函数对于 K_1，L_1 是规模报酬递增的，这一性质与增长极的实质特征是相一致的。假定式（2-26）劳动力占人口的比例保持不变，这样劳动力的增长率就等于人口的自然增长率。对式（2-28）两边取对数，对 t 求导数得

$$\gamma_{Y_1} = \gamma_{K_1} + n \cdot \beta \tag{2-29}$$

式中，γ_{r_1} 为增长极的经济增长率；γ_{k_1} 为增长极的资本增长率；$n = \frac{\dot{L_1}}{L}$。

以此类推，我们可以得到腹地的生产函数形式：

$$Y_2 = A_2 \cdot f\ (K_2,\ L_2) = A_2 \cdot K_2^{\alpha} \cdot L_2^{\beta} \tag{2-30}$$

通过取对数，对 t 求导数，得到腹地的产出增长率：

$$\gamma_{Y_2} = \gamma_{A_2} + \alpha \cdot \gamma_{K_2} + n \cdot \beta \tag{2-31}$$

在不采用增长极模式的情况下，整个区域的经济增长率为

$$Y_0{}' = f(K_0{}', N_0{}') \tag{2-32}$$

$$\gamma'_{Y_0} = \gamma'_{K_0} + n \cdot \beta \tag{2-33}$$

式中，K'_0 为资本投入；N'_0 为有效劳动。则增长极的模型为（杜俊涛等，2002）

$$\max \cdot \mu = \gamma_{Y_0} - \gamma'_{Y_0} \tag{2-34}$$

$$St \cdot \Delta K = \Delta \overline{K} \tag{2-35}$$

式中，ΔK 为资本增量，可以简约为政府的投入 $\Delta \overline{K}$。

二、模型的扩展

在上述分析的基础上，进一步假定：①将一个区域分为核心增长极 A、次核心增长极 B、边缘增长极 C 和腹地 D 四部分，先假定整个区域处于封闭状态，即不与外界发生交换。②首先，技术进步总是从核心增长极开始，并逐步传播到次核心增长极和边缘层增长极和腹地，也就是说先进技术总是在增长极出现；其

次，向腹地传播，并且技术的传播需要花费一定的成本和时间。由于层级增长极网络是一个非线性网络，网络内各个层级增长极之间的关系以及相互作用比较复杂，难以精确分析，因此，这里在层级增长极的基础上，对模型进行一定的扩展，对这个典型的非线性网络做简要的一个非线性的描述，从而使我们能够更加客观、具体地分析和把握层级增长极网络化发展模式。

首先，区域经济辐射和聚集是由核心增长极出发，由高节点向低节点传递的，即由 A 向 D 方向的均为辐射或扩散效应，而由 D 到 A 方向的均为聚集或极化效应（图 2-7），每个节点处有 6 条边。其次，如果 A、B、C 对 D 的辐射作用力较弱，反之则 D 对 A、B、C 的聚集效应也弱。

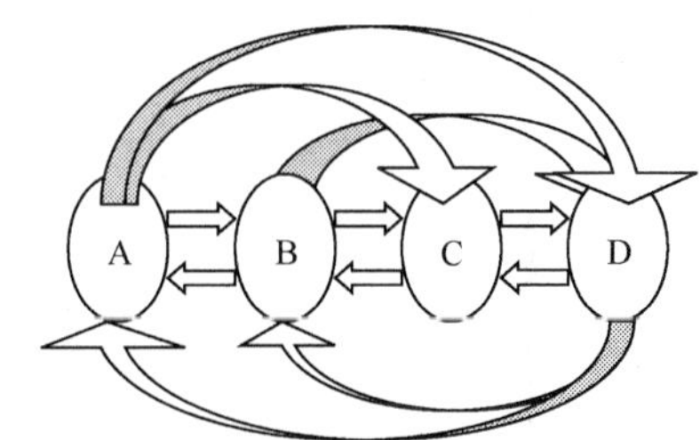

图 2-7　层级增长极网络化发展中的聚集与扩散效应

A、B、C、D 分别表示核心增长极、次核心增长极、边缘增长极和腹地

设增长因子 α_{ij} 是节点 i 对节点 j 的辐射或聚集效应。$i>j$，则是由高层级增长极对低层级增长极的辐射效应；$i<j$，则是由腹地和低层级增长极向高层级增长极的聚集效应；$i=j$，表明没有受到外界的辐射或聚集效应影响，属于自身增长。

对上述分析进行简化处理，假定核心增长极 A，次核心增长极 B，边缘层增长极 C 和腹地 D 的网络功能量分别为 G_a，G_b，G_c，G_d，则分别有以下两种情况。

由高层级增长极向低层级辐射和扩散时，有

$$\alpha_{ij} > \alpha_{ik}\text{，其中} j < k, i < j, i < k$$

而由低层级向高层级聚集时，有

$$\alpha_{ij} < \alpha_{ik}\text{，其中} i > j, i > k, j < k$$

由于层级增长极网络的各个层级增长极之间的网络功能量为 G_a，G_b，G_c，G_d，对 G_a，G_b，G_c，G_d 进行非线性描述。按照层级增长极网络化发展的定义，存在 $G_a > G_b > G_c > G_d$ 关系。因为区域层级增长极网络是一个非线性网络，就有

$$G_a = f\left(\alpha_{ab}, \alpha_{cb}, \alpha_{db}, \alpha_{bb}\right) \tag{2-36}$$

$$G_b = f\left(\alpha_{ac}, \alpha_{bc}, \alpha_{dc}, \alpha_{cc}\right) \tag{2-37}$$

$$G_c = f\left(\alpha_{ad}, \alpha_{bd}, \alpha_{cd}, \alpha_{dd}\right) \tag{2-38}$$

$$G_d = f\left(\alpha_{da}, \alpha_{cb}, \alpha_{ba}, \alpha_{aa}\right) \tag{2-39}$$

根据上文的分析，整个区域的增长率为

$$\mu_{Y_0} = \gamma_{K_0} + n \cdot \beta \tag{2-40}$$

各层级增长极及腹地的数理模型用经济增长率来表示，即分别为

$$\max\mu_{Y_a} = \gamma_{K_a} + n \cdot \beta$$
$$St \cdot \Delta K_a = \Delta K_a' \tag{2-41}$$

$$\max\mu_{Y_b} = \gamma_{K_b} + n \cdot \beta$$
$$St \cdot \Delta K_b = \Delta K_b' \tag{2-42}$$

$$\max\mu_{Y_c} = \gamma_{K_c} + n \cdot \beta$$
$$St \cdot \Delta K_c = \Delta K_c' \tag{2-43}$$

$$\max\mu_{Y_d} = \gamma_{K_d} + n \cdot \beta$$
$$St \cdot \Delta K_d = \Delta K_d' \tag{2-44}$$

第四节　层级增长极网络化发展的案例分析

层级增长极网络是伴随着工业化和城市化进程而出现的城市发展的高级形态，近半个世纪以来，世界上逐步形成了若干个国际级的新的层级增长极网络。

一、层级增长极网络在区域经济社会发展中的功能和特征

1. 人口与产业分布高度密集性

区域层级增长极网络的一个重要特点就是人口和产业在一定区域范围内的高度聚集分布，形成了产业簇群或产业集群，而人口密度往往会大于 250 人/公里^2，在网络内的核心城市区这个数值会更高，占据较少的土地，产出更多的国民生产总值，居住较多的人口。

2. 网络性

层级增长极网络正是区域内大大小小的众多城市、城镇通过现代的信息网络、交通网络以及物流网络等紧密地联系在一起的网络巨系统。它能够使网络内众多的城市与城镇在产业发展上形成紧密的、相对完整的产业链，文化联系愈来愈紧密，经济依存度逐步提高。这个网络具有双重性，一方面，这个网络系统有具体的、静态的实体网络，如区域的高速公路、铁路、航线、电话线、管道以及供水、排水等基础设施网络系统；另一方面，这个网络还有一个动态的网络系统，如共同利益与关注、经济竞争与合作以及区域信息的交流、人际交往等网络系统。这样双重联系的网络式的层级增长极网络区域内各个城市以及各组成部分之间更加密不可分，大大提高了相互之间的依存度。

3. 枢纽性

一个层级增长极网络必然是一个较大区域内经济、政治和文化高度发达的地区，它通过交通、通信等网络把区域内众多的“核心”紧密地“连”在一起，是通往内部各个组成部分的桥梁和枢纽，同时也是区域内部与外界沟通联系的重要枢纽。这样的网络枢纽具有高度聚集和辐射的功能。

4. 镶嵌性

戈特曼认为在这样一个巨型层级增长极网络的内部都会有高度发达的分工与协作，其结构极其复杂多样，不仅各个空间组成的大小和专业化程度差异显著，系统内的城市、城镇、乡村以及郊区也各有千秋，而且系统内的社会和经济结构也极其复杂多样，镶嵌式地拼于一体，“马赛克才特别适合用来形容其结构”①。

二、国外层级增长极网络的空间分布

（一）具体的案例分析

1. 美国东北部大西洋沿岸层级增长极网络

在美国的城市化进程中，由大城市逐步转化为大型都市区，再到层级增长极网络，这是美国城市化道路的一个典型特色。早在20世纪20年代，美国的城市化就开始出现了郊区城市化的过程，第二次世界大战之后迅速发展，其基本进程一直延续至今。在这个过程中，围绕着区域中心城市或者大城市，其周边郊区出现了许多工业化和城镇化水平较高的小城市。于是，以区域中心城市为核心，加上外围众多与其有密切经济文化联系的小城市、城镇以及大片半城镇化或城乡一体化的地域共同组成了一个初具规模的层级增长极网络。在美国最典型也是最具特色的层级增长极网络就是东北部大西洋沿岸的层级增长极网络。该网络北起波士顿，南至华盛顿，故又被称做“波士华”，共包括200多个城市，人口约4500万，约占全国总人口的20%，面积约13.8万平方公里，约占全美国土面积的1.5%。其主要核心增长极（城市）有波士顿、纽约、费城、巴尔的摩、华盛顿，其基本经济特征是城市化水平达到90%以上。这个层级增长极网络是美国经济的核心地带，制造业产值占全国的30%，是全美最大的生产基地。其在金融、贸易、运输、科技等方面的作用更加突出，不仅是美国最大的商业贸易中心，也是世界最大的国际金融中心。这里也是知识、技术、信息密集地区，拥有哈佛大

① 引自简·戈特曼的《世界上的特大都市系统》论文。

学、麻省理工学院等多所著名的高等学府。纽约和华盛顿分别是美国的经济中心和政治中心。

2. 日本太平洋沿岸地区层级增长极网络

日本是世界第二大经济实体，其经济社会发展水平举世瞩目。按照层级增长极网络理论来分析，其太平洋沿岸地区的层级增长极网络具有很强的示范意义：这是一个多核的层级增长极网络，一般分为以东京为核心的东京城市网络、以大阪为核心的大阪城市网络、以名古屋为核心的中京城市网络。人口约7000万，占日本全国总人口的61%。面积约10万平方公里，约占全国总面积的20%。主要城市有东京、横滨、静冈、名古屋、京都、大阪、神户。其基本经济特征是，日本太平洋沿岸层级增长极网络在日本国内具有非常重要的地位，是日本经济最发达的地带，集中了全国工业企业和工业就业人数的2/3、工业产值的3/4和国民收入的2/3。这个层级增长极网络是日本政治、经济、文化、交通的中枢，分布着全日本80%以上的金融、教育、出版、信息和研究开发机构。没有它便没有日本经济的今天。

3. 以伦敦为核心的层级增长极网络

层级增长极网络的区域范围：以伦敦为核心，以伦敦—利物浦为轴线的地区。人口约3650万，约占全英国人口的一半，面积约4.5万平方公里，约为全英国土面积的1/5。主要城市有大伦敦区、伯明翰、谢菲尔德、曼彻斯特、利物浦。其基本经济特征：它是产业革命后英国主要的生产基地。大伦敦区、英格兰东南部和东部这三个区域政府的所辖范围，在财富方面已经远远超过了整个不列颠的任何地区，而且近年来这种差距正在呈现不断加大的趋势。除了曼彻斯特和利物浦等城市设有金融交易中心外，伦敦还形成了欧洲最大，同时也是世界的三大金融中心之一。

4. 欧洲西北部层级增长极网络

层级增长极网络的区域范围：由大巴黎区层级增长极网络、莱茵－鲁尔层级增长极网络、荷兰－比利时层级增长极网络构成。人口约4600万，面积约14.5万平方公里。主要城市有巴黎、阿姆斯特丹、鹿特丹、海牙、安特卫普、布鲁塞尔、科隆。其基本经济特征是一个超级层级增长极网络，其中，10万人口以上的城市有40个。巴黎是法国的经济中心和最大的工商业城市，也是西欧重要的交通中心之一。巴黎主要工业区在城市近郊，以重工业为主；巴黎远郊的工业以轻工业占优势。荷兰的鹿特丹和比利时的安特卫普等构成亚欧大陆桥的西端桥头堡。鹿特丹处在世界上最繁忙的两大运输线——大西洋海上运输线和莱茵河水系运输线的交接口，素有“欧洲门户”之称。

（二）国外层级增长极网络快速发展的主要原因分析

美国著名经济学家简·戈特曼于1976年发表了一篇名为《世界上的特大都市系统》的论文，其在文章中所定义的特大都市区（megalopolis）界定为是一些具有连续性，并且各个系统之间既互相关联又自成一体的特大的多核、多环的城市系统（urbanized system）。这里他所提出的特大都市区实质上就是这里的层级增长极网络①，戈特曼认为在绝大多数情况下，这样一个城市网络系统拥有的规模、人口密度、城市化程度、城市的活力机器内部相互交错的网络，都不是周边地区所能比拟的。戈特曼还对这样一个城市网络系统的最小人口规模界定为2500万人，认为这个人口数量是这样一个系统的底线。就欧美自身发展而言，其兴起和快速发展的主要原因在于：

1）社会对城市规模经济效益的不断追求是层级增长极网络快速发展的主要原因。在城市化发展到一定阶段以后，会出现城市过度膨胀而引致的交通拥挤、地价飙升、环境污染严重、生活质量下降等规模不经济的问题，必然要扩散城市的空间范围，以重新获取规模经济效益，而分散到一定程度以后又会走向新的集中。在这种聚集、扩散、再聚集的循环往复过程中，城市化得以在更大的空间范围内推进，从而层级增长极网络这一新的城市空间组织形式也就应运而生。

2）城乡互动作用是层级增长极网络形成和发展的直接动力。城市化通过城乡相互作用而不断增强城市功能在人类生活中的作用，并不断提高城市空间的份额。随着城市空间不断扩大，对外围地区的影响不断加深，发展到足以使它的非农化经济结构与中心城市高度关联的时候，中心城市便与其外围地区共同组成了一个大的层级增长极网络。

3）非农业产业在外围地区的充分发展是形成层级增长极网络的重要前提。第二次世界大战以后的技术革命大大改变了大部分非农业具有城市区位指向的格局。技术进步逐步改变了“城市—工业，乡村—农业”的城乡分工结构，非农业产业进入城乡共同发展的新阶段；技术进步加速更新并重塑了城乡产业结构，随着以信息经济为基础的后工业社会的到来，服务业逐步取代了制造业成为中心城市的主导产业，而传统的制造业逐步由大中心城市向周边的小城市、城镇扩散；技术进步加快了交通技术的进步，大大扩展了人类活动的空间尺度，在居住郊区化、工业郊区化以后又出现了服务业郊区化、办公室郊区化，城乡一体化的层级增长极网络化趋势愈来愈显著。

总体上来看，随着现代城市功能的重构，其由生产型逐渐转向服务型，现代

---

① 戈特曼所提出的特大都市区的概念在本书中等同于层级增长极网络，下同。

服务业不断在城市聚集，而相应的城市的空间形态和结构也发生了调整，城市的功能空间已不是原先的一个“点”，而是一个有着相当范围、不同层次的“面”。在一个区域中，那些核心城市，尤其是特大中心城市的空间范围和影响都在不断地扩展和延伸，其聚集和辐射功能“聚拢”了一大批周边的城市、城镇与之相结合，最终产生了层级增长极网络。

三、国内三大层级增长极网络的空间分布

（一）具体的案例分析

1. 长江三角洲层级增长极网络

长江三角洲层级增长极网络是我国人口密集，经济社会文化发达的地区之一，其在全国的地位举足轻重。该层级增长极网络区域位于长江入海口及杭州湾，共有53个城市。这53个城市中包括国家直辖市1个（上海）、省会城市2个（南京、杭州）、国家计划单列市1个（宁波）、地级市12个、县级市37个。从层级增长极网络规模分级来看，按市辖区口径统计，超大城市有5个，100万~200万人的特大城市19个，50万~100万人的大城市23个，20万~50万人的中等城市4个。长江三角洲层级增长极网络总面积约9.95万平方公里，人口约7447万。根据2004年统计，长江三角洲区域共包括两省一市（浙江、江苏和上海），土地面积21.07万平方公里，占全国的2.19%；常住人口1.39亿人，占全国总人口的10.69%；户籍人口1.31亿人，占全国总人口的10.11%；GDP达到3.4万亿元，占全国的24.99%。长三角地区人均GDP为26 040.28元，比全国平均水平高15 266元，其中上海、浙江和江苏人均GDP分别为55 090元、24 563元和21 527元，分别居全国的第一位、第四位和第五位。长江三角洲层级增长极网络是中国最大的经济核心区，是我国最大的城市（镇）连绵带，也是世界各大河三角洲人口数量最多、密度最高和城镇数量最多的地区，共有1300多个建制镇，平均每2000平方公里就有一个城市，平均约80平方公里就有一个城镇。市镇密度是全国水平的十几倍。

2. 珠江三角洲层级增长极网络

它有狭义与广义之分。狭义珠江三角洲层级增长极网络即位于广东珠江三角洲的东南沿海，包括广州、深圳、珠海、佛山、江门、东莞、中山、肇庆市区、惠州市区、惠阳县、惠东县、博罗县、高要市、四会市14个市（县），总面积约4.2万平方公里，人口约2307万。广义珠江三角洲层级增长极网络还包括香港和澳门2个特别行政区。目前广义的区域仅限于战略规划的研究。由于深圳、广

州、珠海等城市开放较早，区域开放度较大，已形成了相对完善的市场经济，形成了良好的运行环境。香港是国际金融、贸易、航运、信息、旅游中心，澳门是一个具有特色的城市，旅游博彩业、出口加工、地产建筑、银行保险是其主要支柱产业。目前该层级增长极网络区域内已初步形成特大城市、大城市、中等城市和小城市及卫星城镇组成的城镇网络体系。

3. 京津唐层级增长极网络

该层级增长极网络环渤海而建，以北京、天津“双核”为主轴，以唐山、保定为两翼，包括了北京、天津及河北的石家庄、唐山、保定、廊坊、秦皇岛、张家口、沧州等2个直辖市、3个地级市、5个县级市，总面积约7万平方公里，人口约4500万。因层级增长极网络内有2个直辖市，因此，京津唐层级增长极网络在特征上具有与我国其他层级增长极网络所不具备的政治资源优势。同时京津唐层级增长极网络也因环渤海而具备独特的区位优势。

（二）我国东南沿海地区的层级增长极网络发展的经验

首先，从微观上来分析，层级增长极网络能够大大促进区域产业发展。层级增长极网络一个重要功能就是要实现人口和产业地理上的聚集，而人口和产业的聚集能够促进制造业内部的分工和协作，在由不同行业和企业组成的制造业集群中，市场交易关系能够逐步取代内部管理关系，使生产链上的各个环节都成为市场竞争的主体，因而每一个环节的生产和经营都是根据效率和经济的原则进行广泛的分工和协作，从而是最有效率的。制造业等产业聚集非常有利于自身的不断创新，因为在产业集群中，新的工艺、新的技术能够迅速传播，新思想、新观念易于被接受和采纳，这样就为创新营造出了适宜的外部环境，并降低创新的成本。关于这一点很多专家学者以及在很多学术著作里已经得到了大家的认可。此外，产业地理上的聚集还有利于企业优化其组织结构，易于形成定制化生产模式，提高制造业企业的生产效率和国际竞争力。

其次，从宏观上来看，层级增长极网络能够极大地提升城市竞争力，推动区域城市化进程。这是因为通过人口和产业地理上的集中和聚集，能够形成良好的地域分工体系，有利于发挥网络内各个地区的比较优势，形成有利于创新的文化背景、创造更好的内生增长机制，打造区位品牌，吸引更多的资金和技术，再结合本地的特色资源形成一条独具特色的发展道路，形成生产和研发的基础结构，从而提高城市的竞争力。城市竞争力的提升实质上也是城市化不断深化和加速推进的一个过程。一方面，城市发展是城市化的基础；另一方面，城市竞争力的提高必将带动城市经济增长，而经济增长是城市化的基础，城市经济增长必然增强城市对劳动力的吸纳能力。因此，层级增长极网络在提升区域城市经济竞争力，推进区域城市化方面能够发挥重要作用。

最后，层级增长极网络发展模式下的产业和人口集聚能够大大提高区域的创新能力。人口与产业的聚集对创新的贡献在于同一产业之间以及不同产业之间的非正式交流，这种不同企业员工之间面对面的接触、工作之余的交流等形式，能够使不同的思想、观念在交流中相互碰撞而产生新的火花，促进技术的创新，加强区域内不同企业之间的技术交流与合作，提高企业自身的技术创新和竞争力。

（三）我国层级增长极网络发展中存在的主要不足之处

1. 理论上认识尚不清楚

改革开放30年来，我国的城市化进程得以快速推进，并取得了举世瞩目的成就。进入21世纪后，世界城市化发展浪潮涌现出许多新的发展动向和趋势，如何在我国城市化取得巨大进步的基础上，放眼21世纪，用一种全新的眼光来审视我国城市化的发展趋向，提出更加符合我国国情特点的城市化发展战略，这是我们急需要研究和解决的问题。目前，我国对大的区域范围内的城市化发展战略研究的文献很多，如关于大都市区、城市群、都市圈的研究等。但这些都处于研究的初级阶段，并未形成一个科学系统完整的可行性方案。另外，从政府层面来看，对于这个问题的认识很多人并不是很清楚，特别是从理论的高度来认识。这就需要我们把基础理论研究做深、做扎实，同时要把相应的宣传工作力度做到位，从理论上、思想理念上对这个问题有一个清晰明确的认识。

2. 政府引导机制滞后

由于我们在理论研究上的滞后，在具体的区域城市化战略实施上也就缺乏明确的认识，政府相应的政策引导机制也就无从谈起。

3. 相关配套政策缺乏

区域层级增长极网络化发展战略需要一系列国家和地方政府的配套改革政策措施，特别是区域不同增长极之间的协调、配合制度，没有这些相关配套政策措施的保障，区域层级增长极网络化发展战略也是不可能发挥作用的。

四、国内外层级增长极网络化发展的案例评述

通过运用上文提出的层级增长极网络化发展理论来分析各区域发展模式，我们就会发现无论是在国外还是国内，层级增长极网络化发展模式已经在实践中得到了广泛的应用。也就是说，层级增长极网络化发展理论在当前现实经济实践中

具有很强的解释能力和规范价值。

从国外区域经济发展的实践来看，美国东北部大西洋沿岸层级增长极网络、日本太平洋沿岸地区层级增长极网络、以伦敦为核心的层级增长极网络、欧洲西北部层级增长极网络这四大网络化区域由于经过了几十年甚至几百年的发展，它们的网络发育成熟度高，网络化体系完善，网络内的“节点”以及连接线（即以交通运输、信息网络等为代表的网络连接）结构合理、布局较为科学，很显然已经进入层级增长极网络化发展的良性运行阶段，即“网络”的极化效应、扩散效应以及乘数效应均发挥了应有的作用。并且这些规模巨大的层级增长极网络已经成为各自国家或区域内最重要的经济“承载体”。与发达国家的这些较成熟的层级增长极网络相比较，我国的层级增长极网络化区域无论从网络发育度、规模，还是网络体系的完善程度、结构的合理性等方面都存在相当大的差距。其主要原因在于：首先，我国的区域层级增长极网络化发展区域发育的时间短，主要是改革开放以后20多年发展的结果。其次，我国的层级增长极网络化发展是自发形成的结果，缺乏政府部门的积极引导和规划。

因此，从我国区域经济发展的实际情况来看，我国地方政府部门在区域经济发展中往往缺乏区域网络化发展的观念，区域城市化发展缺乏科学、合理的规划和引导，这是西部区域经济发展实践中应该注意和需要采取相应政策措施的地方。

第三章　西部区域层级增长极网络化发展战略模式

第一节　西部区域层级增长极网络化发展战略模式的现实性及必然性

一、西部区域开发进程中的主要约束条件

目前西部区域经济发展受到两个主要因素的制约，一个是区域经济空间分布不经济问题；另一个是西部区域自身自然地理条件以及环境约束。在这两个基本前提条件的约束下，西部区域经济发展的模式选择具有很大的现实性和必然性。

（一）西部区域经济空间布局不经济的约束

西部区域经济空间布局的不经济所带来的两个最大结果就是区域经济的规模不经济和空间交易费用高昂，这是西部区域经济发展中一个重要的约束条件。为了更清晰地揭示出规模经济和空间交易费用对西部地区发展的制约作用，有必要先简要地阐明规模经济特别是空间交易费用的基本内涵。

1. 规模经济

规模经济是指在产出的某一范围内，平均成本随着产出的增加而递减的现象。规模经济通常有两种表现形式，一种是内在的，即厂商的平均生产成本随着其自身生产规模扩大而下降；另一种对单个厂商来说是外在的，即平均成本与单个厂商的生产规模无关，但与整个行业的规模有关。外部规模经济是一种经济外部性表现，其产生的源泉有很多，具体来说，主要包括：①行业地理位置的集中带来的外部规模经济效应；②行业内每个企业从整个行业的规模扩大中获得更多的知识积累，即阿罗所说的“干中学”（learning by doing）效应。影响外在规模经济的因素有三个方面：一是行业规模的扩大有利于促进专业化供应商队伍的形成，从而使一些关键设备变得便宜和容易获得，同时，由于可获得的产品和服务市场价格降低，厂商能够把相应的产品和服务包给别人去做从而节约

精力做他们最擅长的事情以获取专业化利益；二是行业规模的扩大有利于劳动力市场共享，从而增加厂商利用商业机会的可能性，降低工人失业的风险；三是行业规模扩大有利于增加人与人之间的交流，促进知识、技术的创新、传播与应用。

关于规模经济有狭义和广义两种不同的理解。狭义的理解指的是内部规模经济，广义理解则包括了外部规模经济和内部规模经济。在这里，我们采取广义理解。除区际贸易外，一个地方的厂商规模和行业规模决定于这个地方的市场规模。当地市场规模越大时，能够支撑的厂商规模和厂商数也越大，因而内部规模经济和外部规模经济越明显，产品市场竞争优势越突出；相反，当地市场规模越小时，能够支撑的厂商规模和厂商数越小，因而内部规模经济和外部规模经济越低下，产品市场竞争劣势越明显。而一个地方的市场规模与这个地方的人口和经济活动规模成正比。因此，要想扩大地方市场规模，获取规模经济，人口和经济活动集中是必要的。这一点对于地理空间上不可转移的产品和服务以及与外部市场交易困难的地方尤其重要。

2. 空间交易费用①

美国经济学家罗纳德·H. 科斯在《企业的性质》一文中首先提出并研究了“交易费用”的概念。科斯指出：“利用价格机制是有成本的。”交易费用作为运用价格机制的成本，至少包括以下三项内容。①获得准确市场信息的成本；②谈判与签约的成本；③监督和维护协约的成本。科斯对交易费用的分析旨在解释为什么存在企业。在科斯的基础上，美国学者威廉姆森深刻地分析了交易费用的决定因素。威廉姆森指出，决定交易费用的因素可以分成两组：第一组为“交易因素”，主要指市场的不确定性和潜在交易对手的数量以及交易的技术结构即交易物品的技术特性，包括资产专用性的程度、交易频率等；第二组为“人为因素”，指的是交易主体的行为假设方面，如有限理性和机会主义倾向等。然而，威廉姆森虽然深刻地分析了交易费用的决定因素，但他忽视了交易费用决定因素的空间方面。事实上，交易通常意味着资金、人员、产品、信息的空间流动。因此，从空间角度来看，交易费用可以视为为了实现这种空间流动所发生的费用。我们把这种与要素和商品空间流动相联系的交易费用，称为空间交易费用。它包括：①获得准确市场信息的空间成本，包括跨区位搜集有关的价格信息，寻找潜在买者等活动的费用；②谈判与签约的空间成本，市场交易当事人之间是有利益冲突的，为了克服冲突就需要跨区位谈判、签约；③履约的空间成本，即

① 杨开忠教授在《西部大开发战略选择》一书的第四章第一节（93～95页）对“空间交易费用”概念及其在西部开发中的运用进行了详细的分析和论证。这里借用杨开忠教授的“空间交易费用”概念并引用了他的相关论证。

产品和服务的运输成本；④监督和维护协约的空间成本，包括市场交易双方了解对方是否遵守协约以及如有违约必须采取相应措施等方面的空间费用。为了说明空间交易成本的决定因素，这里假定只有两个区位的区域系统，且交易技术已经给定。

在这种条件下，市场交易当事人的空间交易成本可以有两种情形，一是当市场交易当事人在同一区位集聚时，他们之间的空间交易费用等于零，这种由于交易当事人在同一区位的集聚所导致的交易费用的节约或交易效率的提高，是集聚经济的重要来源，我国学者杨小凯甚至认为是唯一来源；二是当市场交易当事人分别在不同的区位时，空间交易费用大于零，其大小的决定可以用空间相互作用理论来说明。设 D 为两区位间的距离，M_1 和 M_2 分别为两个区位的规模，则两区位间的交易效率 F 可以用下列公式表示：

$$F = M_1 \cdot M_2 / D^a$$

式中，a 为系数，它的大小反映交易条件。

由该式可知，首先，空间交易效率与两区位规模成正比，规模越大，交易效率越高；反之，规模越小，交易效率越低。之所以如此，是因为区位经济社会规模越小，潜在的交易对手的数量越少，交易分摊成本越高；反之，则相反。其次，空间交易效率与两区位间的距离成反比，距离越远，交易效率越低；反之，距离越近，交易效率越高。这是因为，距离不仅影响交易过程中发生的各类运输成本，而且影响区位间相互了解、相互信任的程度。社会进入的成本越高，人员、物资、信息交流难度越大，机会越少，因而交易效率越低；反之，则相反。

3. 西部空间经济布局不经济

我国西部区域的经济活动区域和产业分布地域是极其不经济的，这主要表现在以下几个方面。

1）西部产业空间分布分散，关联性差。除了成渝地区以及关中地区外，由于戈壁、沙漠、高山、峡谷的分割，西部绝大多数城市和乡村聚落在空间上都十分分散。由表 3-1 可知，西部主要城市间距离只有 6 个城市在 500 公里以内，38 个城市距离在 501 ~ 1500 公里，其余 46 个城市距离在 1500 公里以上，其中距离 2500 公里以上的城市有 20 个。各地方城市与聚落离该地方中心城市也很远，如新疆各地、市离省会乌鲁木齐平均达 695 公里，比北京至河南省省会郑州的距离还要远 6 公里。大多数资源在地理空间上远离国内主要消费区达 2000 ~ 4000 公里，平均出海距离长达 2236 公里。由此可以看出，由于距离遥远，西部地区城乡聚落之间的交易效率是非常低下的。

表 3-1 西部各地区主要中心城市间的距离 （单位：公里）

西安	西安								
兰州	676	兰州							
西宁	892	216	西宁						
乌鲁木齐	2568	1892	2108	乌鲁木齐					
成都	842	1172	1388	3026	成都				
重庆	1346	1676	1892	3530	504	重庆			
贵阳	1809	2139	2355	3993	967	463	贵阳		
昆明	1942	2272	2488	4126	1100	1102	639	昆明	
呼和浩特	1291	1144	1360	3036	2133	2637	3100	3233	呼和浩特
银川	846	468	684	2008	1342	1846	2309	2442	676

资料来源：杨开忠的《西部大开发战略选择》一书第四章第一节

2）绝大多数聚落人口规模小、密度低。西部聚落不仅相互距离遥远，而且绝大多数聚落规模小、密度低。以西北 53 个城市为例，人口规模超过 100 万人的特大城市只有 4 个，50 万～100 万人的大城市只有 9 个，20 万～50 万人的中等城市 29 个，20 万人以下的小城市 11 个，其中 2 个小城市人口在 10 万人以下。聚落不仅规模小，而且密度低。在西北地区 52 个城市中，人口密度在 500 人/公里^2 的城市有 23 个，其中 6 个城市人口密度在 10 人/公里^2 以下，10 个城市人口密度为 10～100 人/公里^2（表 3-2）。根据前面的论述，聚落规模小、密度低从两个方面制约了城乡发展：一是聚落规模越小使其对外交易机会越少、成本越高，从而限制了城乡经济发展；二是聚落规模小使内部规模和外部规模不经济，从而限制了经济发展（张建军和李国平，2004）。

表 3-2 西部地级以上城市人口密度 （单位：人/公里^2）

城市名称	人口密度	城市名称	人口密度
南宁	275.72	昆明	237.22
柳州	188.68	曲靖	194.16
桂林	176.37	玉溪	135.35
梧州	233.31	保山	121.84
北海	439.83	昭通	220.35
防城港	127.57	丽江	52.73
钦州	310.56	思茅	55.75
贵港	443.48	临沧	88.67
玉林	459.22	西安	717.80
百色	101.78	铜川	216.33

续表

城市名称	人口密度	城市名称	人口密度
贺州	176.48	宝鸡	202.11
河池	113.70	咸阳	474.61
来宾	182.04	渭南	406.53
崇左	131.39	延安	55.51
重庆	379.85	汉中	136.57
成都	858.60	榆林	79.90
自贡	721.02	安康	124.98
攀枝花	142.72	商洛	123.11
泸州	382.18	兰州	232.58
德阳	639.22	嘉峪关	55.78
绵阳	260.05	金昌	51.74
广元	186.39	白银	82.07
遂宁	707.23	天水	241.42
内江	782.12	武威	56.29
乐山	271.04	张掖	30.25
南充	575.15	平凉	199.00
眉山	474.06	酒泉	4.73
宜宾	387.72	庆阳	94.31
广安	707.01	定西	145.77
达州	378.80	西宁	267.41
雅安	98.79	银川	145.05
巴中	289.46	石嘴山	129.27
资阳	612.37	吴忠	75.60
贵阳	429.25	固原	111.97
六盘水	295.16	乌鲁木齐	151.28
遵义	231.92	克拉玛依	32.05
安顺	270.50		

资料来源：中国城市调查总队．2005. 2004 中国城市统计年鉴．北京：中国统计出版社

尽管西部地区劳动成本低、土地便宜，但绝大多数地区人口和经济聚落规模小，相距遥远，致使许多地方市场破碎狭小，达不到企业生存所要求的市场门槛或不足以支撑企业在市场竞争中获取竞争优势。因此，问题的关键同样在于西部地区不经济的空间格局。

3）城市化进程中的集中度过低，发展不均衡。目前西部 12 个省（直辖市、

自治区）共有160多个城市，其中人口在100万以上的特大城市8个，人口在50万以上的大城市6个，人口在20万以上的中等城市43个，人口在20万以下的小城镇103个。与东部、中部地区相比较（表3-3），西部的城市数量偏少。从城市的规模来看，西部地区超大城市3个，比重为1.9%，高于中部地区，与全国水平相当，说明西部地区具有较强吸引力的经济中心。但是西部地区的大城市和特大城市数量偏少，所占比重低于其他地区，而20万人以下小城市的比重却高于东中部地区。西部地区的城市发展呈现出“葫芦型”（两头大、中间小）的特征（张建军和李国平，2004）。

表3-3 我国各地区城市人口规模分布情况

地区	小城市<20万人（20万人以下）		中等城市（20万~50万人）		大城市		特大城市		超大城市	
	数量/个	比重/%	数量/个	比重/%	数量/个	比重/%	数量/个	比重/%	数量/个	比重/%
全国	378	56.6	205	30.7	48	7.2	24	3.6	13	1.9
东部	153	54.4	89	31.7	21	7.5	11	3.9	7	2.5
中部	122	53.7	73	32.3	21	9.3	8	3.5	3	1.3
西部	103	64.4	43	26.8	6	3.8	5	3.1	3	1.9

资料来源：国家统计局．中国统计年鉴．1999．北京：中国统计出版社

与世界发达国家相比较，我们就会发现（表3-4）全世界人口中有16.5%集中于百万人口的大城市，我国这一比例只有11.3%，比世界平均水平低5.2%，而西部城市的这一比例就更低了。

表3-4 世界城市人口集中度与我国比较

世界城市人口超过100万的国家	集中度/%	中国大城市与国外大城市比较
世界平均水平	16.5	东京的GDP占日本的18.6%
中收入国家	22.6	伦敦的GDP占英国的17.0%
高收入国家	32.0	汉城的GDP占韩国的26.0%
美国	39.0	北京的GDP占全国的2.5%
日本	37.5	上海的GDP占全国的4.6%
德国	41.8	上海的GDP只是香港的1/4
中国	11.3	上海的GDP只是东京的1/20

资料来源：以上资料来源于《羊城晚报》

总之，西部地区深居欧亚大陆腹地，绝大多数城镇和乡村聚落远离世界人口与经济中心，且相互距离远、规模小或密度低，因而城市和乡村经济活动规模不经济，对内对外交易成本高昂，从而成为制约西部地区发展的关键因素。

（二）西部脆弱的自然生态环境约束

由于西部地区在自然资源和地理环境方面存在诸多的矛盾和问题，特别是自然资源分布极度不均衡，自然条件恶劣，严重影响了区域经济社会发展步伐。如果我们把自然地理环境对经济社会发展的诸多影响因素归结为一个概念——生态约束力，包括土地承载力、自然资源承载力、水资源承载力等，那么把所有相关概念的基本含义都赋予这样一个概念，可统称为生态约束力。

1. 生态约束力的基本概念

在人类历史发展的长河中，人类的生产生活实践从来都不能离开我们所生存的这个生态系统，而且从量化的角度来看，人类每时每刻都在通过能量转换来维持自身的生存，也就是要消耗大量的自然资源，同时排放出大量的废弃物，自然资源是有限的，那么自然环境的容量也是有限的，而且由于不同的地理环境内自然资源的分布不均，从而导致不同自然环境下单位面积的环境容量也会呈现很大的差异。赵雪雁（2005）认为生态承载力是指生态系统的自我维持、自我调节能力，是指在不危害区域生态系统的前提下的区域资源、环境的承载能力和由资源、环境承载力决定的区域系统本身所表现出来的弹性力大小，通过资源承载力、环境承载力和生态系统的弹性力来反映。刘庄等（2006）认为生态承载力是生态系统干扰的承受能力。他重点分析了森林、草地和农田三种受人类活动干扰最强烈的生态系统承载力和生态荷载状况，在此基础上对祁连山区域总体生态承载力和生态荷载状况进行了分析。

本书认为生态约束力就是指在生态资源承载力、生态环境承载力和生态系统生态弹性力这三者的合力作用下，区域经济社会发展所受到的生态阈值限制程度。生态约束力越小，则意味着生态环境对区域经济社会发展的限制程度越小，生态环境质量越高，区域经济社会发展的潜力就越大。反之，则表示生态环境对区域经济社会发展的限制程度越大，生态环境质量越差，越不适宜人类生存发展和居住。

2. 生态约束力的内涵

首先，生态资源承载力是决定区域生态约束力大小的一个重要因素，生态资源承载力的大小取决于区域生态系统中资源的丰富程度，人类社会对资源的需求以及人类对资源的开发利用方式（赵雪雁，2005）。从一定意义上讲，生态资源承载力的大小会随着科学技术的进步而变大，但是人类对生态资源承载力的利用必须控制在一定的限度之内，否则将会大大降低整个生态系统的承载能力，从而提高生态约束力。

其次，生态环境承载力是决定区域生态约束力大小的又一个重要因素，生态环境承载力与人类生活、生产所需求的环境标准、环境容量、生产与生活方式、人类所能承受的最大环境极限等有关（赵雪雁，2005）。举例来说，如果从联合国关于人类生存环境标准来看，我国西部许多地方的生态环境根本不适合人类生存和发展，而如果我们降低了这样一个环境标准，则实际上提高了生态环境的承载力。

最后，生态系统生态弹性力是生态约束力的重要支持因素，生态系统生态弹性力是指区域生态系统的缓冲与调节能力的大小，而生态系统生态弹性力的大小可以通过弹性力的强度来反映（赵雪雁，2005）。生态系统生态弹性力的强度越高，则表示该区域经济社会发展的潜力越大，选择的机会越多，反之亦然。

3. 生态约束力的特征

生态环境是人类赖以生存和发展的基础，而西部大部分地区的生态环境极其脆弱，这就注定了西部区域经济发展必然面临脆弱生态环境的强烈约束。同时，由于自然资源分布的不均衡性，导致不同地域能够给人类生产、生活所提供的必要的资源量大不相同，由此形成了不同地域的不同生态约束力。这主要表现在以下几个方面。

其一，自然环境恶劣。西部地区虽然地域辽阔，但多为高山、高原、雪域、沙漠、戈壁、丘陵，非耕地资源约占全国耕地面积的 23.8%。区内生存空间狭小，原生环境恶劣，生态系统脆弱，许多地方至今仍为人迹罕至的“无人区”。西部地区地处欧亚大陆腹地，远离海洋，气候复杂多样，南北差异明显。云贵高原南部四季如春，青藏高原西部终年积雪，西北地区昼夜温差很大。同时，由于受太平洋、印度洋暖湿气流的控制，西部地区自南向北，自东向西，降雨量递减。

其二，植被破坏严重。进入 20 世纪中期，随着人口的快速增长，为了生产和生活的需求，人们盲目开垦和毁林造田，特别是在山顶、陡坡大面积地开荒种粮。加之乱砍滥伐森林，铲草皮挖草根，致使大面积的林木草地消失，植被遭到严重破坏，生态环境极度恶化，严重制约了经济的可持续发展。目前，西部地区的森林覆盖率仅为 5.7%，比全国森林覆盖率（13.4%）低了 7 个百分点。

其三，水土流失严重，土地沙化面积正在加速发展（表 3-5，表 3-6）。我国是世界上水土流失最严重的国家之一，几乎每个省都有不同程度的水土流失，西部地区水土流失分布最广、强度最大、危害最重，在全球屈指可数。据权威部门的综合监测显示，自 20 世纪 50 年代开始的 25 年，我国沙化土地面积每年扩展 1560 平方公里。西部地区又是我国荒漠化最严重的地区，尤其是新疆、甘肃、宁夏、青海及内蒙古西部地区，这些地区除了导致荒漠化的气候因素外，人类不当的经济活动是导致土地沙漠化加剧的重要原因。过度放牧、草场退化是导致草原沙化的罪魁祸首，毁林毁草开荒也是荒漠化加剧的重要因素。

表 3-5　西北地区土壤水蚀面积遥感调查表　（单位：平方公里）

地区	1989 年调查	1999 年调查	增减面积
陕西	120 404. 95	118 096. 51	－2 308. 14
甘肃	106 936. 83	119 370. 00	＋12 433. 17
宁夏	22 897. 11	20 907. 67	－1 989. 44
青海	40 060. 30	53 137. 00	＋13 076. 70

资料来源：刘昌明 . 2004. 西北地区水资源配置生态环境建设和可持续发展战略研究（生态环境卷）. 北京：科学出版社

表 3-6　西部地区水土流失情况

<table>
<tr><th>地区</th><th>水土流失率/%</th><th>水力侵蚀面积/平方公里</th><th>水土流失压力指数</th><th>水蚀压力指数</th><th>风蚀压力指数</th><th>土壤侵蚀压力指数</th></tr>
<tr><td>陕西</td><td>66. 87</td><td>120 404</td><td>0. 96</td><td>1. 00</td><td>0. 67</td><td>0. 83</td></tr>
<tr><td>甘肃</td><td>37. 95</td><td>106 936</td><td>0. 54</td><td>0. 54</td><td>1. 00</td><td>0. 77</td></tr>
<tr><td>青海</td><td>3. 61</td><td>40 060</td><td>0. 05</td><td>0. 13</td><td>0. 21</td><td>0. 17</td></tr>
<tr><td>宁夏</td><td>69. 94</td><td>22 897</td><td>1. 00</td><td>0. 40</td><td>0. 65</td><td>0. 52</td></tr>
<tr><td>新疆</td><td>0. 07</td><td>113 843</td><td>0. 00</td><td>0. 08</td><td>0. 27</td><td>0. 18</td></tr>
<tr><td>地区</td><td colspan="2">水蚀面积/平方公里</td><td colspan="2">风蚀面积/平方公里</td><td colspan="2">流失总面积/平方公里</td></tr>
<tr><td>四川（含重庆）</td><td colspan="2">184 153. 96</td><td colspan="2">0</td><td colspan="2">184 153. 96</td></tr>
<tr><td>贵州</td><td colspan="2">76 682. 45</td><td colspan="2">0</td><td colspan="2">76 682. 45</td></tr>
<tr><td>云南</td><td colspan="2">144 470. 34</td><td colspan="2">0</td><td colspan="2">144 470. 34</td></tr>
<tr><td>广西</td><td colspan="2">11 142. 93</td><td colspan="2">0</td><td colspan="2">11 142. 93</td></tr>
<tr><td>西藏</td><td colspan="2">62 056. 89</td><td colspan="2">50 592. 24</td><td colspan="2">112 649. 13</td></tr>
</table>

资料来源：中国可持续发展研究组 . 2001. 中国可持续发展战略报告（2000）. 北京：科学出版社 . 171；国家环保总局，南京环境科学研究院，中科院生态环境研究中心 . 1997. 中国生态破坏现状报告

全国七大流域和内陆河流域都有不同程度的水土流失（表 3-7），这是我国土地资源遭到破坏的最常见的地质灾害，其中以黄土高原地区最为严重，这里的 60 万平方公里面积中，严重水土流失面积达 43 万平方公里，可以说黄土高原是世界水土流失之最，黄土高原水土流失量 3700 吨/(公里·年)，最严重的地区高达 5～6 万吨/(公里·年)，每年从黄土高原输入黄河三门峡以下的泥沙达 16 亿吨，其中 4 亿吨淤积在下游河床，造成黄河下游河床每年淤高 10 厘米。

表 3-7 西部地区主要区域耕地水土流失情况

地区	耕地水土流失			轻、中度水土流失		强度水土流失	
	面积/万公顷	占本区耕地面积比例/%	占全国耕地水土流失面积比例/%	面积/万公顷	占本区水土流失面积比例/%	面积/万公顷	占本区耕地水土流失面积比例/%
全国总计	4540.5593	34.26	100.00	3486.34	76.78	1054.2147	23.22
黄土高原区	1128.1900	71.30	24.82	718.66	63.70	409.3333	36.30
西北干旱区	202.5067	15.34	4.46	146.67	72.43	55.8333	27.57
青藏高原区	19.1347	19.75	0.42	13.56	70.87	5.5740	29.13
西南地区	1016.7820	52.53	22.39	812.65	79.92	204.1327	20.08

资料来源：毕于运.1995. 中国耕地. 北京：中国农业科技出版社.129

北方土石山区水土流失面积达54万平方公里，年平均侵蚀模数为1130～1750吨/(公里^2·年)。新疆、甘肃及内蒙古西部的风蚀面积达130万平方公里，沙漠与戈壁东西绵延约5000公里，气候干旱。因风沙危害，土壤沙化、碱化，危及西北各省。在南方红壤丘陵区，同样也存在严重的水土流失问题。长江流域以南的红壤丘陵地区水土流失面积达67.48万平方公里。这些地区，由于人多耕地少，山大坡陡，雨量充沛，特别是暴雨多，植被一旦遭到破坏，在高雨量的冲击下，很容易产生严重的水土流失，特别是有深厚花岗岩风化壳的红壤地区，严重者土壤侵蚀模数也在1000吨/(公里^2·年）以上，使土壤肥力下降，造成大幅度减产。仅长江上游35.2万公里^{2}水土流失区的土壤流失量就达15.6亿吨，年均侵蚀模数达4432吨/公里^2。由于长江流失的泥沙颗粒粗，只有1/3细泥沙进入干流，2/3的粗砂、石砾淤积在上游水库、支流和中小河道，给小河的防洪和水库灌溉、供水、发电带来很大危害。我国目前水土流失总的情况：点上有治理，面上有扩大，治理赶不上破坏。

其四，三种气候灾害频繁，生态环境十分脆弱。由于我国处于东亚季风区，西部地区的旱灾、雪灾、霜冻灾害随季节变化交替出现。根据黄荣辉院士的研究，我国属于干旱性气候，年降水量稀少，大部分地区一年四季处在干旱之中。陕西、内蒙古和西南地区以春旱为主，三年两遇。内蒙古与西北地区常受寒流袭击，只要冬季积雪过量，气温骤降，就会造成雪灾，西北大部分霜冻灾为四年一遇，内蒙古和山西又是特旱、初霜与春季冬霜偏迟的高发区。天灾的频繁发生，群众生存条件不断恶化，使一些乡村、城镇不得不多次搬迁，上千万人口长期不能解决温饱问题。另外，西部的宁夏、西藏、青海、甘肃、贵州、陕西和新疆等省（自治区）的生态环境属于极度脆弱地区，四川、重庆和云南属于强度脆弱区，只有广西稍好，属于中度脆弱地区。西部地区这样一种生态环境现状很容易遭到人为的破坏，而一旦遭到破坏将很难恢复（表3-8）。

表 3-8 我国西部各省（自治区）的生态环境脆弱度情况

脆弱等级	西部各省（自治区）及指标值						
极强脆弱	宁夏	西藏	青海	甘肃	贵州	陕西	新疆
	0.8353	0.8329	0.8045	0.7821	0.7153	0.6613	0.6537
强度脆弱	四川	重庆	云南	—	—	—	—
	0.6285	0.6285	0.5925	—	—	—	—
中度脆弱	广西	—	—	—	—	—	—
	0.4507	—	—	—	—	—	—
轻度脆弱	—	—	—	—	—	—	—
	—	—	—	—	—	—	—

资料来源：罗凤燕.2007. 民族地区构建和谐社会呼唤生态经济. 学术论坛，(8)：27～32

其五，地震、山体滑坡、泥石流频繁发生。西部的大小山脉众多，横断山山脉、喜马拉雅山山脉、祁连山山脉之间的中间区交界处往往是地质断裂发育之地，地壳剧烈运动区。大坡度的山体和因长期受应力作用而松动的岩石，在降水或其他外力的诱发下，很容易发生山体崩塌、滑坡、泥石流和地震。陈云泰院士指出，我国五大地震区，有一半在西部。2008 年“5·12”四川汶川大地震及其后的云南、攀枝花等地大余震不断就是例证，仅“5·12”汶川大地震死亡 6.9 万人，直接经济损失 8451 亿元。

其六，水资源不足制约西部开发。西部地区自 20 世纪 80 年代起进入了水源十分紧张的状态，供需矛盾越来越尖锐，缺口越来越大。水资源随气候变化而减少。伴随着全球气候的异常，冰川退缩，使部分河流的冰川面积减少，湖泊萎缩和干涸，如罗布泊在 30 年代面积为 1900 平方公里，现已干涸。1950～1990 年青海湖平均每年水位降 7.4 厘米。水资源的严重缺乏影响工农业的发展，还影响人民生活甚至生存，制约了经济的发展。具体而言，西南地区各省（自治区）水资源相对比较丰富，而西北各省（自治区）水资源的缺乏程度相当严重，已经成为制约经济社会发展的瓶颈（表 3-9）。

表 3-9 西北重点地区缺水现状情况（中等干旱年份）

项目		城镇需水/10 亿立方米	农村需水/10 亿立方米	总需水/10 亿立方米	总供水/10 亿立方米	总缺水/10 亿立方米	缺水率/%
新疆	合计	13.3	422.2	435.5	392.3	43.3	9.9
	北疆	9.0	156.2	165.2	147.4	17.9	10.8
	南疆	3.0	248.2	251.2	228.3	22.8	9.1
	东疆	1.3	17.8	19.1	16.6	2.6	13.3

续表

项目		城镇需水/10亿立方米	农村需水/10亿立方米	总需水/10亿立方米	总供水/10亿立方米	总缺水/10亿立方米	缺水率/%
河西	合计	3.9	70.1	74.0	71.8	2.3	7.7
	疏勒河	1.0	11.8	12.8	12.8	0.0	0.0
	黑河	1.6	32.6	34.2	33.6	0.6	1.6
	石羊河	1.3	25.7	27.0	25.4	1.7	6.1
柴达木		0.7	6.4	7.1	7.1	0.0	0.0
宁夏		6.0	83.2	89.2	88.8	0.4	0.4
关中地区		14.6	54.9	69.5	56.5	13.0	18.7
西北		38.5	636.8	675.3	616.5	58.8	8.7

资料来源：国家科委“九五”攻关项目96－912课题资料

正是基于上述生态环境条件的制约，西部地区适合人类生存和发展的地域非常有限，并不是西部所有的地方都适合开展经济活动，因此，适时地把人口和产业向发展条件相对优越的地域聚集是西部开发成功的现实和必然选择。

二、滞后的城市化是制约西部区域经济可持续发展的关键

区域城市化与区域经济可持续发展是一个良性互动关系，一方面城市化水平的提高能够提高区域产业聚集度，实现聚集效应和规模经济效应，同时城市化水平的提高能够扩大需求，促进产业发展；另一方面区域经济可持续发展能够为城市化提供良好的社会经济发展条件，从生产、消费需求和结构转变方面对城市化产生带动作用（赵雪雁，2005）。因此，积极推进西部区域城市化水平是促进经济发展的关键环节。从目前来看，西部区域城市化与区域经济发展之间存在以下几个问题。

1. 土地承载力小，人地关系严峻

由于西部地区城市化水平较低，大量的剩余劳动力和人口滞留在农村，这就使得原本已经很紧张的人地矛盾变得更加突出。

从我国的情况来看，全国20%以上的县（区）低于联合国粮食及农业组织确定的人均耕地0.05公顷的临界值，有的县（区）人均耕地只有0.013～0.02公顷。在有限的耕地中，有水源保证和灌溉条件的耕地面积仅占耕地总量的39.8%，坡度大于25°的约占5%，中低产田占79%。耕地后备资源已经严重不足，全国目前能够用于开垦的耕地资源为1333万公顷，按照60%的开垦率计算，可开垦面积为800万公顷，人均不足0.0067公顷，人地关系很严峻。

实际上，西部生态环境遭到破坏的一个重要原因，就是西部地区农业人口相对于西部土地承载力而言过多，致使西部许多地区的农民过度用水、过度耕作、过度放牧、过度砍伐，陷入了“越穷越垦、越垦越穷”的恶性循环（范红忠，2004）。刘燕华等（2001）以水、海拔、地表起伏等指数建立中国人口分布模型，据此计算的人口密度与实际人口密度比较，发现西部地区为全国人口超载最严重的地区。按实际人口密度与模型计算的适宜人口密度之比排列，依次是宁夏（57.4）、贵州（12.76）、甘肃（7.66）、青海（5.77）、云南（4.53）、四川（3.88）、陕西（3.29）。因此，以适当的方式加快实现西部农村剩余人口城市化，可以促进西部生态环境的改善。

2. 城市化率低，城市化严重滞后

城市对于西部地区而言是经济发展的重要增长点、支撑点。目前我国西部地区存在着城市化水平偏低、城市体系不健全、基础设施建设落后、民族地区城市化发展迟缓等问题。截至 2006 年西部地区城市化率为 35.7%，与东部地区的 54.6% 相差 18.9%（表 3-10）。而从某种意义上来看，东西部地区之间的区域经济差距扩大和城市化滞后有着紧密的联系。城市化滞后导致城乡差距不断扩大，加重了地区经济差距（范红忠，2004）。

表 3-10 2000 ~ 2006 年东西部城市化水平比较 （单位：%）

地区 \ 年份	2000	2001	2002	2003	2004	2005	2006
东部	47.98	44.28	44.32	52.13	51.91	50.07	54.60
西部	26.47	30.50	25.07	26.12	27.41	31.10	35.72

资料来源：根据《新中国五十五年统计资料汇编》、2001 ~ 2007《中国统计年鉴》整理

从我国城市化发展的顺序看，随着改革开放与经济发展的先后次序，城市化由发达的东部地区向落后的西部地区推进，东部、中部、西部地区城市化水平也呈阶梯分布状态。全国 663 个城市中，44.5% 分布在东部地区，西部地区不到 20%。在全国 31 个省（直辖市、自治区）城市化水平排序中，后五位为西藏、河南、云南、贵州、甘肃，这些省（自治区）城市化水平还不足 25%。全国平均 190 万人左右拥有一个城市，西部平均 230 万人才拥有一个城市。20 多年来，全国新增城市数量 470 个，其中，东部、中部和西部分别增加 226 个、163 个和 81 个，西部只占同期全国新增城市数量的 17%。全国和东部城市化率年平均增加 0.62% 和 1%，西部每年城市化率平均提高仅为 0.55%。东部、中部、西部地区城市规模结构也呈梯度分布状态，西部地区各等级规模的城市都不及东部和中部地区，东部、中部、西部地区特大型城市分别有 21 个、11 个和 8 个，大型城市分别有 24 个、25 个和 5 个，中等城市分别有 99 个、71 个和 47 个，小城市分

别有 132 个、120 个和 100 个。其中宁夏、西藏无特大型和大型城市，广西、青海无特大城市，除了广西、内蒙古、青海、贵州外，其他省（自治区）1 万人的中等城市尚属空白。而且，西部地区特大型和大型城市，在规模、实力、影响力和辐射力上都无法与东部的上海、北京、南京、天津、广州等特大型城市相比较。

3. 经济社会二元结构突出

西部地处内陆，长期以来受计划经济影响较深，传统模式的城市与农村二元经济结构特征明显。我国长期依靠农业的积累支撑城市的工业化，城乡分割，工业化独自在城市运行，将西部地区的农民与现代市场经济隔离了开来。在城市化建设的进程中，大量的农村土地被占据，而农民既得不到应有的补偿，又享受不到城市居民的最低生活保障。西部地区城乡经济关系没有从全局高度作出协调和统筹，工农业比例失调，农业的基础地位薄弱，农村经济社会发展缓慢，不能为城市经济发展提供有力的支撑。

此外，当前西部地区的农村人口压力过大，无限供给的农业劳动力与有限的土地资源形成了一对尖锐的矛盾，城市化的滞后强化了这一典型的二元经济结构。

4. 城市难以发挥增长极的功能

西部地区的城市经济实力薄弱，在地区 GDP 中所占比例较小。因此，在本地区的核心作用不强，增长极功能得不到有效发挥，不能有效地带动周边地区的经济发展，进而会影响就业的增加和需求的增长。一方面，西部地区农业产业化程度较低，生产效率低下，农业生产剩余少，对城市化的驱动力不强，在一定程度上制约了西部地区城市化水平的提高。另一方面，西部地区工业化程度低，城市带动农村、工业带动农业的拉力不足，城市化的根本动力较弱。西部地区第三产业发展滞后，城市化后续动力较弱。此外，西部地区城市很多仅仅作为区域行政中心，而城市增长极功能没有发挥出来，综合职能薄弱，特色不明显，同时受传统的自然经济观念影响，开放程度不高，影响了城市化水平的提高。

5. 城市化是促进西部大开发的重要途径

近年来西部地区的农村经济得到快速发展，市场化程度大大提高，农业生产效率大幅提高，非农产业快速增长。一方面为西部地区城市化创造了必需的基础条件；另一方面产生了相当数量的农村剩余劳动力，客观上需要向城市空间拓展。从农业本身的发展趋势和要求来看，也需要分离出剩余劳动力，促使自身的高度产业化结构发展。这些社会经济因素对加快城市化发展都提出了客观要求。

城市既是发展西部、实施西部大开发战略、促进区域发展的“增长极”，又是带动西部广大农村发展、全面建设小康社会的区域中心。从这个意义上来说，城市化是西部大开发的客观要求。农村人口向城市的转移，会加快城市科技、教育、文化等各方面社会事业的发展，使新进城市的农村人口受到较高层次的教育，接触更先进的社会文明。同时，农村人口的下降促进了农业的集约化和规模化经营，加快了农村经济的发展速度，进而促进西部地区经济社会的全面进步。

三、经济活动极化式分布是西部区域开发成功的关键

为了尽可能地减轻由于地理空间格局不经济而带来的高昂交易成本以及规模不经济对西部地区发展的制约，一个重要的办法就是压缩人居地理空间，促进人口和经济活动的地理集中或极化式分布。因此，以获得规模经济和交易效率为目标，压缩人居地理空间，实行人口与经济的地理集中，是西部大开发的必然选择。

实施地理集中或极化式分布战略，首先必须牢固树立两个基本观念。一是发展是满足人的需要的过程，是提高人民生活质量的过程，是为了达到人的幸福而非仅达到地理空间的普遍繁荣；二是地区发展的一个基本过程是要在社会和生态容许的范围内以最小的投入获取最大的产出，投资应该选择可持续的利润最大的区位，而不是适应人口的既定分布。相反，为了保证经济发展和就业的需要，人必须随投资运动。树立这两个观念是实施西部区域层级增长极网络开发中极化式分布战略的前提和基础。

极化式分布战略的主要内容和途径包括以下几个方面。

1. 企业规模经济战略

企业经营规模扩大将降低企业单位产品的生产成本，产生企业内部规模经济，从而有助于减轻高昂的交易成本对西部经济的制约。西部地区经济活动以能源、原材料工业及其加工业为主，这些产业的生产成本和技术进步对经营规模相对敏感。实施企业规模经营是西部经济发展必须特别强调的战略问题。西部开发建设数十年的经验也说明这一点。如果忽视企业规模经营，就会造成企业不能采用较先进的科技工艺，投入产出比低，营利水平低下，甚至难以生存下去。例如，年产 20 万吨规模的青海钾肥厂和年产 100 万吨的格尔木炼油厂，虽然资源都来自当地，但都因规模较小而效益较差，步履维艰，难以自我发展。相反，如果强调规模经营，企业就能采用较先进的工艺技术，获取规模经济，营利能力就会较强。

西部地区为了施行企业规模经营战略，可从三方面着手：①新上马的项目，

特别是对规模经济要求较强的重工业，都应力求大，在获取规模效益和采用高新科技方面要尽可能地向高标准看齐，有长远的战略眼光，力求建成一项，就能收到很好的效益，形成一个新的经济增长点；②新上马的投资建设项目，要坚决杜绝以牺牲规模经济为代价的平均主义，力戒化整为零、化大为小、分散重复建设的做法；③对现有企业进行改组改造，通过改建扩建，扩大有潜力的企业规模。

2. 行业集中战略

早在一个世纪以前，英国经济学家阿尔弗雷德·马歇尔就发现，行业在地理上的集中能促进专业化供应商的形成，有利于劳动力市场共享，有助于知识交流创新。而专业化厂商、劳动力市场以及知识外溢反过来减少行业交易成本、提高交易效率。因此，要把促进行业在地理上的集中作为西部区域层级增长极网络开发的重要战略内容。

建立不同层次的产业地域是实施行业集中战略的基本途径。经过几十年的建设，西部地区初步形成了众多的不同等级的产业地域。但是，绝大多数产业地域规模小而分散，除成渝地区和关中地区外，并没有形成在全国具有强大竞争力的产业地域群体。为了进一步促进行业的地域集中，一方面要对现有产业地域进行调整，对发展潜力较大的产业地域予以重点扶植；另一方面可选择少量地区设立“特区”，促进产业集中发展。

3. 人口聚集和规模化战略

为了改进西部地区的空间交易效率和规模经济，应当按照既有利于经济增长又不危害生态平衡的原则，调整人口和经济聚落，鼓励人口向条件较好的区域、城市和乡村集中，建设有利于可持续发展的西部城镇体系和农村聚落体系。这一战略的基本原则，一是人口和经济集中既要有利于经济增长又要保持在生态容许的范围内；二是政府主导，民众参与，官、产、学、民、媒良性互动，发挥市场机制的基础性作用；三是不仅要退耕、退牧、还林、还草，而且要退“人居”还自然。其主要任务和做法：①识别具有发展潜力的区域、城镇和农村聚落，确定重点发展的区域、城镇和农村聚落；②放开户籍，允许城乡人口自由流动，同时加强政府对人口流动的指导；③改变就地扶贫的做法，提倡异地扶贫，将那些生存条件十分恶劣地区的人口迁移到条件较好的地区，并努力将扶贫目标与地区工业化和现代化目标在空间上结合起来；④由于人口向条件较好的区域集中，形成较大的聚落，原有的一些较小的人居聚落便可以退耕还自然，可改“退耕、退牧、还林、还草”为“退耕、退牧、还林、还草、还自然”，并对县、乡行政区划进行调整（张敦富，2001；钟水映，2000）。

四、层级增长极网络化发展模式的可行性

通过以上分析，我们能够得出几点结论。①西部地区的生态环境十分脆弱，自然条件恶劣，灾害频繁，使城市发展受到环境的强烈约束。西部的城市只能选择那些自然条件相对较好，自然资源和农业生产相对发达的地方，如盆地、河谷地或绿洲。②西部虽然地域辽阔，但发展面临着日益严重的资源瓶颈的制约，经济的内向性特征明显，资源分布不均衡，从而导致城市的分布也“不均衡”。③西部相对封闭的内陆性区位条件，基础设施落后，人口分布稀疏，封闭的内陆文化影响了人们的交流和联系，对城市的规模扩张起到了一定的阻碍作用。

归结起来看，西部区域经济发展面临着两大主要矛盾，一是区域经济空间布局地不经济所带来的规模不经济问题，导致西部区域经济整体效益低下，难以提高。二是西部脆弱的自然生态环境制约着西部开发的进程和开发的模式选择。在这样的情况下，区域经济空间实现地理上的集中或者说聚集是西部开发成功的最佳选择。为了实现西部长期稳定可持续的发展，把目前区域内的产业经济活动以及人口向自然条件良好、社会经济基础好、可持续发展潜力大的地域集中是西部区域经济发展的现实和必然选择。层级增长极网络化发展模式正好提供了这样的一个发展模式的理论支持，按照这样一种发展模式，西部区域经济不仅能够实现聚集效应和规模经济，同时能够快速推进西部的城市化进程，大幅度降低西部贫困地区的人口出生率，减少对自然生态环境的破坏和污染状况，维护西部生态平衡与稳定，为全面建设小康社会作出贡献。

第二节　西部区域层级增长极网络的实证分析

一、层级增长极网络内的网络连接强度

目前国内外有许多人对由不同等级规模的城市所组成的城市群网络进行了多角度的研究，其中关于对不同类型、规模城市的等级或层级划分，由于划分的标准依据以及所要研究的目的不同而各异。其中具有代表性的是弗里德曼划分的世界各国城市等级网络结构（表3-11）（郑伯红，2005）。这里弗里德曼划分城市等级的标准主要是依据该城市国际交往的频率以及与世界各国的交往强度。本书的西部区域层级增长极网络内各个增长极的层级划分的依据是增长极与网络内其他增长极之间的交往强度，也就是网络的连接强度。由于网络连接强度与网络流的强度在本质上是一致的，因此，为了便于定量化研究，这里就采用网络流强度来代替网络连接强度，用来表示各个增长极在整个层级增长极网络中

的地位和功能量。

表 3-11 弗里德曼划分的世界各国城市等级网络结构

等级序列	等级类型	城市名称	人口规模/百万	是否首都	国际组织所在地	主要的移民目标地	国际金融中心
一	全球金融连接	伦敦	10 ~ 20	是	是	是	是
		纽约	10 ~ 20	—	是	是	是
		东京	10 ~ 20	是	是	是	是
二	跨国连接	迈阿密	1 ~ 5	—	—	是	—
		洛杉矶	10 ~ 20	—	—	是	是
		法兰克福	1 ~ 5	—	—	是	是
		阿姆斯特丹	1 ~ 5	—	是	是	是
		新加坡	1 ~ 5	是	—	—	是
三	重要的国家连接	巴黎	5 ~ 10	是	是	是	是
		苏黎世	1 ~ 5	—	是	是	是
		马德里	1 ~ 5	是	是	—	是
		墨西哥城	10 ~ 20	是	是	—	—
		圣保罗	10 ~ 20	—	—	—	—
		汉城	10 ~ 20	是	—	—	—
		悉尼	5 ~ 10	—	—	是	是
四	亚国家或区域级连接	堪萨斯城	5 ~ 10	—	—	—	—
		旧金山	1 ~ 5	—	—	是	是
		西雅图	1 ~ 5	—	—	是	—
		奥斯汀	1 ~ 5	—	—	是	—
		芝加哥	5 ~ 10	—	—	是	是
		波士顿	1 ~ 5	—	—	是	—
		多伦多	1 ~ 5	—	—	是	是
		温哥华	1 ~ 5	—	—	是	—
		蒙特利尔	1 ~ 5	—	—	—	—
		香港（珠江三角洲）	5 ~ 10	—	—	—	是
		米兰	1 ~ 5	—	—	是	是
		里昂	1 ~ 5	—	—	—	—
		巴塞罗纳	1 ~ 5	—	—	—	—
		慕尼黑	1 ~ 5	—	—	是	—
		杜塞尔多夫、埃森、多特蒙德(莱茵－鲁尔地域)	5 ~ 10	—	—	是	—

资料来源：郑伯红．2005．现代世界城市网络化模式研究．长沙：湖南人民出版社．12 ~ 107

二、西部区域边缘层级（地级）以上增长极的网络流强度实证分析

目前西部地区共有140个城市，其中地级以上（包括地级）城市73个，副省级城市2个，直辖市1个。从区域层级增长极网络化发展模式的角度来看，这73个城市无疑是西部区域最重要的增长极和重点发展区域，由它们所组成的层级增长极网络及其辐射的区域将是带动西部区域经济快速发展的“火车头”。考虑到收集数据资料的难度和区域层级增长极网络构建的实际情况，这里我们选取了地级以上的73个城市作为分析对象。由于增长极的网络连接功能主要体现在对外经济交往以及外向服务部门，因此，这些外向服务部门的从业人员数量从一定程度上客观反映了该增长极在网络联系中的地位和重要程度，即网络流强度。表3-12是西部区域层级增长极网络内地级以上增长极的主要外向服务部门从业人员情况。

表3-12　西部区域层级增长极网络各个增长极主要外向服务部门从业人员

（单位：万人）

地区	交通仓储邮电业	批发零售业	金融业	房地产业	居民服务和其他服务业	教育文化广播影视业	科研综合技术服务业	住宿及餐饮业
南宁	4.05	3.70	1.63	0.93	0.14	9.30	1.94	1.25
柳州	4.12	1.80	0.92	0.33	0.17	4.37	0.48	0.47
桂林	1.17	1.64	0.95	0.44	0.09	6.14	0.47	1.20
梧州	0.74	0.88	0.52	0.12	0.01	3.28	0.17	0.22
北海	0.61	0.36	0.49	0.11	0.02	1.96	0.17	0.39
防城港	0.78	0.19	0.19	0.02	0.00	0.84	0.05	0.14
钦州	0.54	0.63	0.33	0.04	0.00	3.56	0.12	0.15
贵港	0.67	0.82	0.41	0.04	0.02	4.45	0.14	0.11
玉林	1.03	1.31	0.80	0.13	0.02	6.62	0.24	0.30
百色	0.71	1.03	0.49	0.03	0.01	4.41	0.15	0.27
贺州	0.34	0.33	0.25	0.04	0.01	2.34	0.09	0.09
河池	0.64	0.96	0.53	0.05	0.03	4.46	0.20	0.16
来宾	0.14	0.50	0.25	0.02	0.00	2.83	0.08	0.07
崇左	2.53	5.81	0.33	0.05	0.40	3.32	0.20	1.34
重庆	14.62	10.32	6.56	3.07	0.38	31.57	5.94	2.51
成都	6.77	6.03	3.85	1.57	0.22	16.46	5.67	2.03

续表

地区	交通仓储邮电业	批发零售业	金融业	房地产业	居民服务和其他服务业	教育文化广播影视业	科研综合技术服务业	住宿及餐饮业
自贡	1.00	0.95	0.62	0.11	0.04	2.84	0.15	0.18
攀枝花	0.77	0.29	0.44	0.06	0.07	1.12	0.13	0.08
泸州	1.22	1.22	0.81	0.26	0.15	3.80	0.22	0.20
德阳	0.82	0.49	0.98	0.47	0.02	3.51	0.22	0.12
绵阳	1.29	0.77	1.04	0.22	0.03	5.14	1.96	0.21
广元	0.58	0.48	0.52	0.05	0.08	3.05	0.14	0.20
遂宁	0.46	0.55	0.45	0.29	0.02	3.12	0.05	0.06
内江	0.80	0.79	0.83	0.14	0.01	3.75	0.17	0.11
乐山	1.25	1.52	0.63	0.12	0.13	3.24	0.32	0.18
南充	0.68	0.90	0.88	0.19	0.02	6.27	0.18	0.10
眉山	0.60	0.30	0.41	0.04	0.00	2.16	0.13	0.10
宜宾	1.16	1.19	0.94	0.15	0.03	4.51	0.15	0.27
广安	0.35	0.41	0.53	0.03	0.01	3.44	0.10	0.01
达州	0.97	1.69	0.88	0.15	0.03	5.52	0.28	0.17
雅安	0.26	0.26	0.34	0.04	0.00	1.47	0.08	0.11
巴中	0.43	0.82	0.39	0.14	0.01	3.00	0.08	0.10
资阳	0.51	0.72	0.55	0.06	0.01	3.53	0.06	0.15
贵阳	1.98	4.31	1.32	1.55	0.39	5.64	1.42	1.44
六盘水	0.25	0.54	0.36	0.04	0.01	2.25	0.12	0.09
遵义	1.31	1.38	0.55	0.21	0.01	6.52	0.20	0.11
安顺	0.37	0.77	0.37	0.15	0.26	2.51	0.11	0.09
昆明	8.16	4.94	2.05	0.96	0.46	8.73	3.81	2.13
曲靖	0.66	1.36	0.63	0.10	0.11	6.22	0.27	0.16
玉溪	0.42	1.47	0.56	0.04	0.00	2.65	0.16	0.26
保山	0.35	0.76	0.29	0.23	0.00	0.46	0.13	0.08
昭通	0.58	1.17	0.41	0.03	0.01	5.00	0.13	0.07
丽江	0.24	0.37	0.21	0.01	0.02	1.42	0.10	0.14
思茅	0.39	0.58	0.33	0.02	0.01	2.87	0.19	0.13
临沧	0.37	0.35	0.24	0.03	0.01	2.49	0.08	0.09
西安	8.24	9.45	3.75	0.81	1.48	13.85	7.52	2.76
铜川	0.42	0.28	0.30	0.05	0.02	1.02	0.12	0.07

续表

地区	交通仓储邮电业	批发零售业	金融业	房地产业	居民服务和其他服务业	教育文化广播影视业	科研综合技术服务业	住宿及餐饮业
宝鸡	2.68	2.34	0.79	0.08	0.07	4.67	0.31	0.39
咸阳	0.96	2.10	0.81	0.11	0.03	7.04	0.63	0.22
渭南	1.00	2.01	1.15	0.07	0.04	6.44	0.70	0.21
延安	0.90	0.95	0.49	0.05	0.01	3.58	0.21	0.31
汉中	0.82	1.55	0.85	0.13	0.05	4.18	0.38	0.25
榆林	0.73	1.16	0.54	0.08	0.03	5.03	0.31	0.18
安康	0.54	0.78	0.51	0.08	0.00	3.16	0.22	0.12
商洛	0.50	0.83	0.93	0.03	0.03	3.08	0.18	0.19
兰州	2.95	2.96	1.36	0.48	0.03	5.65	2.55	0.74
嘉峪关	0.06	0.12	0.10	0.00	0.00	0.11	0.01	0.03
金昌	0.12	0.32	0.21	0.01	0.01	0.46	0.13	0.01
白银	0.30	0.57	0.41	0.01	0.01	2.42	0.11	0.08
天水	0.58	1.01	0.39	0.10	0.02	3.35	0.53	0.13
武威	0.49	0.98	0.40	0.02	0.01	2.17	0.17	0.41
张掖	0.38	0.42	0.38	0.03	0.03	1.60	0.29	0.08
平凉	0.26	0.54	0.33	0.20	0.01	2.57	0.32	0.10
酒泉	0.39	0.47	0.32	0.04	0.14	1.24	0.19	0.18
庆阳	0.33	0.40	0.36	0.02	0.00	3.16	0.09	0.06
定西	0.38	0.44	0.28	0.03	0.01	3.04	0.09	0.06
西宁	1.58	1.05	0.87	0.14	0.08	2.76	0.77	0.19
银川	0.82	1.16	1.33	0.42	0.03	2.75	1.04	0.49
石嘴山	0.18	0.29	0.26	0.07	0.03	0.68	0.07	0.04
吴忠	0.28	0.60	0.44	0.07	0.13	2.17	0.07	0.16
固原	0.36	0.34	0.20	0.01	0.01	2.53	0.06	0.12
乌鲁木齐	4.32	2.40	1.83	1.04	0.92	4.67	1.59	1.54
克拉玛依	0.18	0.20	0.17	0.04	0.01	0.51	0.08	0.06

资料来源：国家统计局城市社会经济调查总队．2005．中国城市统计年鉴．北京：中国统计出版社

按照第二章第一节中公式（2-2），求出西部区域层级增长极网络中不同等级增长极的主要外向服务部门的区位商（表3-13）。由表3-13可以看出，西部的重庆、成都、西安、西宁、银川、兰州、乌鲁木齐、贵阳、昆明、南宁等大中城市的不同外向部门的区位商总体上明显高于其他城市。

表 3-13 西部区域层级增长极网络各个增长极主要外向服务部门区位商（单位：万人）

地区	交通仓储邮电业	批发零售业	金融业	房地产业	居民服务和其他服务业	教育文化广播影视业	科研综合技术服务业	住宿及餐饮业
南宁	13.70	12.68	9.93	16.65	1.64	12.75	18.82	15.63
柳州	12.38	5.48	4.98	5.25	1.77	5.32	4.14	5.22
桂林	4.37	6.20	6.39	8.69	1.16	9.28	5.03	16.56
梧州	5.69	6.86	7.20	4.89	0.27	10.22	3.75	6.26
北海	7.56	4.52	10.95	7.22	0.86	9.85	6.05	17.89
防城港	16.89	4.17	7.41	2.29	0.00	7.37	3.11	11.21
钦州	5.57	6.59	6.14	2.19	0.00	14.89	3.55	5.73
贵港	5.65	7.01	6.23	1.79	0.58	15.20	3.39	3.43
玉林	5.21	6.71	7.29	3.48	0.35	13.56	3.48	5.61
百色	4.71	6.93	5.86	1.05	0.23	11.86	2.86	6.63
贺州	7.60	7.48	10.07	4.74	0.78	21.20	5.77	7.44
河池	4.32	6.56	6.44	1.79	0.70	12.19	3.87	3.99
来宾	1.58	5.74	5.10	1.20	0.00	12.98	2.60	2.93
崇左	2.41	5.62	0.57	0.25	1.32	1.28	0.55	4.73
重庆	12.97	9.27	10.48	14.42	1.17	11.35	15.11	8.23
成都	8.67	7.82	8.88	10.64	0.98	8.54	20.82	9.61
自贡	6.34	6.11	7.08	3.69	0.88	7.30	2.73	4.22
攀枝花	4.51	1.72	4.64	1.86	1.42	2.66	2.18	1.73
泸州	6.35	6.43	7.59	7.17	2.71	8.01	3.28	3.85
德阳	4.17	2.53	8.98	12.66	0.35	7.24	3.21	2.26
绵阳	4.79	2.89	6.95	4.32	0.39	7.73	20.86	2.88
广元	4.58	3.84	7.39	2.09	2.19	9.75	3.17	5.84
遂宁	3.16	3.83	5.58	10.56	0.48	8.70	0.99	1.53
内江	4.22	4.22	7.89	3.91	0.18	8.02	2.57	2.15
乐山	5.39	6.65	4.90	2.74	1.95	5.67	3.96	2.87
南充	3.20	4.30	7.47	4.74	0.33	11.97	2.43	1.74
眉山	5.52	2.80	6.80	1.95	0.00	8.06	3.43	3.41
宜宾	4.69	4.87	6.84	3.21	0.42	7.38	1.74	4.03
广安	3.73	4.42	10.17	1.69	0.37	14.85	3.05	0.39
达州	4.39	7.74	7.17	3.59	0.47	10.12	3.63	2.84
雅安	3.43	3.47	8.08	2.79	0.00	7.85	3.03	5.36

续表

地区	交通仓储邮电业	批发零售业	金融业	房地产业	居民服务和其他服务业	教育文化广播影视业	科研综合技术服务业	住宿及餐饮业
巴中	3.80	7.33	6.20	6.54	0.31	10.73	2.03	3.26
资阳	4.21	6.03	8.19	2.63	0.29	11.82	1.42	4.58
贵阳	4.81	10.60	5.77	19.93	3.28	5.55	9.89	12.93
六盘水	1.70	3.73	4.42	1.44	0.24	6.22	2.35	2.27
遵义	5.98	6.39	4.52	5.08	0.16	12.07	2.62	1.86
安顺	3.74	7.89	6.74	8.03	9.12	10.28	3.19	3.36
昆明	12.50	7.67	5.66	7.79	2.44	5.42	16.74	12.07
曲靖	3.19	6.67	5.49	2.56	1.85	12.19	3.75	2.86
玉溪	3.78	13.39	9.07	1.90	0.00	9.65	4.13	8.64
保山	4.26	9.38	6.36	14.84	0.00	2.27	4.54	3.60
昭通	4.32	8.84	5.51	1.18	0.26	15.10	2.78	1.93
丽江	4.94	7.72	7.79	1.09	1.43	11.85	5.91	10.66
思茅	3.40	5.13	5.19	0.92	0.30	10.15	4.76	4.20
临沧	4.93	4.72	5.76	2.12	0.46	13.44	3.06	4.43
西安	8.84	10.27	7.25	4.60	5.51	6.02	23.13	10.95
铜川	4.76	3.22	6.13	3.00	0.79	4.69	3.90	2.94
宝鸡	9.38	8.30	4.98	1.48	0.85	6.63	3.11	5.05
咸阳	2.93	6.49	4.45	1.78	0.32	8.70	5.51	2.48
渭南	3.45	7.03	7.15	1.28	0.48	9.01	6.93	2.68
延安	5.66	6.06	5.56	1.67	0.22	9.13	3.79	7.22
汉中	4.00	7.66	7.47	3.36	0.85	8.26	5.32	4.51
榆林	4.36	7.03	5.82	2.53	0.62	12.19	5.32	3.98
安康	5.01	7.33	8.52	3.93	0.00	11.88	5.85	4.12
商洛	4.53	7.61	15.16	1.44	0.94	11.30	4.67	6.36
兰州	6.87	6.98	5.70	5.92	0.24	5.33	17.02	6.37
嘉峪关	1.56	3.17	4.69	0.00	0.00	1.16	0.75	2.89
金昌	1.66	4.48	5.23	0.73	0.48	2.58	5.15	0.51
白银	2.22	4.28	5.47	0.39	0.26	7.26	2.34	2.19
天水	3.90	6.88	4.72	3.56	0.47	9.12	10.22	3.23
武威	5.54	11.23	8.15	1.20	0.39	9.95	5.51	17.15
张掖	5.08	5.69	9.15	2.12	1.39	8.67	11.12	3.95

续表

地区	交通仓储邮电业	批发零售业	金融业	房地产业	居民服务和其他服务业	教育文化广播影视业	科研综合技术服务业	住宿及餐饮业
平凉	2.62	5.51	5.99	10.67	0.35	10.49	9.25	3.73
酒泉	4.68	5.72	6.92	2.54	5.83	6.03	6.54	7.99
庆阳	3.95	4.85	7.76	1.27	0.00	15.33	3.09	2.66
定西	4.55	5.34	6.04	1.90	0.42	14.75	3.09	2.66
西宁	12.08	8.13	11.98	5.67	2.12	8.55	16.88	5.37
银川	3.93	5.64	11.49	10.66	0.50	5.34	14.30	8.69
石嘴山	2.28	3.73	5.94	4.70	1.32	3.50	2.55	1.88
吴忠	2.24	4.85	6.33	2.96	3.60	7.02	1.60	4.72
固原	5.42	5.19	5.42	0.80	0.52	15.43	2.59	6.68
乌鲁木齐	11.11	6.26	8.48	14.17	8.21	4.87	11.73	14.65
克拉玛依	1.84	2.07	3.13	2.17	0.35	2.11	2.35	2.27

资料来源：国家统计局城市社会经济调查总队.2005. 中国城市统计年鉴. 北京：中国统计出版社

然后我们再利用第二章第一节公式（2-3）求出各个增长极（用 i 来表示）不同外向部门（用 j 来表示）的外向功能量 E_{ij}，以及各个增长极的外向功能总量 E_i（表3-14）。从表3-14能够反映出重庆、成都、西安、西宁、银川、兰州、乌鲁木齐、贵阳、昆明、南宁等大城市的外向功能总量均比较高，平均在20左右。另外还有一个较为突出的特点就是广西沿海的城市其外向功能量均比较高，如柳州和桂林的得分分别是10.63和10.46，高于西北的西宁、银川等省会城市。这是由于广西沿海经济受到广东及香港等区域的辐射，近年来发展迅速，柳州的工业发达，桂林的旅游业发达，大大拉动了其外向功能量。

表3-14 西部区域层级增长极网络各个增长极外向功能量 （单位：万人）

地区	交通仓储邮电业	批发零售业	金融业	房地产业	居民服务和其他服务业	教育文化广播影视业	科研综合技术服务业	住宿及餐饮业	E_i
南宁	3.75	3.41	1.47	0.87	0.05	8.57	1.84	1.17	21.13
柳州	3.79	1.47	0.74	0.27	0.07	3.55	0.36	0.38	10.63
桂林	0.90	1.38	0.80	0.39	0.01	5.48	0.38	1.13	10.46
梧州	0.61	0.75	0.45	0.10	-0.03	2.96	0.12	0.18	5.15
北海	0.53	0.28	0.45	0.09	0.00	1.76	0.14	0.37	3.62
防城港	0.73	0.14	0.16	0.01	-0.01	0.73	0.03	0.13	1.93
钦州	0.44	0.53	0.28	0.02	-0.03	3.32	0.09	0.12	4.78
贵港	0.55	0.70	0.34	0.02	-0.01	4.16	0.10	0.08	5.94

续表

地区	交通仓储邮电业	批发零售业	金融业	房地产业	居民服务和其他服务业	教育文化广播影视业	科研综合技术服务业	住宿及餐饮业	E_i
玉林	0.83	1.11	0.69	0.09	−0.04	6.13	0.17	0.25	9.24
百色	0.56	0.88	0.41	0.00	−0.03	4.04	0.10	0.23	6.18
贺州	0.30	0.29	0.23	0.03	0.00	2.23	0.07	0.08	3.22
河池	0.49	0.81	0.45	0.02	−0.01	4.09	0.15	0.12	6.12
来宾	0.05	0.41	0.20	0.00	−0.03	2.61	0.05	0.05	3.35
崇左	2.37	5.65	0.24	0.02	0.35	2.92	0.14	1.30	12.98
重庆	13.49	9.21	5.93	2.86	0.05	28.79	5.55	2.21	68.09
成都	5.99	5.26	3.42	1.42	−0.01	14.53	5.40	1.82	37.83
自贡	0.84	0.79	0.53	0.08	−0.01	2.45	0.10	0.14	4.93
攀枝花	0.60	0.12	0.35	0.03	0.02	0.70	0.07	0.03	1.92
泸州	1.03	1.03	0.70	0.22	0.09	3.33	0.15	0.15	6.71
德阳	0.62	0.30	0.87	0.43	−0.04	3.03	0.15	0.07	5.43
绵阳	1.02	0.50	0.89	0.17	−0.05	4.47	1.87	0.14	9.01
广元	0.45	0.35	0.45	0.03	0.04	2.74	0.10	0.17	4.33
遂宁	0.31	0.41	0.37	0.26	−0.02	2.76	0.00	0.02	4.11
内江	0.61	0.60	0.72	0.10	−0.04	3.28	0.10	0.06	5.44
乐山	1.02	1.29	0.50	0.08	0.06	2.67	0.24	0.12	5.98
南充	0.47	0.69	0.76	0.15	−0.04	5.75	0.11	0.04	7.92
眉山	0.49	0.19	0.35	0.02	−0.03	1.89	0.09	0.07	3.08
宜宾	0.91	0.95	0.80	0.10	−0.04	3.90	0.06	0.20	6.89
广安	0.26	0.32	0.48	0.01	−0.02	3.21	0.07	−0.02	4.31
达州	0.75	1.47	0.76	0.11	−0.03	4.97	0.20	0.11	8.34
雅安	0.18	0.19	0.30	0.03	−0.02	1.28	0.05	0.09	2.10
巴中	0.32	0.71	0.33	0.12	−0.02	2.72	0.04	0.07	4.28
资阳	0.39	0.60	0.48	0.04	−0.02	3.23	0.02	0.12	4.85
贵阳	1.57	3.90	1.09	1.47	0.27	4.62	1.28	1.33	15.53
六盘水	0.10	0.40	0.28	0.01	−0.03	1.89	0.07	0.05	2.76
遵义	1.09	1.16	0.43	0.17	−0.05	5.98	0.12	0.05	8.95
安顺	0.27	0.67	0.32	0.13	0.23	2.27	0.08	0.06	4.03
昆明	7.51	4.30	1.69	0.84	0.27	7.12	3.58	1.95	27.25
曲靖	0.45	1.16	0.52	0.06	0.05	5.71	0.20	0.10	8.25
玉溪	0.31	1.36	0.50	0.02	−0.03	2.38	0.12	0.23	4.88

续表

地区	交通仓储邮电业	批发零售业	金融业	房地产业	居民服务和其他服务业	教育文化广播影视业	科研综合技术服务业	住宿及餐饮业	E_i
保山	0. 27	0. 68	0. 24	0. 21	-0. 02	0. 26	0. 10	0. 06	1. 80
昭通	0. 45	1. 04	0. 34	0. 00	-0. 03	4. 67	0. 08	0. 03	6. 58
丽江	0. 19	0. 32	0. 18	0. 00	0. 01	1. 30	0. 08	0. 13	2. 21
思茅	0. 28	0. 47	0. 27	0. 00	-0. 02	2. 59	0. 15	0. 10	3. 82
临沧	0. 29	0. 28	0. 20	0. 02	-0. 01	2. 30	0. 05	0. 07	3. 20
西安	7. 31	8. 53	3. 23	0. 63	1. 21	11. 55	7. 19	2. 51	42. 17
铜川	0. 33	0. 19	0. 25	0. 03	-0. 01	0. 80	0. 09	0. 05	1. 74
宝鸡	2. 39	2. 06	0. 63	0. 03	-0. 01	3. 97	0. 21	0. 31	9. 59
咸阳	0. 63	1. 78	0. 63	0. 05	-0. 06	6. 23	0. 52	0. 13	9. 90
渭南	0. 71	1. 72	0. 99	0. 02	-0. 04	5. 72	0. 60	0. 13	9. 85
延安	0. 74	0. 79	0. 40	0. 02	-0. 04	3. 19	0. 15	0. 27	5. 53
汉中	0. 61	1. 35	0. 74	0. 09	-0. 01	3. 67	0. 31	0. 19	6. 96
榆林	0. 56	0. 99	0. 45	0. 05	-0. 02	4. 62	0. 25	0. 13	7. 04
安康	0. 43	0. 67	0. 45	0. 06	-0. 03	2. 89	0. 18	0. 09	4. 75
商洛	0. 39	0. 72	0. 87	0. 01	0. 00	2. 81	0. 14	0. 16	5. 10
兰州	2. 52	2. 54	1. 12	0. 40	-0. 09	4. 59	2. 40	0. 62	14. 10
嘉峪关	0. 02	0. 08	0. 08	-0. 01	-0. 01	0. 02	0. 00	0. 02	0. 20
金昌	0. 05	0. 25	0. 17	0. 00	-0. 01	0. 28	0. 10	-0. 01	0. 83
白银	0. 16	0. 44	0. 34	-0. 02	-0. 03	2. 09	0. 06	0. 04	3. 09
天水	0. 43	0. 86	0. 31	0. 07	-0. 02	2. 98	0. 48	0. 09	5. 20
武威	0. 40	0. 89	0. 35	0. 00	-0. 02	1. 95	0. 14	0. 39	4. 11
张掖	0. 31	0. 35	0. 34	0. 02	0. 01	1. 42	0. 26	0. 06	2. 75
平凉	0. 16	0. 44	0. 27	0. 18	-0. 02	2. 33	0. 29	0. 07	3. 72
酒泉	0. 31	0. 39	0. 27	0. 02	0. 12	1. 03	0. 16	0. 16	2. 46
庆阳	0. 25	0. 32	0. 31	0. 00	-0. 02	2. 95	0. 06	0. 04	3. 91
定西	0. 30	0. 36	0. 23	0. 01	-0. 01	2. 83	0. 06	0. 04	3. 82
西宁	1. 45	0. 92	0. 80	0. 12	0. 04	2. 44	0. 72	0. 15	6. 64
银川	0. 61	0. 95	1. 21	0. 38	-0. 03	2. 24	0. 97	0. 43	6. 77
石嘴山	0. 10	0. 21	0. 22	0. 06	0. 01	0. 49	0. 04	0. 02	1. 14
吴忠	0. 15	0. 48	0. 37	0. 05	0. 09	1. 86	0. 03	0. 13	3. 16
固原	0. 29	0. 27	0. 16	0. 00	-0. 01	2. 37	0. 04	0. 10	3. 22
乌鲁木齐	3. 93	2. 02	1. 61	0. 97	0. 81	3. 71	1. 45	1. 43	15. 94
克拉玛依	0. 08	0. 10	0. 12	0. 02	-0. 02	0. 27	0. 05	0. 03	0. 65

资料来源：国家统计局城市社会经济调查总队 . 2005. 中国城市统计年鉴 . 北京：中国统计出版社

根据2004年《中国城市统计年鉴》统计数据中各个增长极的 G_i、GDP_i（表3-15），利用第二章第一节中公式（2-5）、式（2-6），求出各个增长极的 N_i、K_i、F_i（表3-15）。并根据该表绘制出西部区域层级增长极网络中各主要增长极的网络流强度柱形图（图3-1）。表3-15中，K_i 表示增长极网络流倾向度，F_i 表示网络流强度。

表3-15　西部区域层级增长极网络各个增长极网络流倾向度与网络流强度

地区	G_i/万人	GDP_i/万元	N_i/（元/人）	K_i	F_i
南宁	53.10	5 025 271	94 637.87	0.397 9	1 999 698.23
柳州	38.93	3 266 706	83 912.30	0.273 1	891 987.79
桂林	31.34	3 882 878	123 895.28	0.333 8	1 295 944.60
梧州	15.21	1 619 978	106 507.43	0.338 6	548 513.26
北海	9.43	1 401 429	148 613.89	0.383 9	537 982.29
防城港	5.40	719 769	133 290.56	0.357 4	257 250.77
钦州	11.33	1 553 338	137 099.56	0.421 9	655 335.89
贵港	13.87	1 343 959	96 896.83	0.428 3	575 567.16
玉林	23.13	2 447 588	105 818.76	0.399 5	977 765.37
百色	17.62	1 625 228	92 237.68	0.350 7	570 028.89
贺州	5.23	1 149 806	219 848.18	0.615 7	707 911.15
河池	17.34	1 432 723	82 625.32	0.352 9	505 666.94
来宾	10.33	1 192 224	115 413.75	0.324 3	386 636.05
崇左	122.56	1 064 853	8 688.42	0.105 9	112 775.72
重庆	209.61	22 505 600	107 368.92	0.324 8	7 310 749.98
成都	129.37	18 708 046	144 608.84	0.292 4	5 470 552.53
自贡	18.44	2 027 893	109 972.51	0.267 4	542 164.45
攀枝花	19.97	1 642 680	82 257.39	0.096 1	157 934.18
泸州	22.47	2 163 954	96 304.14	0.298 6	646 200.77
德阳	22.98	3 553 762	154 645.87	0.236 3	839 727.05
绵阳	31.52	3 965 792	125 818.27	0.285 9	1 133 622.65
广元	14.82	1 040 781	70 228.14	0.292 2	304 087.84
遂宁	17.00	1 591 880	93 640.00	0.241 8	384 860.40
内江	22.16	2 003 189	90 396.62	0.245 5	491 757.59
乐山	27.10	2 155 616	79 543.03	0.220 7	475 667.29

续表

地区	G_i/万人	GDP_i/万元	N_i/（元/人）	K_i	F_i
南充	24.83	2 503 236	100 814.98	0.319 0	798 454.66
眉山	12.70	1 740 527	137 049.37	0.242 5	422 112.06
宜宾	28.95	2 910 202	100 525.11	0.238 0	692 618.02
广安	10.98	1 763 470	160 607.47	0.392 5	692 218.19
达州	25.86	2 551 400	98 662.03	0.322 5	822 841.30
雅安	8.87	1 003 435	113 126.83	0.236 8	237 566.35
巴中	13.25	1 082 321	81 684.60	0.323 0	349 610.10
资阳	14.15	1 944 489	137 419.72	0.342 8	666 485.63
贵阳	56.67	3 809 191	67 217.06	0.274 0	1 043 881.00
六盘水	17.15	1 170 820	68 269.39	0.160 9	188 423.51
遵义	25.61	3 075 252	120 080.12	0.349 5	1 074 717.12
安顺	11.57	787 506	68 064.48	0.348 3	274 299.84
昆明	76.33	8 120 121	106 381.78	0.357 0	2 898 903.41
曲靖	24.18	2 816 110	116 464.43	0.341 2	960 831.58
玉溪	13.01	2 864 738	220 195.08	0.375 1	1 074 551.99
保山	9.60	873 000	90 937.50	0.187 5	163 687.50
昭通	15.69	1 212 560	77 282.35	0.419 4	508 517.83
丽江	5.68	414 050	72 896.13	0.389 1	161 100.44
思茅	13.40	769 950	57 458.96	0.285 1	219 493.21
临沧	8.78	731 542	83 319.13	0.364 5	266 621.23
西安	116.68	9 416 000	80 699.35	0.361 4	3 403 091.53
铜川	10.31	486 850	47 221.14	0.168 8	82 164.79
宝鸡	33.40	2 611 200	78 179.64	0.287 1	749 742.75
咸阳	38.37	2 876 431	74 965.62	0.258 0	742 159.68
渭南	33.89	2 074 610	61 215.99	0.290 6	602 977.53
延安	18.58	1 427 600	76 835.31	0.297 6	424 899.25
汉中	23.98	1 634 440	68 158.47	0.290 2	474 382.92
榆林	19.56	1 381 020	70 604.29	0.359 9	497 054.23
安康	12.61	1 036 010	82 157.81	0.376 7	390 249.60
商洛	12.92	755 900	58 506.19	0.394 7	298 381.58
兰州	55.81	4 400 803	78 853.31	0.252 6	1 111 831.61
嘉峪关	4.49	317 731	70 764.14	0.044 5	14 152.83

续表

地区	G_i/万人	GDP_i/万元	N_i/（元/人）	K_i	F_i
金昌	8.46	541 581	64 016.67	0.098 1	53 133.83
白银	15.80	1 053 445	66 673.73	0.195 6	206 021.84
天水	17.40	1 080 145	62 077.30	0.298 9	322 801.95
武威	10.34	900 107	87 050.97	0.397 5	357 779.47
张掖	8.75	837 640	95 730.29	0.314 3	263 258.29
平凉	11.61	806 051	69 427.30	0.320 4	258 269.57
酒泉	9.74	1 066 855	109 533.37	0.252 6	269 452.08
庆阳	9.77	896 916	91 803.07	0.400 2	358 950.01
定西	9.77	560 458	57 365.20	0.391 0	219 135.06
西宁	21.11	1 448 328	68 608.62	0.314 5	455 561.25
银川	28.81	1 567 845	54 420.17	0.235 0	368 424.53
石嘴山	9.22	692 109	75 066.05	0.123 6	85 575.30
吴忠	14.65	1 270 346	86 713.04	0.215 7	274 013.20
固原	7.77	375 938	48 383.27	0.414 4	155 794.13
乌鲁木齐	46.00	4 085 834	88 822.48	0.346 5	1 415 830.30
克拉玛依	11.44	2 162 707	189 047.81	0.056 8	122 881.08

资料来源：国家统计局城市社会经济调查总队. 2005. 中国城市统计年鉴. 北京：中国统计出版社

从图3-1可以看出，如果按照各个增长极的网络流强度来分析，西部区域层级增长极网络内的增长极（地级以上）可以大致分成三类。

网络流强度最高的增长极：重庆、成都、西安，这三个增长极的网络流强度远远超过了其他增长极的强度。

网络流强度中等的增长极：兰州、乌鲁木齐、昆明、贵阳、南宁、银川6个。

网络流强度较低的增长极：柳州、桂林、梧州、北海、防城港、钦州、贵港、玉林、百色、贺州、河池、来宾、崇左、自贡、攀枝花、泸州、德阳、绵阳、广元、遂宁、内江、乐山、南充、眉山、宜宾、广安、达州、雅安、巴中、资阳、贵阳、六盘水、遵义、安顺、昆明、曲靖、玉溪、保山、昭通、丽江、思茅、临沧、西安、铜川、宝鸡、咸阳、渭南、延安、汉中、榆林、安康、商洛、兰州、嘉峪关、金昌、白银、天水、武威、张掖、平凉、酒泉、庆阳、定西、西宁、银川、石嘴山、吴忠、固原、乌鲁木齐、克拉玛依共70个。此外，西藏自治区的拉萨市和日喀则市由于统计数据资料无法收集，没有能够纳入统计分析的范围。

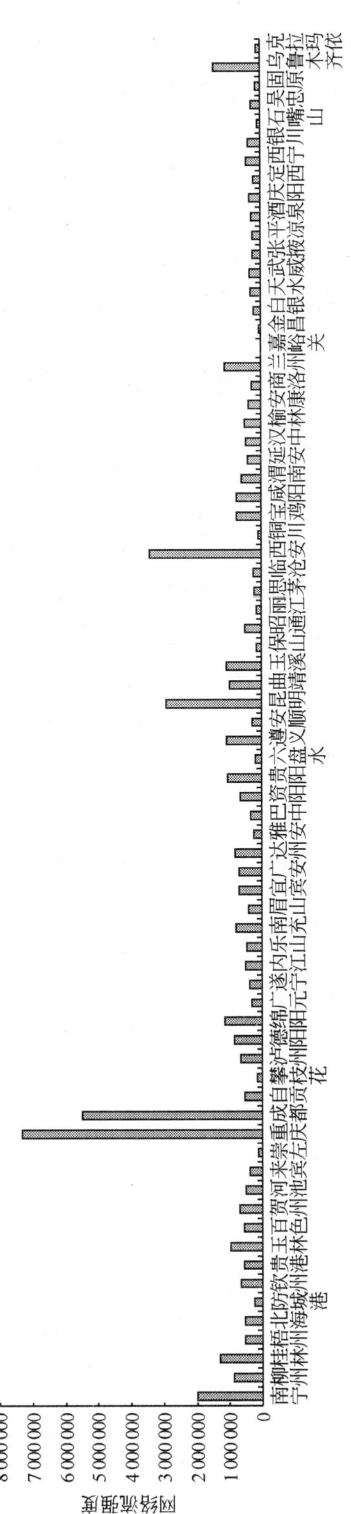

图3-1 西部区域层级增长极网络各增长极网络流强度

在上述实证统计分析的基础上，我们认为区域层级增长极网络化发展中核心增长极以及次核心增长极的选择还应该考虑地域因素以及空间因素。因此，本书认为无论从网络流强度考察，还是从地理条件、空间区位、交通便利程度、经济基础和发展潜力、人口规模等角度分析，把重庆、成都和西安定位为核心增长极是完全符合区域层级增长极网络化发展要求的。而兰州、乌鲁木齐、昆明、贵阳、南宁、银川、拉萨则可以作为次核心增长极来培育和发展，剩余的70个地级以上城市和67个县级城市则可以作为边缘增长极来培育和发展。

三、西部区域层级增长极网络的网络流强度模型

网络流实质上是增长极与区域内或外界区域相互作用而发生的各种经济、文化联系的结果，也是层级增长极网络内部机制作用的结果。因此，如果增长极的自身实力越强大，则其网络流强度也就越高，其与外界经济联系也越多，聚集与辐射的能力也就越强；反之，则这个增长极的网络流强度会越小。此外，增长极的对外综合服务能力也强烈地影响着网络流的强度，增长极的综合服务越强，则其网络流强度也就越高。这里我们选择各个增长极的全市GDP、全市第三产业产值TPV分别作为增长极的经济实力和增长极综合服务能力的替代指标。根据影响增长极网络流强度的定性分析，我们选取了西部区域层级增长极网络的网络流强度模型的统计数据资料（表3-16）。

表3-16　西部区域层级增长极网络地级以上增长极的网络流强度模型样本数据

（单位：万元）

地区	GDP_i	TPV_i	F_i
南宁	5 025 271	2 583 994.35	1 999 698.23
柳州	3 266 706	1 209 987.90	891 987.79
桂林	3 882 878	1 449 090.07	1 295 944.60
梧州	1 619 978	657 549.07	548 513.26
北海	1 401 429	582 433.89	537 982.29
防城港	719 769	280 350.03	257 250.77
钦州	1 553 338	483 709.45	655 335.89
贵港	1 343 959	459 768.37	575 567.16
玉林	2 447 588	743 332.48	977 765.37
百色	1 625 228	504 308.25	570 028.89
贺州	1 149 806	360 234.22	707 911.15

续表

地区	GDP	TPV_i	F_i
河池	1 432 723	526 955. 52	505 666. 94
来宾	1 192 224	290 187. 32	386 636. 05
崇左	1 064 853	402 940. 38	112 775. 72
重庆	22 505 600	9 369 081. 28	7 310 749. 98
成都	18 708 046	8 656 212. 88	5 470 552. 53
自贡	2 027 893	778 508. 12	542 164. 45
攀枝花	1 642 680	390 465. 04	157 934. 18
泸州	2 163 954	791 574. 37	646 200. 77
德阳	3 553 762	1 192 642. 53	839 727. 05
绵阳	3 965 792	1 587 903. 12	1 133 622. 65
广元	1 040 781	378 740. 21	304 087. 84
遂宁	1 591 880	572 758. 42	384 860. 40
内江	2 003 189	687 694. 78	491 757. 59
乐山	2 155 616	672 552. 19	475 667. 29
南充	2 503 236	963 996. 18	798 454. 66
眉山	1 740 527	537 474. 74	422 112. 06
宜宾	2 910 202	903 035. 68	692 618. 02
广安	1 763 470	609 102. 54	692 218. 19
达州	2 551 400	813 641. 46	822 841. 30
雅安	1 003 435	285 276. 57	237 566. 35
巴中	1 082 321	391 800. 20	349 610. 10
资阳	1 944 489	618 153. 05	666 485. 63
贵阳	3 809 191	1 601 764. 82	1 043 881. 00
六盘水	1 170 820	340 474. 46	188 423. 51
遵义	3 075 252	1 001 302. 05	1 074 717. 12
安顺	787 506	252 710. 68	274 299. 84
昆明	8 120 121	3 749 059. 87	2 898 903. 41
曲靖	2 816 110	783 160. 19	960 831. 58
玉溪	2 864 738	670 635. 17	1 074 551. 99
保山	873 000	371 025. 00	163 687. 50
昭通	1 212 560	496 664. 58	508 517. 83
丽江	414 050	181 643. 74	161 100. 44

续表

地区	GDP_i	TPV_i	F_i
思茅	769 950	293 966. 91	219 493. 21
临沧	731 542	219 389. 45	266 621. 23
西安	9 416 000	4 752 255. 20	3 403 091. 53
铜川	486 850	213 337. 67	82 164. 79
宝鸡	2 611 200	984 944. 64	749 742. 75
咸阳	2 876 431	1 039 829. 81	742 159. 68
渭南	2 074 610	809 512. 82	602 977. 53
延安	1 427 600	348 477. 16	424 899. 25
汉中	1 634 440	700 847. 87	474 382. 92
榆林	1 381 020	400 633. 90	497 054. 23
安康	1 036 010	511 685. 34	390 249. 60
商洛	755 900	318 082. 72	298 381. 58
兰州	4 400 803	1 888 824. 65	1 111 831. 61
嘉峪关	317 731	50 392. 14	14 152. 83
金昌	541 581	99 596. 75	53 133. 83
白银	1 053 445	352 061. 32	206 021. 84
天水	1 080 145	449 448. 33	322 801. 95
武威	900 107	322 148. 30	357 779. 47
张掖	837 640	268 463. 62	263 258. 29
平凉	806 051	297 916. 45	258 269. 57
酒泉	1 066 855	356 542. 94	269 452. 08
庆阳	896 916	304 861. 75	358 950. 01
定西	560 458	184 446. 73	219 135. 06
西宁	1 448 328	676 224. 34	455 561. 25
银川	1 567 845	680 287. 95	368 424. 53
石嘴山	692 109	220 713. 56	85 575. 30
吴忠	1 270 346	354 299. 50	274 013. 20
固原	375 938	148 946. 64	155 794. 13
乌鲁木齐	4 085 834	2 575 709. 75	1 415 830. 30
克拉玛依	2 162 707	307 753. 21	122 881. 08

资料来源：国家统计局城市社会经济调查总队 . 2005. 中国城市统计年鉴 . 北京：中国统计出版社

通过图 3-2 和图 3-3 的散点图可以得出一个结论：西部区域各增长极的 GDP 和第三产业产值与网络流强度之间具有高度的线性关系。因此，对于西部区域层级增长极网络的网络流强度模型就可以定义为线性方程。根据凯恩斯理论，设定理论模型为

$$F = B + B_1X_1 + B_2X_2$$

式中，F 为增长极网络流强度；B_1 为增长极国内生产总值的系数；B_2 为增长极第三产业产值系数；B 为常数项，X_1 和 X_2 分别表示变量国内生产总值和第三产业产值。

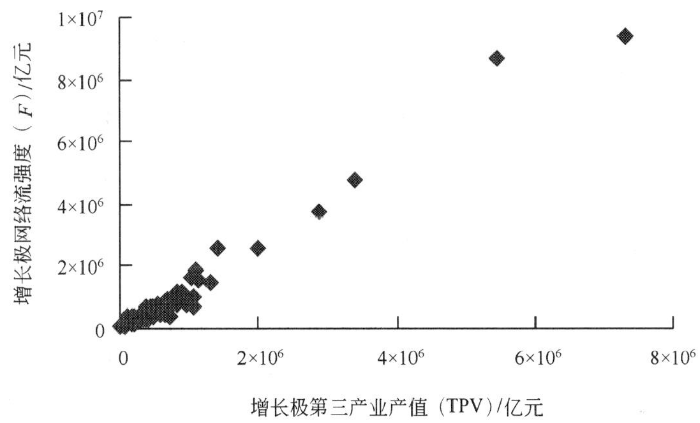

图 3-2 增长极第三产业产值与增长极网络流强度之间的关系图

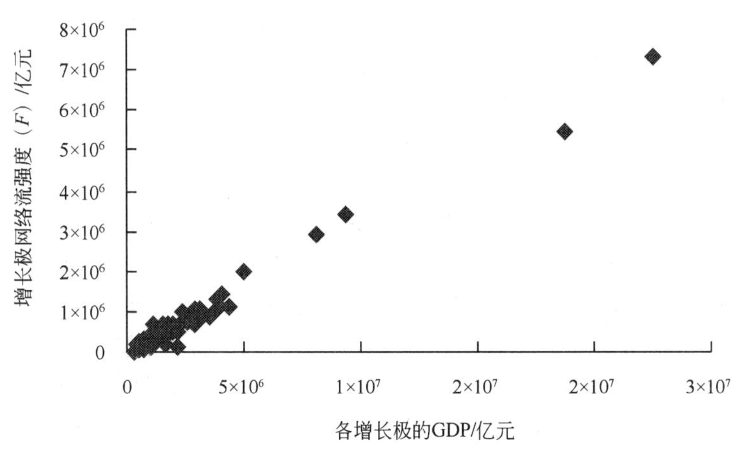

图 3-3 增长极网络流强度与增长极第三产业产值的散点图

利用数理统计中的回归分析方法，这里我们采用 Eviwes 统计分析软件对表 3-16 中的数据进行分析，得到的结果见表 3-17。

表 3-17 回归分析结果

常数和解释变量	参数估计值	参数标准误差	T 值	P 值
B_1	0.219 668	0.040 769	5.388 119	0.000 0
B_2	0.221 648	0.090 017	2.462 290	0.016 3
B	5 078.510	26 778.05	0.189 652	0.850 1

因此，西部区域层级增长极网络内各个增长极的网络流强度与GDP、第三产业产值之间的关系模型为

$$F = 0.219\ 668X + 0.221\ 648X + 5\ 078.51$$

模型的统计（显著性）检验：第一，回归系数的显著性检验。通过表3-17可知，回归模型的回归系数 B_1、B_2 进行检验的值 t_1、t_2 的绝对值均大于 $t_{0.05}$（9）；第二，回归模型的显著性检验。由表3-18可以看出，线性回归模型在0.05的显著性水平上通过检验，是高度显著的。第三，在回归统计中，可决系数值高达0.978 655，而调整后的可决系数值为0.978 045，说明该模型的拟合度很好，它的D-W检验值为1.693 797，接近2，说明该模型存在自相关的可能性很小，而 P 值为0.000 028，很小，可以拒绝零假设。因此，本模型所选择的GDP、第三产业产值都是高度相关的，对网络流强度具有显著的影响。

表 3-18 模型的方差检验

可决系数	0.978 655	因变量的均值	757 195.8
调整的可决系数	0.978 045	因变量的标准差	1 116 266.1
回归标准误差	165 399.6	赤池信息量（AIC）	26.910 34
残差平方和	1.91×10^{12}	施瓦兹信息量（SC）	27.004 47
对数似然比	−979.227 5	F 值	1 604.718
D-W 值	1.693 797	F 值的概率	0.000 000

由于该模型具有较强的模拟性和可信度，可以用来做进一步的分析。从该模型的结果来看，模型的系数 $B_1>0$、$B_2>0$，说明西部区域各增长极的网络流强度与增长极的GDP和第三产业产值之间呈正相关关系。网络流对GDP的边际值为0.219 668，表明在第三产业产值保持不变的情况下，GDP每增加1个单位，网络流强度相应的增加0.219 668个单位。网络流对第三产业产值的边际值为0.221 648，表明在GDP保持不变的情况下，第三产业产值每增加1个单位，网络流强度相应的增加0.221 648个单位。显然，对于西部区域层级增长极网络内的增长极而言，增长极的GDP和第三产业产值对于网络流的影响规模基本相当。因此，采取相应的措施积极促进各个增长极的第三产业发展，增强对外经济联系是促进增长极发展的重要组成部分。

第三节　增长极主导产业的选择与“网络”内的分工

在增长极产业发展的过程中，主导产业由于其所处的特殊位置和自身固有的特点，使它在一个地区往往率先进行技术创新和制度创新，比其他产业具有较高的劳动生产率和经济增长率，主导产业由于处于产业链条中非常关键的环节，在一个地区和增长极的产业体系中，与其他产业具有很强的直接或间接的经济技术联系，其发展往往能带动一大批产业的形成与发展（梁晓明，2001）。因此，积极的扶持和优先发展主导产业对充分发挥各个增长极的扩散效应非常重要。区域或增长极（城市）主导产业的选择是关系到层级增长极网络发展模式能否真正发挥效应的关键，因此，这里就层级增长极网络发展中增长极的推进型主导产业选择问题进行具体的分析。每一个增长极竞争优势的形成和经济的发展都必须建立在其自身的资源和社会经济基础之上。优先发展那些基础良好，有比较优势、能够带动其他产业发展的主导产业，是制定增长极产业发展战略中的重要内容。但是由于主导产业的选择受到多种因素的影响，同时主导产业又具有多种社会经济功能，因此，如何根据每一个增长极自身不同的特点，构建和运用一种科学合理的选择确定方法，较好地解决在定量与定性分析相结合方面的困难，就成为适宜于增长极发展的主导产业选择中的关键。

一、增长极主导产业选择的基准

作为主导产业一般应具备三个基本特征。一是依靠科技进步，从而获得了新的生产函数；二是形成较高的持续增长率；三是具有较强的扩散效应，对其他产业乃至所有产业的增长起着决定性的影响。由于主导产业的选择是一项复杂的系统工程，对于区域经济的发展具有战略意义，前人对于主导产业的选择做了许多出色的探讨，并提出了几种理论，比较重要的有“绝对利益论”、“比较利益论”、“机会成本说”、“区域分工论”、“有原双基准、”“赫希曼基准”等（周红梅，王齐，2005；朱鸣等，2005）。实际上，这些理论都是从国家或大的区域出发，对于增长极主导产业选择有一定的局限性。本书在借鉴目前学术界众多研究成果的基础上，结合西部区域增长极发展的特点，综合各种选择理论的优点，本着易于操作、简便易行又不失科学性的原则，建立了以下的西部区域增长极主导产业选择基准与方法，增长极主导产业选择的五条基准（狄小龙等，2005）。

1）收入弹性最大化原则。所谓收入弹性（或称需求弹性）是指人们对某一产业产品的需求会随着国民收入的增加而增加的相互关系。在市场经济条件下，社会需求是推动产业发展最直接的也是最大的原动力，其结构变化则是产业结构变化和发展的原动力。需求收入弹性大的产业，其产品的增加由于能带来更多的收入，从而能创造更多的需求，因此这类产品能够从根本上成为推动增长极发展的重要动力。

2）生产率上升幅度最大化原则。生产率上升幅度指一个部门或行业生产率增长的快慢。在社会生产和扩大再生产中，一般生产率增长幅度较大的产业，其技术进步的速度都比较快，产品的生产费用（成本）也比较低。这样就能够吸引更多的社会资源向该产业流动，从而促进该产业比其他产业获得更快的发展速度，成为一个地区或城市社会经济增长的支柱和主要动力。

3）产业关联度最大化原则。产业的关联在本质上是社会生产中不同部门之间和不同行业之间的技术结构及产品的需求结构，是社会生产力发展的一种空间结构状态。而产业的关联度则是产业之间技术结构和产品的需求结构的扩散程度和相互依存、相互推动的强度。它可以分为前向关联和后向关联。在经济发展实践中，一个产业部门的前、后向关联效应越大，其引起其他产业部门发展的伸展能力就越强，其发展的条件就越充分，机遇就越多，对经济增长率的贡献就越大。

4）产业协调状态最佳准则。产业的协调是优化产业结构的结果，是产业结构合理和产业聚合力强的本质特征，是产业结构效率高的力量源泉。

5）增长潜力最大化准则。所谓增长潜力最大化主要包含两层含义。一是主导产业在永恒的社会生产中是一个有规律更新而又永不断裂的产业运动过程，原有的产业衰退了，新的主导产业就会接替它并担当国民经济增长的主角，如此不断交替下去。二是经济增长不仅要重视某一生产率上升高的产业，更要从整体上考虑产业群体对经济增长的影响和贡献大小，着眼于选择对整体影响较大、较深刻、较长远的产业。以此作为基准，就能够在产业结构规划中重点选择和发展那些对产业体系整体的发展有重大意义的产业。

二、增长极主导产业选择的方法

主导产业的选择在国家和增长极（城市意义上）之间既有共性，又有区别。与整个大的区域或国家相比较，增长极经济结构及其主导产业的选择有其自身的一些特点，主要表现：①增长极产业结构往往不具备完整的国民经济部门体系；②增长极经济体系相对于国家经济体系而言更具有封闭性或者说开放程度有很大的伸缩性，由于受到自身经济利益的驱使，增长极自身用于保护主导产业的观念和欲望更加强烈一些，方法也往往多样；③增长极产业之间的关联性随增长极所在地区范围的大小和经济专业化程度的高低而呈正比例变化；④增长极主导产业的数量受增长极整体经济规模和增长极支持实施产业政策的能力限制。基于以上的差别，在西部区域层级增长极网络的增长极主导产业选择与确定中，还应该注意以下几个问题：首先，应该是有所为，有所不为；其次，应强化对市场的分析与预测；再次，更多地着眼于整个西部区域增长极网络之间的产业分工协作关系；最后，必须注意协调与高一级增长极产业发展战略之间的关系。

根据前人的研究成果（魏敏，李国平，2004；原杕，2004；朱要武，朱玉能，2003；关爱萍，王瑜，2002），这里建立了以下几个判断依据。

1）资源判断依据 α_i

$$\alpha_i = s_i p_i / (N \times s_i')$$

式中，α_i为增长极的资源优势；s_i 为增长极第 i 种资源可采储量；P_i 为开发系数，由该种资源的品种、品位等综合开发利用条件决定；N（>1）由资源种类决定；s_i'为第 i 种资源开发的最小规模。一般要求 $\alpha_i > 1$，α_i 值越大，资源开发价值越高，资源优势越明显。

2）市场占有率 I_{m}

$$I_{\mathrm{m}} = (I_i'/I_i) \times \alpha$$

式中，I_i'为增长极某产业年销售额；I_i 为全国某产业年销售额；α 为增长极某产业人均年销售额指数。I_{m} 能反映出主导产业的市场条件。如果要弄清国际市场条件，可以用某产业的相对贸易量来确定。

3）比较劳动生产率 P_i 或生产成本率 C_i

$$P_i = P'/P \quad C_i = C'/C$$

式中，P'为增长极主导产业的平均生产率；P 为全国同行业的平均生产率；C'为增长极主导产业生产成本；C 为全国同行业生产成本。

P'或 C'能够反映产业的比较优势，有比较优势的产业一般有较高的经济效益和强的价格竞争力，要重视发展。

4）关联判断依据 LE_i

$$\mathrm{LE}_i = \mathrm{LF}_i + \mathrm{LB}_i$$

式中，LE_i 为第 i 种产业的关联系数；LF_i、LB_i 分别为第 i 种产业的前向关联系数和后向关联系数。LE_i 越大，产业对区域经济的影响越大，对区域其他产业的推动作用也就越大。

5）产业波及效果 I_{s}

$$I_{\mathrm{s}} = (I_{\mathrm{L}} + I_{\mathrm{m}})/2$$

式中，I_L 为影响力系数；I_m 为感应系数。根据主导产业分析理论，感应系数较高的产业易于得到较快发展，而影响力系数较高的产业对其他产业的发展具有较强的推动作用。

6）技术进步率 T_i

$$T_i = dY/Y - \alpha dK/K - \beta dL/L$$

式中，dY/Y 为产业增长率；dK/K 为投资增长率；dL/L 为劳动力增长率；α、β 为系数。T_i 反映产业的技术创新能力，科技对产业发展演变的影响，同时体现出产品的综合质量。主导产业具有较强的质量竞争力。

7）产业弹性度 B_i

$$B_i = \Delta Y/\Delta Y_i$$

式中，ΔY 为增长极全部产业国民收入增量；ΔY_i 为第 i 产业国民收入增量。B_i 反映主导产业具有吸收或减缓波动和外界干扰的素质，是区域经济发展的稳定器。

8）产业贡献率 G

$$G = L \times W$$

式中，L 为某产业区位商；W 为产业经济贡献系数，指某产业经济指标综合值的比值。G 反映主导产业在区域经济中的地位和贡献，在目前和未来区域发展中，主导产业对经济发展的贡献大小。

由于区域经济发展水平、资源状况、地理位置以及区域产业结构变动阶段不同，不同的增长极在选择主导产业的过程中应依据区域的具体情况和主导产业的特性，选择相应的判断依据。再根据区域统计资料，计算判断依据，并得出综合评价值，进行排序确定主导产业。计算各产业的综合得分并据此确定增长极的主导产业。具体操作如下。

设 i 产业在 j 指标下的得分为 $a(i, j)$，则 i 产业的综合得分为

$$a_i = \sum a_j \times a(i,j)$$

式中，a_j 为对应于 i 指标的权数。将各产业按照得分由大到小的顺序排列，得分大于或等于1的产业应为增长极的主导产业，小于1的产业为非主导产业。

三、增长极之间的分工形成并促进了层级增长极网络的发展

现代区域增长极（城市）是物质生产、商品交换和提供综合服务的聚集地。作为大工业生产的配置地域，一方面，增长极的发展受到了空间聚集规律作用的支配，生产呈现集中趋势；另一方面，增长极的发展又会受到所在区域某些客观

因素的制约而必须向外扩散。在生产的聚集与扩散过程中，必然形成具有网络关系的增长极等级规模结构和城镇群落。作为商品市场和综合服务中心，增长极更具有集中和扩散、吸引与辐射的经济功能。为了适应工业配置、商品交换和综合服务的功能需要，在增长极（主要的高层级的城市）之间以及增长极与其周围腹地之间必须进行合理分工，在分工中必然形成综合性多功能增长极、专业性增长极、经济腹地以及连接中心与腹地的层级增长极网络化发展体系。

1. 地区分工的发展原动力是社会生产力

马克思主义认为劳动分工发展的原动力是社会生产力，生产力的发展水平直接制约着社会劳动分工的发育程度、形式和内容（图 3-4）。不同的社会劳动分工又反映了当时社会经济形态的性质和生产力发展的不同水平。社会生产力发展促进地区分工，地区分工又是为了提高劳动生产率。社会分工的经济性和促进社会生产力发展的可行性已经得到了学术界的广泛认同。但是，不同增长极之间的分工及其经济效益能在多大程度上被发掘和利用，则是取决于两个方面的因素。其一，区域物质技术基础，也就是交通运输、能源和通信等网络基础设施的发展程度是决定区域分工经济效益的重要决定因素。区际分工的发展程度与人流、物流、技术流和信息流等要素流的发达程度成正比。为了获得增长极之间分工效益而支付的区域交换成本，则与各种要素流的劳动生产率水平成反比。从本质上讲，建立在社会化生产（分工与联系）基础上的发达的市场经济必须以先进的网络化基础设施为依托。其二，现代经济管理体制与运行机制是决定区域分工效益的重要促进因素。现代区域经济活动的内容非常复杂，联系异常广泛，很多经济活动的安排往往都会在一个较大的区域内才能实现“最佳成本结合”，实现区际分工协作，才能将各种生产要素和环节进行更合理的调度、组合、协调，更充分地发挥区内外各种因素的独特作用，并产生一种超越单个区域的强大合力，使整个区域经济系统进入一个良性发展的轨道。

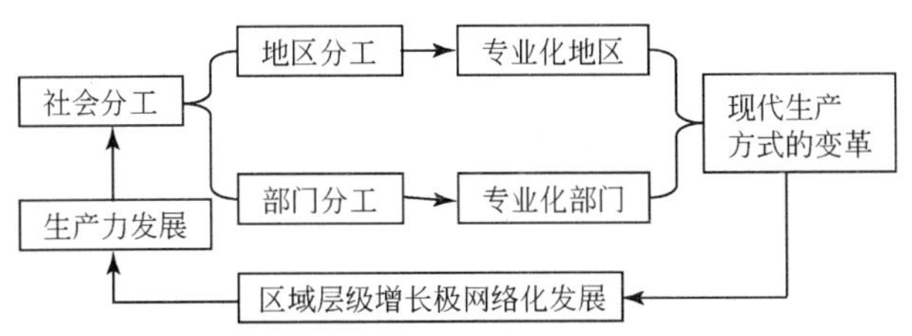

图 3-4 生产力发展、社会分工与层级增长极网络化发展

2. 代表不同地域的增长极之间分工的重要特征

生产的地区专业化是商品经济发展到较成熟的时期，生产社会化的地域表

现。在现代市场经济条件下，各种市场主体之间的市场竞争是异常残酷和激烈的，优胜劣汰是市场竞争的必然结果。因此，各个地区为了谋求发展，必须积极借助于其自然、经济和社会等方面的优势，逐步形成具有自身地域特色的经济发展之路，而且又优于其他地域的专业化生产部门，使之成为各地区经济发展的基础和核心。

地区专业化生产的出现是因为各个地区的自然条件、资源状况以及技术、人力资源等后天要素不同，市场所需要的物质产品不一定都能在本地以最廉价的方式生产出来，所以把它们分别“分配”给不同的增长极地域，让它们分别生产自己最具有竞争力的产品，进行所谓的“专业化生产”，实行地域分工。这些专业化生产部门的生产活动已经不仅仅是为了满足本地市场的需要，而是为了大量供应区外其他地区甚至国际市场。区域经济是一种综合经济，专门化生产的发展将带动区内其他生产部门的综合发展，并形成主导产业、辅助产业和基础产业相协调的区域产业结构（曾菊新，2001）。由于专业化生产是以同区外的其他商品交换为目的，为了满足区外日益增长的需求，专业化生产部门和其他部门都有一个不断改善生产条件，提高生产能力和发展水平的问题，因而必须同区外发生生产、技术、物质等多种要素的协作交流。这就形成了劳动地域分工条件下的区际经济关系。为了形成一种良好的专业化分工及其协作交流的区际关系，最重要、最基础的问题是不断改善地区之间、增长极之间以及增长极与腹地之间的网络化发展条件。

实现不同增长极地区专业化生产应具备3个条件。第一，专业化的某一类或某一种产业的生产，必须超过当地的需要量，只有超过当地的需要量，才会有产品输往区外参与更广范围的交换。第二，不同增长极分工所节约的劳动量，应大于因产品进行区际交换而增加的劳动量，这是一个根本性的前提条件。第三，生产地与消费地之间的商品价格，必须有一定的梯度存在。如果在运费相对稳定的条件下，单位产品的差价愈大，对增长极分工的实现和发展越有利。只有这样，专业化生产在经济上才能成立，用货币形式表示：

$$C_1 + \sum T < C_2$$

式中，C_1 为专业化增长极地区生产成本；C_2 为另一增长极消费地生产成本；$\sum T$ 为生产地到消费地运输费用的总和。

从上述分析中我们可以看出，从不同增长极的主导产业选择到不同增长极地区的专业化生产，都与层级增长极网络化的形成与发展关系密切。不同增长极地区专业化的形成与发展过程实际上就是区域层级增长极网络化发展的过程。地区生产的专业化与分工协作必须有网络化发展作为基础条件。也就是说，区域层级增长极网络化发展在一定程度上规定着增长极地区的分工与专业化发展程度、范围和规模（图3-1）。各国经济发展的实践也证明，改善区域网络化交流的基础设施，可以提高要素交流的频率和减低交流的成本，扩大地区分工的广度和深度，使地区分工获得更多的利益。

第四节　西部区域层级增长极网络化发展战略构想及规划

运用层级增长极网络理论开发西部区域，就是要建立一个以“成渝”和“西咸”两大经济圈为核心增长极①，以兰州、西宁、银川、乌鲁木齐、贵阳、昆明、南宁、拉萨等省会城市为次核心增长极，以各省域其他中小城市和城镇为边缘增长极，以重要铁路、公路等交通和信息网为联结通道，组成一个能够辐射整个西部区域的层级增长极网络（图 3-5）。围绕层级增长极和交通网辐射带聚

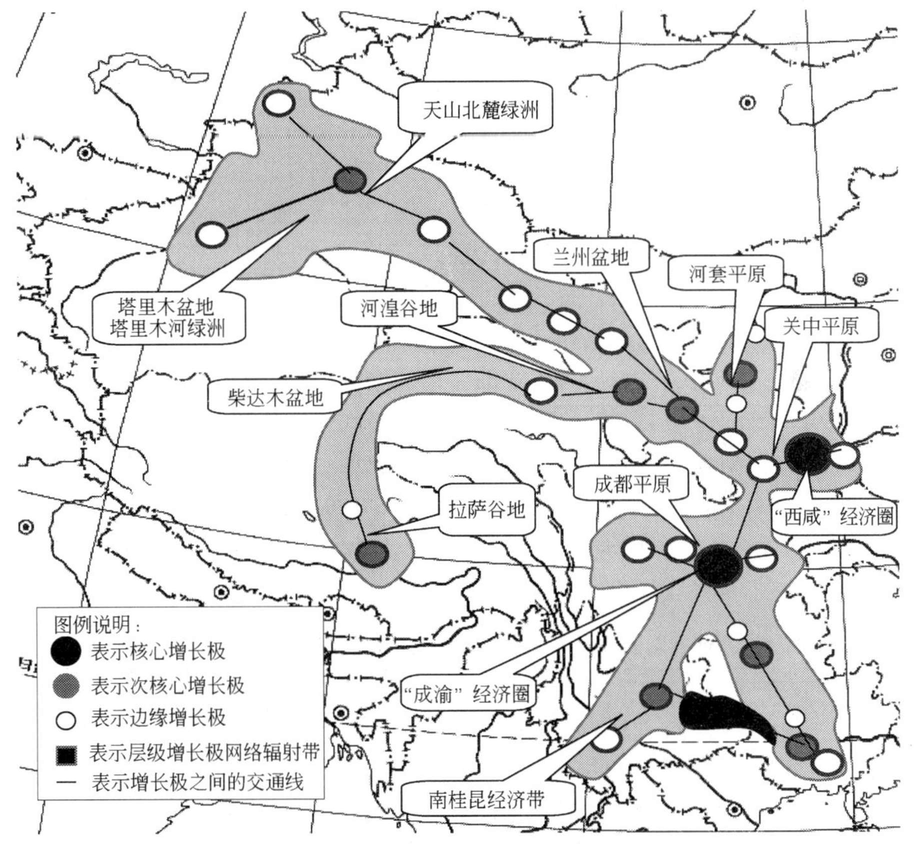

图 3-5　西部区域层级增长极网络空间结构示意图

① 本书增长极分层的依据是在考察增长极自身的经济、科技、人才、创新能力、地理位置、交通、综合竞争能力等 16 项指标的基础上，运用多指标综合指数分值法得出各增长极的综合指数得分，然后进行层级划分。

集产业和人口，把西部的大多数人口和绝大多数的产业向适宜极化式分布的区域聚集（如图3-5中的关中平原、成都平原、河套平原等），形成“网络辐射带”（图3-5中的阴影部分），形成西部的聚集产业带。通过层级增长极网络的协同和共振作用，能够使整个网络增长极发挥其乘数效应、外部效应和溢出效应，从而达到促进区域经济、社会快速发展的目的。

西部地区共有3.3亿人口，除了已经生活在城镇的居民以外，尚有近2亿人生活在自然条件恶劣、生态严重退化、生态平衡十分脆弱且极易破坏的区域内。按照联合国发展计划署的相关标准，其中很多地方实际上已经不适合人类长期生存和居住（表3-19），因此，必须将这部分人口和经济从生态脆弱区迁移或通过市场的力量“吸引”到“层级增长极网络辐射带”内，实现地理集中。其优势：首先，各层增长极之间形成各具特色的优势聚集产业群，相互分工与协作，避免区域内产业同构和重复建设。其次，能够从根本上减轻或解除对西部生态脆弱区的生态压力，从而使广阔的草原、山地植被等得以修养和恢复，有利于西部区域生态环境的恢复和保持生态稳定与平衡，为区域经济可持续发展奠定良好的生态环境基础。再次，人口的城镇化能够减少人口的计划外超生，有利于从根本上打破“越生越穷，越穷越生”的恶性循环，控制人口规模，提高西部的人口质量。复次，通过人口大规模有序向“增长极网络带”内的集聚，对于加速城市化进程必将起到极大的推动作用，有利于中心城市增长极的发展和产业集聚效应的发挥。最后，人口的大规模聚集和城市化进程的加速，有利于西部地区农业生态产业的规模化、集约化经营，提高产业的生产效率和经济效益。由此，西部区域经济在核心增长极的带动下，发挥整个区域层级增长极网络的乘数效应、外部效应和溢出效应，推动整个西部区域经济、社会的快速、健康发展。总之，西部区域产业在地理上的重新布局和产业聚集，人口分布向“网络带”内的聚集，以及围绕产业聚集和城市化的层级增长极网络化发展模式将是西部大开发和我国区域经济走向协调发展的必由之路。

表3-19　西部贫困偏远及不适宜人类长期生存和居住的区域及其地理特点

区域	主要分布地域	主要地理特点
西南地区	广西的西部、北部石灰岩地区；云南东南部高原喀斯特岩溶地区和西北横断山区；贵州的大娄山和苗岭等岩溶地区；四川的西部康巴高原地区和南部横断山地；西藏的日喀则、阿里地区和山南高原地区	岩溶地形分布广泛、土地贫瘠、高原、山地多、交通极为不便
西北地区	新疆南部的南塔克拉玛干大沙漠地区和北疆的准噶尔盆地地区；青海北部的柴达木盆地和南部横断山区；甘肃的河西走廊地区、定西地区、陇南山地；陕西北部和南部山区；宁夏的西海固地区	海拔高、温差大、高寒、干旱少雨、自然环境恶劣、灾害多、生态环境脆弱、土地贫瘠

资料来源：由作者根据国家民政部2003年9月公布的有关统计图表整理所得

第五节 西部区域层级增长极网络化发展的战略构想

一、重点应该发展的层级增长极网络中的西部重点区域

1. 优先发展“成渝”和“大关中”经济圈

重点经济区域一方面是空间开发重点的象征；另一方面也是具体经济活动聚集地以及不同中心城市之间空间联系的载体和通道。它的选择既要反映现实的空间结构，也要体现发展规划的战略思想；既要考虑现实的综合运输通道及其附近的经济发展状况，也要考虑具有未来发展潜力的地区和促进重要区域联系和区域发展的必要性。根据本章第二节关于西部区域各层级增长极的网络连接强度实证分析，我们把第一层次的重庆、成都、西安可以作为核心增长极，因为它们在西部区域层级增长极网络中发挥了十分重要的辐射作用，不仅对其他增长极有带动作用，并且对整个西部所有增长极以及腹地都产生了辐射带动作用。考虑到重庆与成都在地理空间上相近，又基本处于农业发达、交通异常便利、物产丰富的成都平原上，因此可以把这二者结合起来作为一个重要核心增长极来看待。另外，西安与咸阳两市已经连在了一起，这两市都位于科技文化发达、农业生产条件优越的关中平原上，可以把这两个城市作为一个核心增长极培育。

2. 重点培育兰州等①8 个次核心增长极

兰州、乌鲁木齐、银川、贵阳、南宁、昆明、西宁、拉萨这 8 个增长极的网络连接强度仅次于重庆、成都和西安，同时又都处于各个省份交通便利、发展潜力好的地理位置。考虑到重点发展的经济增长极要么是由目前的综合运输通道联系起来的西部经济重心所在，要么是根据宏观发展环境应该着重建设且具有发展条件的地区。基于这样的考虑，我们认为积极发展以兰州、乌鲁木齐、银川、贵阳、南宁、昆明、西宁、拉萨这 8 个增长极为次核心增长极的层级增长极网络是非常必要和现实的选择。

3. 积极发展以宝鸡为代表的 150 个边缘层增长极

宝鸡、渭南、咸阳、天水、金昌、张掖、酒泉、嘉峪关、哈密、吐鲁番、昌吉、奎屯、石河子、绵阳、德阳、资阳、内江、泸州、宜宾、柳州、曲靖、六盘

① 虽然拉萨的网络连接强度并没有其他省份的一些中等城市高，但是考虑到拉萨是西藏地区最大的城市，同时它又深处藏区腹地，能够充分发挥增长极的辐射和带动作用，因此这里把拉萨也作为次核心增长极来建设和培育。

水、安顺、钦州、北海、防城港、石嘴山、吴忠、白银等150个增长极是西部区域经济发展的重要联结点，同时也是层级增长极网络化发展中重要的网络联结通道，对于西部区域层级增长极网络化发展发挥着十分重要的作用，具有十分特殊的意义。因为这些边缘层增长极比高层级的增长极更加接近周围农村和腹地，它们向上接受高层级增长极的辐射和扩散效应，向下连接着层级增长极网络广大的腹地，起着承上启下的重要作用。层级增长极网络的整体功能和效应能否得到真正的发挥出来，其中一个关键的问题就是这些不同层级的增长极作用是否能够得到充分的发挥。因此，积极发展以宝鸡为代表的150个边缘层增长极对于西部区域层级增长极网络和整个西部区域经济发展都具有深远的影响。

二、从建设两个核心经济带和六个次核心经济带(区)入手

这两个核心经济带主要包括：

1）大关中经济带。以“西咸”为核心，包括了宝鸡、阎良、杨陵、华阴、韩城、渭南、铜川、兴平、天水9个城市，东起陕西的潼关，西到函谷关的天水市。这一经济增长核心经济带，交通发达，矿藏丰富，工业基础雄厚，农业文化发达，科技力量和综合科技开发能力较强，城市化水平较高，地处欧亚大陆桥的中心，是西北、西南和中南的结合部，具有承东启西、连接南北的区位优势。西安作为西北地区最大的中心城市，可以在西部大开发中发挥多种服务功能。这个核心经济带的主要优势在于：①科技实力雄厚。以西安为代表的这一增长极网络内有近1000所科研院所，高等院校达52所，各类专业技术人员近40万人，约占职工总数的25%，有一大批国家级实验基地和测试中心。②拥有国家级高新技术开发区，主导产业有信息、电子、机械仪表、医药、化工等。杨陵的农业高新技术产业示范区距离西安市仅80公里，依托西北农林科技大学，致力于我国干旱区农业高新技术的研究与开发，对整个西北地区的农业生产起到了示范、带动、辐射的作用。阎良是我国飞机生产基地，有“飞机城”的美称。③“三线”建设时期留下大批的军工企业，工业基础强大，优势明显。关中地区已经形成了近700亿元固定资产，400多个大中型企业。④交通发达，能源供应充足。陇海线、咸铜线、宝成线、宝中线、西康线、西安—南京线以及即将建成的西安—平凉、西安—包头线都通过该区。黄陇煤田、渭北煤田、神府煤田储量十分丰富，电力、煤炭以及天然气供应充足。⑤西安作为历史上13朝古都，拥有非常丰富的历史文化资源，古迹众多，区内风景名胜众多，旅游业发展大潜力很大。

2）成渝经济带。以重庆、成都为中心，拥有绵阳、德阳、江油、雅安、乐山、眉山、资阳、简阳、遂宁、南充、内江、自贡、宜宾、泸州、达州15个中小城市作为腹地。东起重庆的万州，沿长江到重庆市区后分为两支，一支沿长江

到宜宾，另一支沿成渝线和宝成线向北至成都和绵阳，是我国西部区域最大的核心增长极经济带。这个核心经济带的主要优势在于：①资源优势明显。区内已经探明储量有开发价值的矿产资源40多种，其中天然气资源尤为丰富，储量2700多亿立方米，居于全国之首位；水资源非常丰富，年水资源平均超过5000亿立方米；旅游资源、动植物资源也特别丰富。②区位优势。该区地处资源丰富的西部与经济发达的东部的交会地带，是我国东西部之间的桥梁和纽带。作为长江上游的产业带，能够与上海相呼应，非常有利于产业转移。③重要机遇与市场优势。我国三峡工程建设和库区开发为该经济带的发展提供了一个良好的投资市场。借助于人口和产业大规模的搬迁，该增长极经济带可以重新按照规模经济的要求规划生产与人口分布，重新调整产业结构，同时，这些工程的开工建设将引致相关行业大规模市场需求。④工业潜力优势明显。重庆、成都作为老工业基地，自身拥有数量很大的军工企业，经过“三线”建设，其中工业行业40个大类重庆就有35个，行业配套条件好，工业资产存量在全国大城市中位居第七，大中型企业数量仅次于北京、天津、上海和沈阳，工业发展潜力巨大。⑤科技资源优势。科技力量雄厚，具有人才优势，重庆和成都两地共有1500多所科研机构，近100万科技人员，46所高等院校，每年进行的科研项目近1万项。成都的国家高新技术开发区位居全国第四位，以电子信息为代表，成都有10多家信息研究所，科技实力强劲。⑥成渝经济带腹地广阔，成都平原农业生产发达，交通非常便利，成渝铁路、成渝高速公路是该经济带的经济走廊。

六个次核心层经济带（区）主要包括：

1）柴达木经济区。柴达木盆地处于青藏高原腹地，主要城市是格尔木。柴达木盆地周围被山地包围，草场丰富，很适合发展畜牧业，山前的冲积平原，部分地区适宜利用雪山融水发展绿洲农业，中部谷地式平原，矿产资源极其丰富，蕴藏着多种金属和非金属矿产资源达60多种，产地208处，主要的矿产资源的潜在经济价值约为15万亿元，占全省矿产资源潜在价值总量的90.78%。特别是盆地内有30多个盐湖（目前仅仅开发了18个），盐的储量大、品位高、种类齐全、分布集中、组合条件优越，在国内外具有十分突出的优势。其中格尔木盐湖含有大量钾盐，储量有2亿多吨，占全国的90%。积极在盆地内发展以盐为龙头的化工深加工业，不断提高盐的加工种类和加工深度，提高工业附加值，逐步把柴达木盆地建设成国家的钾肥、锂盐和碳酸锶等化工生产基地。此外，盆地内石油、天然气储量也非常丰富，目前共发现16个油田，6个气田，石油资源储量12.4亿吨，天然气储量2937亿立方米，是西气东输的重要来源之一。锡铁山是我国第二大铅、锌矿，石棉、石灰石、石膏等非金属矿藏也非常丰富。盆地的“绿洲农业”开发潜力巨大，农业资源潜在利用价值占青海全省的70%以上。因此，积极发展柴达木盆地经济区对于构建层级增长极网络具有十分重要的意义。

2）天山北麓经济带。新疆人均GDP已经达到近7000元，资源丰富，石油和棉花是新疆得天独厚的优势资源。这个经济带包括乌鲁木齐市、昌吉回族自治州、石河子市、沙湾县、乌苏市、克拉玛依市、奎屯市以及在这一地区的兵团单位。首先，天山北麓经济带经过50多年的发展，已建成石油、化工、冶金、煤炭、电力、机械、电子、建材、纺织、食品、皮革、造纸等门类比较齐全的工业体系（表3-20），主要增长极的基础设施比较完善（表3-21）。其次，该区有连片的绿洲和农场，农业生产发达，集约化程度很高。再次，这一地带人口文化素质较高，大专以上学历的人口占总人口的13%，每万人拥有大学本科学历的人数为489人，大专学历的人数为744人，教育、文化、科技事业发达，科研机构和人才集中。最后，该经济带城镇密集，交通及通信便捷，有综合运输网和信息通信网络。因此，从该经济带的实际出发，积极发展特色农业（如葡萄酒及其相关产业、番茄加工工业等）以及食品、棉毛纺织、机械电子、石油加工、冶金、化学、煤炭、电力建材等工业是其具有优势的主导产业。

表3-20　天山北麓经济带主要产品产量

产品	化学纤维/万吨	棉纱/万吨	布/亿米	电视机/万台	原油/万吨	纯碱/万吨	烧碱/万吨
新疆	0.29	14.27	2.40	5.92	831.66	0.07	1.87

资料来源：2005年欧亚经济研讨会统计资料

表3-21　天山北麓经济带主要城市设施水平

城市名称	人均居住面积/平方米	城市人口用水普及率/%	城市煤气普及率/%	每万人拥有公共客车/标台	人均拥有铺装道路面积/平方米
乌鲁木齐	7.8	91.5	83.1	7.8	4.3

资料来源：2005年欧亚经济研讨会统计资料

3）兰青线经济带。该经济带以兰州盆地和河湟谷地为主要中心，是西北地区重要的发展轴带，中国石油、煤炭、水力等能源资源富集的地带。该经济带东起天水，西到西宁，以兰青铁路为轴线，以铁路两侧50公里范围为辐射带，轴线上的主要城市包括天水、兰州、西宁、白银、武威和张掖等重要城市。首先，随着交通运输业的迅速发展，增强了兰青线经济带增长轴的经济辐射功能，目前该经济带的经济实力已大大增强（表3-22）。

表3-22　兰青线经济带主要产品产量

产品	化学纤维/万吨	棉纱/万吨	布/亿米	电视机/万台	原油/万吨	纯碱/万吨	烧碱/万吨
甘肃	1.86	1.99	0.47	14.41	198.09	5.39	4.23
青海	0.7	0.25	105.50	0.07	1.29	—	—

资料来源：2005年欧亚经济研讨会统计资料

其次，兰青经济线经济增长轴已经具有良好的城市功能。经过40多年的建设，沿线地带已经具有相当的城市基础设施和比较完善的支持系统，主要城市的市政设施有了明显的改善（表3-23），主要指标居全国中上水平。城市基础设施的改善，为城市居民提供了良好的生活环境。

表3-23 兰青线经济带主要城市设施水平

城市名称	人均居住面积/平方米	城市人口用水普及率/%	城市煤气普及率/%	每万人拥有公共客车/标台	人均拥有铺装道路面积/平方米
兰州	7.0	94.4	34.3	7.8	4.2

资料来源：2005年欧亚经济研讨会统计资料

最后，经过40年的建设，该经济带已经建成了相当规模的工业体系。因此，在西部层级增长极网络化发展中，可以上一些具有一定规模经济、高水平、高技术含量的支柱型项目，如可以在兰州布点建设50万吨乙烯工程。兰州化学工业公司是“一五”期间国家建设的156项重点工程之一。经过30年的发展，兰州化学工业公司已成为润滑油、炼油裂化催化剂、油品添加剂、合成橡胶、合成树脂、化肥及其他化工产品的重要生产基地。当前，国内、国际市场上对乙烯需求仍有较大的缺口，随着经济的发展，乙烯生产能力还需进一步扩大。现在西北地区的乙烯生产仅占全国的5%左右。兰州化学工业公司位置和基础条件优越，随着西部油田的开发，可获得稳定的原油供应。现兰州化学工业公司已具有650万吨的原油一次加工能力，可以做到投资省、建设周期短、效益好、见效快。

4）河套平原经济区。自古以来就有“天下黄河富宁夏”的说法，河套平原正好处于黄河大拐弯处，土地平坦，面积广阔，农业生产发达，有黄河水的灌溉，因此这里的农业生产潜力巨大，畜牧业一直在全国具有重要影响。银川是该经济区内的核心增长极，为了加快发展，充分发挥在区域经济中的增长极和“龙头”作用，银川对全区所有经济技术开发区进行了功能定位：国家级银川经济技术开发区集中发展石油、天然气化工、精细化工、机械、电子、新材料；银川高新技术开发区突出发展机电一体化、生物制药、信息技术；银川德胜工业园区和永宁望远经济技术开发区大力发展特色医药和农副产品深加工产业；兴庆科技园重点发展科技含量高、无污染的环保型工业；河东能源重化工工业园着重发展火力发电和煤化工产业；灵武羊绒工业园区集中力量发展羊绒产业。河套平原经济区的经济辐射能力已经逐步凸现出来，将成为西部区域层级增长极网络化发展的重要支撑和组成部分。

5）南贵昆经济带。南贵昆经济区东起广西的南宁，西到云南的昆明，沿贵昆线和黔桂线经贵阳至柳州和南宁，再到广西沿海地区，主要包括南昆线、贵昆线和黔桂线沿线及周边地区。轴线上的城市主要包括昆明、贵阳、柳州、南宁、曲靖、六盘水、安顺、钦州、北海、防城港等，以南宁、贵阳和昆明为核心。这个经济带是我国西南地区国土开发的主轴，也是我国与东南亚国家进行区域经济合作的前沿。南贵昆经济带内部多数城市与珠江三角洲存在不同程度、较为密切的联系。该经济带既要营造好西南出海通道和出海口，也要共同加强与珠江三角洲的经济联系。

6）西藏“一江两河”经济带。西藏作为我国的一个自然条件和社会经济结构都比较特殊的区域，经济发展的政治意义很大，因而需要在西藏自治区规划和建设一条在西部开发中具有意义的重点经济带。“一江两河”地区最有条件成为西藏的重点经济带，其重点是拉萨至日喀则地段。

从各个经济带（区）资源特点和区位优势出发，结合外商对本地的投资倾向考虑，我们认为西部区域层级增长极网络化发展中优先重点发展的两个核心经济带和六个次核心经济带（区）的各自优势产业分布如下（表3-24）。

表3-24　西部区域层级增长极网络化发展中重要的经济带及其主要优势产业

层级	经济带（区）	优势产业
核心层	成渝经济带	优质竹子资源的开发与深加工；新型电子元器件开发与制造；计算机软件产业；网络产品、新型数字产品及相关设备制造；钒、钛矿资源的开采与深加工；汽车及摩托车产业；大型环保设备开发与制造；大型成套自动控制系统制造；水库资源的开发利用；旅游产业；粮食、蔬菜等农产品的生产与深加工
	关中经济带	电子产业；仪器仪表制造；新型材料及集成电路开发与制造；煤及其深加工产业；食品深加工与制造；医疗药物与器械制造；天然气及化工产品制造；民用飞机开发与制造；棉纺织及相关轻纺产业；旅游产业；粮食、蔬菜、水果、禽类产品的储藏、保鲜及深加工
次核心层	兰青线经济带	优质林木生产与深加工；毛纺织产业；天然气化工产业；钻机及油田设备制造；石墨及碳素产品制造；马铃薯及玉米的深加工；有色金属的开采及加工；中药材及藏药材的生产加工；旅游产业；粮食、蔬菜、肉类产品加工
	柴达木盆地经济区	铜、锌、铝矿的综合开采与深加工；钾资源的开发与深加工；盐湖资源的综合开发利用与产品生产；新型建筑材料的研究、开发与生产；中药、藏药产品的研发与生产；天然气化工产品的研发与生产；旅游产业
	河套平原经济区	以优质大米为主的粮食生产；蔬菜、水果等农产品生产；林木产业；葡萄种植及葡萄酒生产；钽、铌的冶炼及深加工；蚕养殖及其深加工业

续表

层级	经济带（区）	优势产业
次核心层	天山北麓经济带	优质葡萄、番茄等农产品的种植及葡萄酒生产；粮食、蔬菜、水果等农产品的生产、储藏、保鲜及深加工；棉纺织工业品的开发与制造；风能的开发与利用产业；锂盐的开发与深加工产业；煤炭工业应用研究、开发与深加工；旅游产业
	南贵昆经济带	优质林木、竹子资源的综合开发及深加工；粮食、蔬菜、水果、禽类产品的生产、储藏、保鲜及深加工；钛金属的冶炼及深加工；钡盐综合开采与深加工；铟、锌有色金属的开采与深加工；磷矿的综合开发与利用；中药材的生产与加工；花卉产业；天然香料、食用菌的生产与加工业；各种具有地方特色的绿色食品、保健食品的开发与生产；蔗糖的生产与深加工；新型电子元器件的开发与制造；旅游产业
	西藏“一江两河”经济带	民族土特产品开发与制造；民族工艺美术品、包装、容器材料及制品生产与加工；粮食、蔬菜、水果、禽类产品的储藏、保鲜及深加工；藏药材的生产与深加工；盐湖资源的开发利用；铬矿的开发与深加工、新型干法水泥研究开发与生产

三、科学确定重点经济带（区）辐射的空间范围

重点经济带（区）是西部层级增长极网络开发空间重点的标志，因而对于具体的经济活动而言经济带（区）不存在明确的空间界线。但是，它同时也必须是具有可操作性的政策实施区，即有明确的空间范围和界线。因此，科学地确定重点经济带（区）的空间范围是成功实施层级增长极网络发展战略模式的重要基础，可以避免过多人为因素的影响和过于主观的判断。

重点经济带（区）空间范围确定的基本原则：依据“点－轴系统”理论，在所确定的重点经济带和中心城市的基础上，利用数学模型从理论上确定直接吸引范围，而后利用地理环境的遥感数据进行修正，剔除不适于发展的用地范围。

首先，利用都市经济区理论和可通达性模式来确定核心增长极、次核心增长极对周围县市的影响范围。其他级别的中心城市根据重力模型计算其吸引范围，并通过交通线修正。结果表明，受交通条件和经济总量等不同指标的影响，各层级增长极（中心城市）对周围县（市）影响的个数明显有差距。县（市）数量的多少总体上是与中心城市的层级和经济总量是成正比的，同时受交通条件和行政区划影响。

其次，在运用重力模型计算各层级增长极之间的相互作用之后，得出以下结果：①各级城市之间的吸引系数值差距非常大，昆明与玉溪之间为1006.76，而拉萨和格尔木之间仅为0.04。②各层级增长极占所有增长极的比值：核心层级，2.7%；次核心层级，16%；边缘层级，81.3%。可以看出具有很强经济联系功能的增长极相对很少，大部分增长极之间仅有一般强度的联系。这表明西部地区多数中心城市具有独立的辐射范围。西部地区地形复杂多样，很多地方不适宜进行生产活动，因而地理环境对辐射范围的影响非常大。在西南地区、云贵高原、青藏高原等山地地貌对区域的发展具有重要影响。而西北干旱区很大部分为沙漠或戈壁所覆盖，只有范围非常小的绿洲区域为干旱区的精华所在。半干旱区地处黄土高原，水土流失非常严重，特别是陕北地区，内蒙古中东部地区为草场严重退化的区域。因此，在确定理论上的辐射范围后，必须剔除受地形和生态环境影响的地域范围。

最后，在增长极直接辐射范围不能到达的地区（如河西走廊等），应该以当地主要城镇为依托，以20公里为半径做出缓冲区。这些地段主要承担物质流动载体的功能，而不是经济活动聚集的功能。对一些分布较独立的城市，如延安、格尔木和库尔勒等，由于其周围条件的影响，并没有与其他城市有直接的经济联系或联系较少，只按照点确定其空间范围。

四、各层级增长极的主导产业发展应兼顾

西部区域各个层级增长极在寻找、选择本地区主导产业时，结合增长极主导产业选择基准和方法的运用，要充分兼顾西部区域其他各个增长极之间的产业分工、区位优势、资源优势和科技优势等，在充分考虑本地区位、自然地理环境、资源优势特点以及其他实情的基础上来确定。据此，各个层级增长极主导产业选择的重点顺序应当是与当地优势产业紧密结合的高新技术产业及其相关领域；以军事工业为主体、军民两用相结合的现代机电工业；以农业产业化为核心的特色农业基地与特色轻纺工业体系；依托当地资源优势开发的产业（具有相对比较优势的能源原材料工业）；以旅游业为支柱、以现代服务业（物流和金融）为先导的新兴经济增长点。

第四章　西部区域层级增长极网络化发展的动力机制——制度创新

第一节　构筑推动层级增长极网络化发展的制度支持系统

我国经济体制改革的进程，实质上就是制度创新与制度结构变迁的过程。有效的制度供给是区域经济发展的必要条件，制度创新与制度结构的持续演进成为推动经济发展的重要力量。广义的制度范式包括了规范人的行为模式的各种风俗、习惯、道德标准及一系列法规、政策等，本书重点从法规和政策的角度研究制度创新对促进西部区域层级增长极网络发展的动力支持。从西部区域层级增长极网络发展而言，城市的吸引力主要来自于城市就业制度创新、户籍制度创新、社会保障制度创新、城市化制度创新、区域一体化制度创新以及区域发展政策协调制度创新，这些制度创新赋予了城镇经济发展的广阔天地及非农业人口参与其中的巨大空间，它们共同形成了层级增长极网络（城市化）的吸引力。从农村经济发展来看，以土地承包责任制为核心的土地制度改革大大提高了农业劳动生产率，增加了农民的收入，为农民进入非农产业提供了一定的经济基础，同时也使农村隐性劳动力显性化，使农民进入城市寻找工作成为必要，从而形成巨大的推力。城市的吸引力和农村的推力共同作用，能够迅速把农村剩余劳动力转移到城市，加速城市化的进程和层级增长极网络发展的步伐。

一、制度环境决定了经济运行的绩效

任何经济都是在制度框架约束下运行的，现代经济是在一定的制度环境下运行的，新制度经济学证明，在现实经济运行中，最重要的约束变量不仅是生产成本，而且还包括交易成本，用张五常的话说，就是制度成本。没有“规矩”就不成“方圆”。制度是经济运行的内生变量。没有制度就没有经济运行的规则，无论从宏观上还是微观上看，制度作为经济运行的内在因素蕴涵于经济运行的过程中。在一定的制度环境下运行的经济都要为该制度付出成本，因此，无论是信奉自由主义还是国家干预经济，国家在事实上总要介入社会经济的运行。不同的制度框架对经济运行绩效具有极大的影响。抛开了这些因素，我们就无法去解释为什么同样的劳动、资本和土地在不同的国家有不同的单位产出。经济是在一定的制度

环境下运行的，在不同的制度环境运行下的经济有不同的制度成本。制度成本的差别是如此之大以至于可以解释国家富裕与贫穷的根源（王小鲁和樊纲，2000）。

诺斯认为，制度是“人为设计出来构建政治、经济和社会的互动关系的约束，由非正式的约束（奖惩、禁忌、习俗、传统及行为准则）和正式的规则（宪法、法律、产权）组成”（杨汇智，2005）。经济制度的功能在于约束人的选择、引导人的预期来减少经济运行中的外部性和不确定性。制度因素最终决定着经济的增长。因此，资本的本性是追求利润最大化，制度以本身包含的获利机会引导着资本的流向，从而促进稀缺的社会经济资源合理配置，最终达到促进经济增长的目的。制度所蕴涵的获利空间和获利机会吸引着资金、劳动力和其他生产性要素的投入。高效率的制度所创造的获利机会和空间的资金、劳动力的流向起着决定性的作用。例如，丰富的自然资源会促进经济的增长，但是这个促进作用的发挥离不开制度要素。自然资源的丰富并不等于经济的繁荣。我国西部的自然资源要比东部很多地方丰富的多，但是很多地方仍然“捧着金饭碗讨饭吃”。制度的不良严重抵消了资源丰富的优势。

二、制度创新有利于从根本上促进区域经济增长

制度是现代社会中约束人类自身特定行为和关系的一套规则，既可以是正式的制度，如企业、政府、学校、股票交易市场等的规则，也可以是非正式的制度，如习惯、价值观念、意识形态等。制度结构是一个社会中正式的和非正式的制度安排的总和。制度的变迁能够引起整个制度结构的改变，而制度结构的变迁又能够引发其他制度的变迁，制度和制度结构的变迁就是制度创新的过程。

在社会变迁演进的过程中，之所以能够引发社会制度创新需求，是因为制度外部性（也就是潜在的利益和成本不是由做出生产决策的单位获得或支付的经济现象）的存在。当存在制度外部性时，一些包括内部与外部的、可以对所有收益与成本进行计算的新的制度将可能增加社会总净收益。由于制度外部性因素引起利润的形成称为外部收益，也正是外部收益诱使人们去努力改变其原有的制度。影响外部收益的因素有很多，如规模经济、外部性、风险、交易费用等，如果一种制度成功地将这些因素所影响的利润内部化，那么总收入就会增加，而创新者也可能在不损害任何人效用的情况下获得收益（帕累托有效）。

许多经济学家都把制度作为经济增长的内生变量。例如，D. C. 诺斯认为制度和制度发展的方式，已经成为经济发展至关重要的因素。刘易斯认为：“制度促进或者限制经济增长取决于制度对努力地保护，为专业化所提供的机会，以及所允许的活动自由。”一般来说，制度对于经济增长的影响是综合的，这种影响既反映在生产要素（土地、资本、劳动、技术等）量的增减方面，又反映在这

些要素的使用效率的高低方面。制度对经济增长的影响不但表现在经济活动中资源的投入方面，而且表现在对经济成果的占有、使用与分配方面。因此，影响经济增长的制度不是单一的，而是一种组合，从一个国家来看，这种制度组合表现为该国的制度结构。一个国家的制度结构特别是其中的经济制度，可能适应该国的经济增长，也可能阻碍或制约该国的经济增长。当经济制度适应甚至推动经济增长时，这些组合往往会被稳定应用，而当经济制约、阻碍经济增长时，就会产生制度变迁的需求，如果单项制度不再适应经济增长的需求时，则会出现单项制度的变迁。这种变迁往往会诱发出更大的增长潜力，但是，考察经济制度结构变迁往往存在时滞，因而这种变迁往往是滞后的，并存在制度结构变迁的路径问题。

制度与制度变迁对经济增长的影响的数学表达是在生产函数中引入了制度变量和制度变迁变量。在经济增长的有关理论中，一直发挥较大影响的美国经济学家 R. M. 索洛在 1957 年提出了著名的新古典经济增长方程：

$$G_v = G_A + B_K G_K + B_L G_L$$

式中，G_v 为国民经济总产出增长率；G_K 和 G_L 则分别为资本和劳动要素的增长率；B_K 和 B_L 分别为投入系数，它们是资本和劳动要素的产出弹性，表示这种投入每增长 1% 对产出增长的影响；G_A 为广义技术进步的全要素生产率的增长，V、A、K、L 分别为国民经济总产出、技术进步、资本和劳动。实际上，增长方程是制度的函数，制度变量 S 隐含在方程之中：

$$G_v(A,K,L,S) = G_A(S) + B_K(S)G_K(S) + B_L(S)G_L(S)$$

式中，G_K、G_L、B_K、B_L、G_v 分别为资本增长率、劳动增长率、资本投入系数、劳动投入系数和全要素生产率，它们都是制度变量的函数。

三、积极构筑有利于层级增长极网络发展的制度支持系统

要构筑一个良好的制度环境以促进西部区域层级增长极网络模式的发展，首先要转变观念，重新审视制度在经济发展中的作用，把制度作为一种重要的生产要素。长期以来，由于计划观念的影响，我们一直把制度看作经济管制的工具，制度在经济发展过程中只起着消极的管制作用，制度的生产要素性质被我们忽略了。

制度是一套行为规则，它们被用于支配特定的行为模式与相互关系。制度确定了在其框架下人与人以及人与物的关系。它所确定的是在社会经济生活中人与人以及人与物之间以什么方式组合起来进行社会生产和生活活动。不同的组合方式显然有不同的效率。同样的生产要素，组合方式不同，社会产出往往有很大的差别。我国的农村联产承包责任制就是一个典型的例子。

新古典经济学把生产函数假定为 $Y = f(K, L)$。式中，L 为劳动力；K 为资金；f 为制度要素。资金和劳动力变动会影响产出变化。但是，即使同样量的资

金和劳动力投入，f不同，产出Y也就跟着变动。所以，制度和资金、劳动力同样是一种生产要素，而且是非常重要的生产要素。

西部区域层级增长极网络发展是一项复杂的系统工程，没有相应的制度系统支持，这个复杂系统工程就无法顺利的实施。从目前我国西部大开发的实际情况来看，西部地区要走层级增长极网络发展模式的道路，它产生了一系列制度创新的要求，主要包括从土地制度创新、户籍制度创新、就业制度创新、社会保障制度创新以及区域发展政策协调制度创新几个方面，这一系列的制度创新最终能够形成一种制度合力，共同推动以层级增长极网络为发展模式的西部区域经济发展（图4-1）。

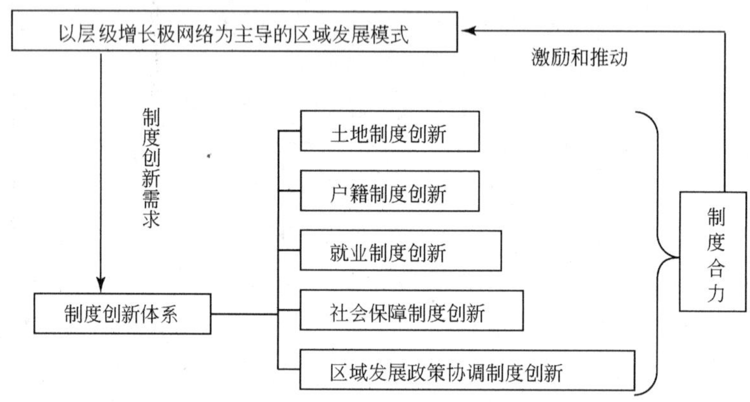

图4-1　制度创新与区域层级增长极网络发展之间的互动关系

整个西部大开发是一项复杂的系统工程，它的主要动力源泉是什么？答案就是制度创新。只有制度创新才能极大地激发社会经济发展的潜能，才能充分调动作为社会经济生产要素中最活跃的“人”的积极性。随着我国西部地区经济市场化程度的深入，国家将更多地以管理者的身份出现在经济生活中，制度安排成为国家管理区域经济最主要和最有效率的方式。由于西部大开发是一项社会综合效率极高的系统工程，而原有的制度安排已经没有发掘潜力，因而迫切需要西部地区宏观、微观领域各个方面的制度创新。同时，政府又是制度创新的最佳提供者，因而中央政府和地方政府必须在制度创新方面发挥主导作用。当前的西部大开发不能靠行政命令，只能通过市场机制、利益诱导，实现人力、财力、物力的西向流动，实现西部区域经济的“聚集式”网络化发展。综上所述，从推进西部区域层级增长极网络发展的目标出发，西部地区的制度创新应涵盖以下几方面内容。①应充分发挥土地制度创新对经济发展的巨大作用，进一步解放西部农村地区的生产力，以加速城市化为契机，大力提高西部聚集经济效应和规模经济效应。②彻底打破用户口控制的城乡之间和地区之间的劳动力市场壁垒，形成西部开放式的竞争性劳动市场，以降低劳动力就业的交易成本，提高经济效益。③进一步扩大西部社会保障制度涵盖的范围，为推进城市化和加速社会经济活动向增长极网络内聚集奠定坚实的制度基础。④城市化自身也需要进一步制度创新，增强增长极的聚集和扩散效应的发挥。⑤尽快建立起与西部区域层级增长极网络发展模式相适应的区域一体化制度和区域发展政策协调制度，这是促进层级增长极网络发展模式的关键。如果没有了区域一体化制度和区域发展政策协调制度，那么地方保护主义将会愈演愈烈，西部各地区之间的竞争将是一场恶性竞争，区域产业同构和重复建设问题也将会持续下去。⑥加速人力资源开发，包括创造一种环境，吸引外部人才向西部流入，是西部开发成功与否的关键。在建立西部地区人力资源开发机制方面，首先要在西部地区增加教育投入，强制普及九年义务教育；其次要在西部地区大力发展高等教育，在西部地区增设公立大学，鼓励民营教育产业发展，吸引外资投入西部高等教育。

四、西部大开发实施以来的政策及制度绩效分析

（一）1999年以来中央有关西部大开发的政策及制度回顾

1999年中央作出西部大开发的决策以来，国家先后颁布实施了以《国务院关于实施西部大开发若干政策措施的通知》、《关于西部大开发若干政策措施的实施意见》、《“十五”西部开发总体规划》等为代表的综合性的和专门性的方针政策支持西部大开发（更多政策见表4-1）。其中，《国务院关于实施西部大开发若干政策措施的通知》对西部大开发而言具有纲领性意义，在该文件中明确提出重点任务是“加快基础设施建设；加强生态环境保护和建设；巩固农业基础地位，调整工业结构，发展特色旅游业；发展科技教育和文化卫生事业”。并从“增加资金投入、改善投资环境、扩大对内对外开放、吸引人才和发展科技教育”等方面提出了相应政策制度方针。

表4-1　1999～2004年中央及各部委有关西部开发的部分政策

序号	政策名称	时间和机构	政策要点及配套措施
1	《中西部地区外商投资优势产业目录》，2004年曾修订该目录	1999年6月经济贸易委员会、国家计委[①]、对外贸易经济合作部三部委	目录列出西部地区的优势产业，以农牧业产品加工、旅游、植树造林、开发矿产资源、交通基础设施建设和新型电子元器件开发制造等领域为主，鼓励外商进行投资。利用外商项目享受在投资总额内进口的自用设备免征关税和进口环节增值税等优惠政策。目录所列鼓励外商投资的产业，体现了西部地区各地在环境、资源、人力、生产、技术、市场等方面不同的优势，通过积极有效地利用外资，引进国外先进技术装备和现代化的经营管理方式，可带动中西部地区产业结构、技术结构和经济结构的调整和升级

① 现为国家发展和改革委员会，下同

续表

序号	政策名称	时间和机构	政策要点及配套措施
2	《国家税务总局关于实施对设在中西部地区的外商投资企业给予三年减按15%税率征收企业所得税的优惠的通知》	1999年9月国家税务总局	对设在中西部地区的国家鼓励类外商投资企业，在现行税收优惠政策执行期满后的三年内，可以减按15%的税率征收企业所得税。范围是《外商投资产业指导目录》中鼓励类和限制乙类项目的外商投资企业
3	《关于推动东西部地区学校对口支援工作的通知》	2000年4月中共中央办公厅、国务院办公厅	在中央对西部地区教育事业继续加大扶持力度的同时，启动实施“东部地区学校对口支援西部贫困地区学校工程”和“西部大中城市学校对口支援本省（直辖市、自治区）贫困地区学校工程”
4	《西部大开发国土资源开发利用规划纲要》	2000年6月国土资源部	用地方面要优先安排和重点保障：国道主干线、省区干线公路和连接城镇的骨干公路，跨省（自治区）和出境铁路通道，干线机场的配套完善和列入国家计划的支线机场，天然气管道运输项目，城乡电网建设和改造项目，城市基础设施建设项目，现有大中型水利工程的配套完善和列入国家计划的新建水利工程项目，优势矿产资源开发项目，国家产业政策支持和鼓励的其他建设项目
5	《关于加强西部大开发科技工作的若干意见》	2000年8月科学技术部	制定科技规划、深化体制改革、提高科技创新能力、提供生态环境建设科技支撑、加快发展特色产业、培育高新技术产业、加快西部信息化进程、推进小城镇建设、普及科技、扩大开放、协调集成、系统推进，共12个方面
6	《关于运用价格杠杆促进西部开发的若干意见》	2000年8月国家计委	采用支持性价格政策筹集基础设施建设资金；推进西部教育收费改革，促进西部高等教育发展；各地要灵活运用价格杠杆，促进西部退耕还林还草和农业结构调整
7	《农业部加快西部农业发展十大措施》	2000年11月农业部	保护天然草场、建设粮食基地、建设特色农产品生产基地、发展旱作节水农业、推进生态农业发展、加快西部地区的养殖业、积极发展农产品加工业和乡镇企业、加强农业社会化服务体系建设、推进西部地区农业科技进步、开展基层农技人员和农民的职业培训

续表

序号	政策名称	时间和机构	政策要点及配套措施
8	《国务院关于实施西部大开发若干政策措施的通知》	2000 年 12 月 国务院	提出西部大开发的重点任务和重点区域，增加资金投入，改善投资环境，扩大对内对外开放，吸引人才和发展科技教育。适用于 2001 ~ 2010 年西部开发工作
9	《关于西部大开发中加强建设项目环境保护管理的若干意见》	2001 年 1 月 国家环境保护总局	西部建设项目应符合国家产业政策，防止重污染企业及技术、设备向西部转移；建设项目的选址、悬线和布局应与所在区域、流域的规划和环境功能区划相协调，避免对当地敏感环境造成影响，导致环境严重恶化；加强生态环境保护措施的竣工验收管理；加强自然保护区、江河源头区、水土保持的重点预防保护区和重点监督区、荒漠绿洲区等区域生态功能的保护；自然资源的开发、植树造林、水土保持、防沙治沙等重大生态环境建设项目必须开展环境影响评价，共 12 项内容
10	《关于西部大开发若干政策措施的实施意见》	2001 年 8 月 国务院西部地区开发领导小组办公室	意见包括政策措施的适用范围、加大建设资金投入力度、优先安排建设项目、加大财政转移支付力度、加大金融信贷支持、大力改善投资软环境、实行税收优惠政策、实行土地使用优惠政策、实行矿产资源优惠政策、运用价格和收费机制进行调节、扩大外商投资领域、拓宽利用外资渠道、放宽利用外资有关条件、大力发展对外经济贸易、推进地区协作与对口支援、吸引和用好人才、发挥科技主导作用、增加教育投入、加强文化卫生等社会事业建设、政策措施的解释和落实等，涉及西部经济社会发展的各方面内容，共 70 条
11	《“十五”西部开发总体规划》	2002 年 7 月国务院西部地区开发领导小组办公室	作为西部开发的阶段性发展规划，进一步明确 5 年内西部大开发的战略目标、“十五”西部开发的主要任务、西部开发的重点区域、西部开发的政策措施等内容
12	团中央等八部委出台鼓励高校毕业生志愿者服务西部政策	2003 年 6 月 共青团中央等八部委	服务期间，中央财政给予生活补贴；服务期间计算工龄，党团关系转至服务单位；服务期间可兼职或专职担任所在乡镇团委副书记、学校及其他服务单位的管理职务；服务期满考核合格的，报考研究生给予加分，服务期满考核合格后报考党政机关公务员的，可适当加分，同等条件下，应优先录用；服务期满将对志愿者进行考核鉴定，并存入本人档案；考核合格的，颁发证书，作为志愿者服务经历和就业、创业的证明；在录用党政机关公务员和新增国有企事业单位人员时优先录用志愿者；服务期满考核合格的，授予各种奖章和荣誉

续表

序号	政策名称	时间和机构	政策要点及配套措施
13	《2004～2010年西部地区教育事业发展规划》	2004年9月 教育部、国务院西部地区开发领导小组办公室	专门从教育和人才培养层面确定了支持西部发展的政策，内容涉及西部地区教育发展的指导思想、战略要点、主要任务与目标，加大投入力度，努力形成长期、稳定的教育经费来源渠道，着力实施五项重大工程（计划），深化教育改革，加强制度创新；调整结构，优化教育资源、加大对西部地区教育的支持力度
14	《国务院关于进一步做好退耕还林还草工作试点工作的若干意见》	2000年9月 国务院	加强领导，明确责任，实行省级政府负总责；完善退耕还林还草政策，充分调动广大群众的积极性；健全种苗生产供应机制，确保种苗的数量和质量；依靠科技进步，合理确定林草种结构和植被恢复方式；加强建设管理，确保退耕还林还草顺利开展；严格检查监督，确保退耕还林还草工程质量
15	《国务院关于进一步完善退耕还林政策措施的若干意见》	2002年4月 国务院	提出了西部地区退耕还林必须遵循的原则；科学制定规划，加快退耕还林进度；认真落实林权，调动和保护农民退耕还林的积极性；切实抓好粮食补助兑现，确保农民口粮供应；必须做到种苗先行，保障种苗供给；落实退耕还林各项配套措施，巩固退耕还林建设成果；加强组织领导和监督检查，确保退耕还林工作顺利进行

资料来源：限于篇幅和分析的需要，还有一些政策未能在此一一列出，如《退耕还林条例》、《西部地区水利发展规划纲要》等。上表主要引自邹东涛，李洪侠《近年来西部大开发政策绩效分析与思考》一文，中国西部经济发展报告（2006年版），社会科学文献出版社，经作者再整理和修改

（二）对我国西部大开发政策综合效果的简要分析与评价

1999年开始的西部大开发经历近10年时间，在国家资金和政策的有力支持下，我国西部大开发工作取得了比较明显的成效，各项开发决策逐步得到落实和实施，整个西部地区的基础设施建设和生态环境建设迈出了实质性的步伐，如青藏铁路建成通车、“西气东输”、“西电东送”、大型水利枢纽工程、交通干线等一批重大项目逐步实施和完成，全社会固定资产投资大幅度增加，经济、科技、教育和社会事业得到快速发展。

根据邹东涛和李洪侠对西部大开发各项政策绩效的研究，他们以经济发展中GDP为因变量，以基础设施建设指标、教育（科技）指标、医疗卫生业指标、生态环境指标为自变量，运用Eviews软件进行了定量分析，结果如下：

$$GDP = 1150.22 + 0.86 * invest + 13.53 * newstudent + 0.01 * hospital$$
$$(2.92) \quad (0.43) \quad (4.71)$$
$$+ 1.3 * shentail + 1109.71 * dummy$$
$$(3.73) \quad (2.25)$$

为了抽象掉指标单位的影响，在运用弹性方法对相关方程进行估计，得到如下结果：

$$\log(GDP) = 1.74 + 0.31 * \log(invest) + 0.09 * \log(newstudent)$$
$$(4.06) \quad (2.67)$$
$$+ 0.05 * \log(hospital) + 0.5 * \log(shentail)$$
$$(3.34) \quad (5.10)$$

他们综合分析认为：①西部大开发过程中经济社会各方面政策实施效果都可以在 GDP 中有所体现；②西部大开发政策对促进西部发展具有积极作用；③各项政策作用效果不完全一样，其中基础设施建设和生态环境保护政策效果更为明显①。

对于西部大开发的政策效果评价，我们希望从生态环境建设、对区域投融资影响、西部产业组织结构等几个方面来做一简要分析。

从生态环境建设方面来看，退耕还林、天然林保护、防沙治沙等生态建设工程顺利推进［作为国家在中西部地区实施的一项重大生态建设工程，退耕还林工程涵盖了中西部 25 个省（直辖市、自治区）、1000 多个县（区、旗），涉及 1330 万农户、5300 万农民］。基础设施和生态环境建设的加快，改善了西部地区的投资硬环境和生产生活条件。但根据笔者在西部几个省（自治区）的实地调研发现，退耕还林还草工程由于在政策机制的设计以及监督环节存在诸多不完善，特别是未能和相关的农业政策以及土地制度等衔接、配套，导致地方政府和农民与中央政策的博弈，结果是农民争相抢项目（退耕还林还草项目），目的是拿国家给予的资金补助，而没有真正关心生态工程项目的最终效果，造成生态建设资金浪费严重，最后真正用在生态工程上的资金并不多。因此，生态环境工程建设的实施效果随着时间的推移有逐步减弱倾向，其资金使用效率和最终成效打了很大的折扣。

从西部大开发政策及制度对促进投融资的影响来看，从西部大开发政策实施以来，西部地区的固定资产投资迅速增加，规模不断扩大，但主要投资来源以国家投资为主体，吸引外资的数量和规模仍然偏少。另外目前西部地区投融资机制还较为单一，投资增长主要依靠基建投资和国有经济投资来拉动。尤其是在基础

① 邹东涛，李洪侠. 2006. 近年来西部大开发政策绩效分析与思考. 中国西部经济发展报告（2006）. 北京：社会科学文献出版社

设施和生态环境建设领域，投融资渠道单一，资金来源主要是依赖政府财政资金和银行贷款。从西部大开发政策促进西部地区产业发展来看，各级政府对发展各地区特色产业特别是加工制造业的发展虽然给予了较大的重视，但是由于西部各地区在资源和产业上存在较强的同质性，更为关键的是缺乏相应的人才，从发展的效果来看并不明显。这样，从长远发展来看，西部开发将缺乏持续稳定快速发展的产业支撑。

从西部大开发政策对促进西部产业组织结构来看，当前西部地区的中小企业发展仍然滞后，对整个西部地区的经济增长的带动作用较小。当前，西部地区中小企业发展滞后的主要原因有以下几个方面：一是市场发育程度较低，非国有经济发展相对缓慢。在西部一些地区，由于各类市场发育不完善，社会化服务水平较低，技术、信息服务、咨询、培训等中间机构不发达，企业门槛较高，投资软环境较差，制约了私营和乡镇企业的发展。二是缺乏较完善的产业配套条件。在市场竞争日趋激烈的情况下，小企业要求得生存和发展，就必须向“小、精、专、新”的专业化方向发展。这样就需要有一个完善的社会化服务网络和产业配套条件。目前，西部地区社会化服务网络不发达，产业配套条件较差，难以适应经济发展的需要。三是政府支持服务体系不健全。特别是，由于中小企业担保基金、风险投资基金发育滞后，各种中间机构不发育，政府办事效率较低，导致中小企业融资困难，生产经营成本较高，技术信息不灵，由此影响了企业的竞争力。

（三）结论

总之，实施西部大开发以来，在国家政策的有力支持下，我国西部大开发正积极有序地稳步推进，西部地区投资明显增加，基础设施和生态环境建设取得较大进展，经济增长速度逐步加快。然而，应该看到，由于多方面的原因，当前在实施西部大开发战略的过程中也存在一些问题。一是实施西部大开发以后，虽然国家财政在西部地区投资明显增加，但国内民间资金和外商投资并没有大规模地相应跟进，目前大多仍持观望态度，由此出现了“政府热、民间冷”的现象；二是目前各地均把开发投资的重点放在基础设施和生态环境建设等领域，而对特色产业特别是加工制造业的发展没有引起足够的重视，导致西部工业化推进缓慢，工业竞争力和市场份额下降，使西部经济的长期发展缺乏必要的产业支撑；三是虽然西部经济增长速度在逐步加快，但在全国经济高速增长的宏观背景中，西部与东部地区之间的发展差距在进一步拉大，逐步缩小地区差距仍将是一项长期的艰巨任务；四是在改革开放方面，西部地区软环境建设尚存在较大差距，远不适应经济发展的需要，外商投资和出口占全国的份额呈不断下降的趋势，外向型经济发展十分缓慢，其对地区经济的拉动作用很小；五是国家在西部地区投资的一些大型项目，有的与当地经济联系不够紧密，有的通过外地（主要是沿海地区）采购和承包，其对当地经济的带动和乘数作用并没有预期的那样大；六是中央与地方政府和农民之间的政策、制度博弈行为越来越显性化，这往往会导致中央的决策和政策部分的打折扣；七是地方政府的行政管理行为急需要规范化，当前地方政府的行政不作为、乱作为现象尤为突出。在西部一些落后地区，由于改革开放严重滞后，计划经济的观念仍然根深蒂固，地方政府行政随机性很大，对企业干预严重，企业自主权难以落实，“三乱”现象比较严重。同时，由于政府机构臃肿庞大，行政办事效率较低，手续复杂烦琐，不仅增加了交易成本和寻租的机会，也为政府腐败的滋生提供了空间。政府的这种行政作风大大降低了政府在农民心目中的公信度，也大大降低了国家政策的有效性，使很多好的国家政策和制度设计到了基层以后就被扭曲和化解殆尽，以致失效。显然，这些问题都是前进和发展中的问题，需要今后在实施西部大开发的过程中逐步加以完善。

综上所述，西部大开发实施以来国家出台了一系列卓有成效的政策和措施，而随着西部区域开发实践的不断深入，随着国内外区域经济发展环境的变化，特别是随着西部地区对外开放程度的不断加深，亟须要从更深的层面、更广泛的领域出台一系列更为基础性的、有效的政策措施和制度设计，特别是土地制度、户籍制度、劳动与就业制度、社会保障制度以及区域发展政策协调制度等的创新，这将触及我国经济社会发展的深层，但唯有如此才能将改革向纵深推进，以进一步推动西部大开发向更深入、更广阔的领域迈进。

第二节 土地制度的创新

土地制度历来对于整个国家经济的影响都是非常深远和广泛的，因为它不仅仅是一项涉及千百万人切身利益的制度，更是所有经济制度中的基础性或根本性制度。土地制度的不断变迁和完善将对整个经济发展产生极其深远的影响。就西部地区经济发展而言，土地制度的不断创新和完善将在很大程度上进一步解放广大西部欠发达地区的生产力，将会对整个西部地区经济产生扩散效应。

土地制度包括土地所有制度、土地使用制度和土地管理体制。土地所有权决定了土地使用制度和土地管理体制，土地使用制度又是土地所有制度在经济生活中的实现形式，土地管理体制则是土地使用制度得以正常运行的制度保障。这里分析的重点是在推进西部层级增长极网络化发展进程中，土地的使用制度和管理体制问题。

一、城镇土地制度的改革与创新

1. 土地使用制度的改革与完善

目前国内的很多学者们提出了许多关于城镇土地使用制度方面的研究对策和建议，他们主张把土地出让、土地入股和土地出租作为国有土地使用制度的具体内容并用法律的形式规定下来，核心思想是土地所有者凭借所有权就能够获得收益（傅崇兰等，2003；孙自铎，2001；王盛章和赵桂溟，2002）。我们认为这种形式对于推进西部区域经济发展是有利的，也是可行的。

土地出让制度主要是指国家把国有土地的一定年限使用权出让给土地使用者，并一次性收取出让金。在土地出让期间，土地的受让人可以出租、转让、抵押其土地使用权。而所谓土地入股又称为土地合伙，即国家出土地与土地使用者（投资者）共同完成某个项目开发，双方按照协议分享利益。在合作期间，合作双方（包括国家）不能随意终止合同约定而处置土地。土地出租是指国家把土地出租给土地使用者并定期收取租金，土地使用者对其所承担的土地没有任何的处置权。

从实践上看，全面推行这三种制度是适应西部区域经济发展的实际情况的。首先，西部各地已经有了土地出让方面的经验；其次，各地已经开始征收土地使用税，只要把税改成“租”就可以了。

2. 土地管理体制的改革与创新

为了加强对基本农业用地和国家宏观土地管理，建议可以采取土地管理体制的垂直管理方式，也就是说要对土地资源进行垂直管理，而对国有土地资产进行地方管理。土地资源管理者不直接进行土地资产的经营管理，但对土地资产管理进行监督和约束。土地资源管理者每年向土地资产管理者提供用于开发和进入市场的土地，而土地资产管理者则要运用市场手段以保证国有土地的保值、增值。

土地资源管理者应主要从土地利用总体规划、城市规划、土地供应计划、土地权属登记和地价监控等方面来管理土地资源，因此这种管理方式必须是垂直的。而土地资产管理则主要是具体实现土地使用制度具体规定，即专门进行土地出让、出租和入股。由于土地资产管理需要在充分了解当地市场行情的基础上进行，因此，土地资产管理者应该由地方政府负责。具体来看，土地资源管理者组织制订和实施土地利用总体规划和城市总体规划，在这种总体规划指导下，每年对土地资产管理者提出土地供应计划，主要包括出让土地、出租土地和入股土地的数量、面积、位置和用途等。而土地资产管理则应由各级城镇政府部门成立地产专营公司，具体进行土地出让、出租和入股活动，包括征地、拆迁等活动，土地出让原则上要完成五通一平，即达到可利用状态才能出让。地产专营公司不得从事其他经营活动，所得利润原则上归地方政府，上级政府可以收取土地资源管理费和地租。土地资源管理者要经常进行跟踪检查，对出让者和受让者都进行约束，以确保土地供应计划的落实。

二、农村土地制度的改革与创新

农村土地制度的改革与创新不仅涉及西部近 2 亿农民的切身利益，也将对其他制度的改革与创新带来重大影响。因此，这是一项带有根本意义的制度创新。如果土地制度的改革能够取得成功，必将大大推进西部区域层级增长极网络的发展，推动西部区域经济上一个新的台阶。目前亟待解决以下两个方面的关键问题。

1. 必须给农民以真正的市场经营主体资格和权利

在我国大力发展社会主义市场经济的今天，农民仍然没有真正的享有市场经营主体的资格和权利，这是影响当前农村经济发展的一个重要因素。在农村，土地是农民最重要的财产，而在现有土地制度、农业双层经营体制和户籍制度下，农民实际上被束缚在土地上，并没有真正的享有市场主体的资格和权利。首先，在现有的土地制度中，由于集体土地所有权主体不明确，农民个人仅仅享有很有限的土地承包经营权，而没有完全独立的自主经营权、转让权、处置权和贷款抵押权等。因此，农民很难根据市场的发展变化和需求，自主的决定土地的出让、转让、股份合作等市场经济行为，农民的市场主体资格和权利受到了很大的限制。其次，在农业双层经营体制中，由于农民的市场主体地位并没有真正确立起来，土地还不是农民自己的，他所享有的权利也只是很小的一部分，因此农民在经营土地的过程中不断受到来自“统”的层次的人为干预，在有些地方，土地种什么，怎样种，都要受到“统”的层次的干预。同时，农民的土地被政府随意的征用后却常常得不到应有的合理补偿，更不要说取得土地使用权的市场价值了。“统”的层次经常借口服务向农民收取各种名目的税费，它实际上掐断了农民与市场的真正衔接，成为农民走向市场的障碍，成为真正市场主体的障碍。最后，现有的户籍制度不利于农业剩余劳动力的转移，不利于形成城乡开放的统一的劳动力市场，使农业劳动力的转移基本上是在半封闭的状态下进行，有明显的农村内部转移的封闭特点。这种户籍制度所带来的一个最重要的结果就是把农民相对固定地束缚在土地上，农民不可能享受在更大范围内择业、迁徙的自由，由此也大大限制了农民市场主体资格的确立，制约了农民市场主体权利的发挥。从某种意义上说，这也是造成农业“碎化”经营、劳动生产率低下、农产品商品

率低的直接原因。(张建军，2006)

实践证明，市场经济要发展，城市化要推进，“三农”问题要得到真正的解决，必须让农民和农村分化，必须给农民以真正的市场主体的资格和权利，实现人力资源的优化配置。

2. 加强土地流转，落实农民个人产权，让农民与土地分离

随着我国现代化建设的不断深入以及市场经济向纵深发展，我国目前在土地制度安排上的弊端也日益暴露出来，改革发展到今天，我们仍然停留在10亿农业人口均分有限的土地资源的水平上，农民在土地承包中仅享有很不充分的土地承包使用权，农业双层经营体制下农民的市场主体资格和权利被剥夺，造成了土地利用“碎化”，阻碍了土地利用效率的提高，土地资源浪费严重，更导致目前大多数农村仍然停留在自给自足的小农经济阶段，城市化进程举步维艰。另外，农民对土地享有不充分的权利使他们在国家征用土地的过程中不能进入一级土地市场，农民仅仅获得了相当于当年农业产值的赔偿，使本应该让农民获得的利益都流失了。巨大的经济利益驱使很多地方政府大量的征用农村集体土地，然后转手倒卖获取高额利益。根据有关资料统计，仅1986～1994年，中国就净减少耕地229.3万公顷（3440万亩），1997年减少耕地46.23万公顷（693.5万亩），1998年减少耕地57.04万公顷（855.6万亩），由于中国农村土地产权制度的缺陷，改革开放以来国家通过土地征用从农村转移出的土地资产收益超过2万亿元，由于农民土地承包权的不充分所遭受到的经济损失由此可见一斑。

当前加强农村土地流转的关键是要在长期稳定农民承包经营权的基础上，落实农民个人产权，使农民享有更加充分的土地承包经营使用权，使土地“物权化”，应该给农民颁发土地权证，土地权证可以抵押、买卖、转让等，建立农村有形的土地流转市场，推进土地流转。建立土地流转机制的关键在于给土地使用权定价，这一问题可以通过市场机制来解决，各地可以根据不同的情况进行土地拍卖，实行市场定价。这样可以使农民通过土地获得更多的收益，也让土地的就业功能、社会保障功能、增加收益的功能等更加充分的发挥出来（张建军，2006)。对农民而言，土地是大多数农民最重要的财产之一，它不仅是农民赖以生存之本，它还发挥着提供就业、医疗保险、社会保障等多种功能。在当前国家没有更多能力去加强农村社会保障、提供更多公共产品的情况下，给农民充分的承包经营权是正确的、合理的。如果我们仅仅考虑土地的农业产值、收益，而不考虑土地的其他社会功能，显然是不合理的。加强农民对土地的承包经营权，使农民通过土地获得更大的收益是市场经济发展的需要，也是发展农村经济，增加农民收入理所当然的政策选择。

需要强调的是在建立农村土地使用权流转机制的过程中，政府可以积极促进

和引导，为土地制度改革和创新搭建一个良好的政策平台，但首先应该尊重农民的市场选择，绝对不能搞“一刀切”或“刮风”，要给农民在良好的市场环境下对比利益进行自主选择的权利。对于那些愿意进城的农民来说，可以将土地一次性有偿转让，从而获得一笔数目相对较大的到城市创业的资金，也割断了进入城市的居民对土地的依附。

加强农村的土地流转，对推进农业产业化经营，增加农民收入，促进农村经济发展都具有十分重要的意义。

第三节 户籍制度的创新

农民市民化在我国户籍制度上的反映就是农民逐步转变为城市居民的过程。我国的户籍制度是一种特有的制度安排，实际上就是根据居住者的居住地进行户口登记管理的制度，城市居民与农民的最大差异就在于，城市居民享受城市的一系列社会保障，而农民则因为是农村集体土地的承包者，而不能完全享受与城市居民同样的社会保障待遇。由于有了社会保障的差别，农民户口转为城市居民户口有一定的限制。在城市与农村之间，大中城市与城镇之间都存在一定的户籍流动限制。要推动城市化和城市群的发展，户籍制度和与此相联系的社会保障制度就必须进行制度创新。

一、当前我国社会户籍制度存在的主要问题

随着我国经济社会的快速发展以及城市化进程的推进，户籍制度已经发生了根本性的变化。总体来说，我国已经放宽了农民进城落户的限制条件，很多城市也相继出台了一系列鼓励农民进城的优惠政策。例如，有些大中城市对户籍的迁移要求已经相当宽松，只要农民在城镇有正当的工作和稳定的居住场所，就可以将农村户口转为非农业户口，实现“农转非”。

但是，城市户籍与农村户籍之间仍然有着较大的差异。省（直辖市）内外的户籍迁移也有着许多差别，这些对于乡村农民户籍转为城镇户籍以及城镇与城镇之间的户籍流动就会造成很多的困难。这些制度与政策，客观上限制了城市化进程以及层级增长极网络的发展。

一是户口在城市间以及城乡间的完全流动还存在着一定限制。一些大中城市虽然鼓励农民进城，但是对农民进入哪一级的城市有着很多限制性规定。中国的大城市和特大城市目前仍然实行的是人口总量规模控制。主要目的是减轻大城市的基础设施、就业和社会保障的压力。大量的人口涌入城市，将会给城市的就业、社会稳定、城市环境等带来很沉重的负担。因此，一些城市在限制农村户口

向大中城市迁移时，就设置了一系列的条件。例如，农民进城购买商品房必须达到规定的价值。因为房价高，这无疑将一大批低收入但具备良好素质的农村居民拒之门外。这些政策制定的初衷是保持社会稳定，有利于促进城镇房地产业的发展，然而事实上由于购房者少，因此对促进房地产业发展的作用不大。在政策中规定具有一定规模的外省投资企业，要达到一定的投资规模，才可以迁入若干名外省（直辖市）人员的户口。另外还从学历、技能等方面为外来人员进入城市解决户口增设了一定的条件，这些都从人口的机械增长上设定了限制。

二是难以公正、宽容地接受外来人口。许多大中城市都面临着严重的就业压力。实际上，同一城市中在对外来农民工与本市居民的态度上就很难做到一视同仁。由于不能解决户口问题，进城务工人员在许多公共服务领域普遍受到歧视，在教育、医疗、社会保障和消费信贷等方面难以同本市居民享受同等的待遇。

三是户籍制度改革的目标是淡化户籍管理，但是其他制度改革不同步又强化了户籍的重要性，如就业制度的中观和微观层面对拥有本地户口的居民的保护，中小学招生只面向本地生源等。这也从另一个层面反映出各种具体制度同步配套改革的重要性。

二、加快农民市民化的政策

为了加速城市化进程，各地纷纷出台了一系列政策措施，如东部沿海的深圳市成为中国第一个实现了无农民的城市，而有些城市出台了只要农民本人愿意，就可以实施就地“农转非”的市民化政策。2003 年 3 月 1 日实行的国家《农村土地承包法》规定，只要农民承包方全家迁入城镇落户的，可保留承包地或实行土地流转。也就是说，农民可以迁入城镇实施就地“农转非”。也有些省（直辖市）开始实施农民“断根政策”，即今后这些省（直辖市）就没有小农民了。例如，上海市出台了2001 年以后出生的农民子女全都实施“农转非”的政策。也就是说，新世纪以后出生的农民子女全都是城市居民。新出生的孩子，从户籍上看，已经是城市居民了，但是他们的社会保障和享受的最低生活保障线都低于上海市城市居民的水平。在 18 岁以下，对他们仍然实行的是农村医疗保险。为了加快“农转非”进程，上海市还实行了 16 岁以后进入中专、技校等就实行“农转非”的政策。以上这些政策措施为西部地区户籍制度改革提供了很好的经验借鉴。为了加快今后我国西部地区农民市民化的步伐，根据西部地区经济社会发展的实际情况，提出了以下几点思路。

1. 农民市民化的基本原则

为了不断降低农村人口规模，加快农村人口向城市集中，促进农村剩余劳动力的转移，提高农业生产的效率。同时，人口分布的这一重要变化将逐步使农村劳动者与其他劳动者只有职业之分，而没有身份之别。因此，要从根本上解决我国的农民问题，扎实推进农民市民化应坚持以下几个基本原则：

一是农民市民化要按照区域城市化战略的总体要求，结合农村集体土地制度改革，保护好农民在市民化过程中的利益。

二是农民市民化要严格执行国家和地区的计划生育政策，按照公开、公正、有序的原则实施。

三是农民市民化后要确保其社会基本保障，选择不同的社会保障标准。

2. 解决农民市民化的对策及相关政策建议

农村城镇化与新型工业化联动发展，促进西部“三农”问题的解决。在全面建设小康社会的总目标下，西部地区的“三农”问题愈来愈凸现出来，成为影响我国社会经济全面进步的重要因素，但在这个问题的认识及解决途径方面，目前国内相关的专家和学者还存在诸多的分歧。主要的观点有，林毅夫（2002）认为应通过增加财政对农业的投入来促进农民增收，加强农村基础设施建设，取消农业特产税，由中央财政支付农村中小学教师工资等。刘拥军和薛敬孝（2003）认为加速农业市场化进程是增加农民收入的根本途径。彭代彦（2003）认为发展农村非农产业才是增加农民收入的主要途径。孙自铎（2001）认为解决农民问题的关键是要加快实现农民身份的转换，大力推进城镇化。商华（2004）则认为要加强开发农业资源的深度和广度，充分挖掘农业内部就业潜力，综合开发利用，为剩余劳动力就业创造出路。蒋永穆和安雅娜（2003）认为要实现农民增收，一个很重要的方面是要实现农村土地制度的创新，应建立农村土地按类分级集体所有制，完善农村土地使用权制度，推进土地使用权流转和土地适度规模经营。以上观点是近来学术界对解决农民问题的几种有代表性的观点。

我国的“三农”问题有其自身形成的历史原因和特点，是在多种复杂因素共同作用下的结果。因此，解决这个问题单靠某一种或一项政策措施是不可能奏效的。在此情况下，我们必须在“处方”众多且“药效”近似的“解药”中找出一个根本性的、具有战略前瞻性的“解药”，围绕这一“解药”再配合其他多种行之有效的“药”方能取得良好的效果。而以上大多数观点仅从某一个方面或某个角度去分析问题并得出了解决的思路，但缺乏统筹考虑。本书认为解决我国“三农”问题的根本出路在于以农村城镇化与新型工业化联动发展模式的发展，这是“主线”，同时要配合一系列，如农村社会保障制度、土地制度改革、户籍制度改革、金融机构改革等配套制度及措施，在城镇大力发展以新型工业化为主导的非农产业，并逐步转移那些不需要土地并有愿望和能力进城的农民进入非农产业，这是解决当前我国“三农”问题、社会经济发展问题以及全面建设小康社会的关键。

三、农村城镇化与新型工业化联动发展模式的基本框架

所谓农村城镇化与新型工业化联动发展模式，简而言之就是指以农村城镇化带动新型工业化发展，而新型工业化发展反过来又能进一步促进农村城镇化进程，把这样两个进程通过一系列政策和制度紧密的联系在一起，联动发展。其政策模型设计主要基于以下几方面的认识。

第一，农村城镇化在解决“三农”问题中的必然性。选择农村城镇化是由我国的国情特点决定的。①我国“三农”问题突出表现为“人口增长过快，文化科学素质低，农民购买力差，农村工业过于分散，第三产业非常薄弱，就业空间趋于狭窄，经济不协调现象日益加剧”，“人地关系高度紧张”，以上基本国情决定了农村城镇化是大趋势。同时，如果按照中央规划的2020年全面实现小康社会总体目标，那么我们的城市化率必须从现在的37%提高到55%以上，这意味着每年至少将转移1500万以上的农民进城。因此，城镇化是大势所趋，所有研究解决“三农”问题的政策措施都应围绕这个大前提进行。另外，提高农村城镇化水平，转移农村人口，可为经济发展提供广阔的市场和持久的动力，也是优化城乡经济结构，促进国民经济良性循环和社会协调发展的重大措施。②我国大部分农村经济落后，基础条件差，如果没有城镇化的先期发展，创造新型工业化发展的环境和平台，新型工业化就缺乏必要的“孵化器”，也就不可能与当地的优势资源相结合，形成具有比较优势和较强市场竞争力的、能带动地方经济发展的龙头产业。③城镇化过程实质上也是农民收入水平和市场经济意识、文化观念和素质不断提高的一个过程，这个过程同样有利于新型工业化、高新农业产业的发展。④现有城市容量无法容纳全部农村剩余劳动力进城，即城市不加限制让农民进城，由于农民自身条件（如文化水平低、劳动技能不高、经济条件差等）和城市“门槛”的限制也不可能实现真正有效的城市化。因此，农村城镇化是一个必然的选择。

第二，城镇化的发展离不开产业的支撑，没有相应的产业及市场的发展，城镇最终也是没有生命力的。因此，我国的城镇化还必须与新型工业化相结合。从我国工业化发展战略实际出发，考虑到在工业经济时代或之前的时期，落后国家要赶上发达国家，需要长期的资本、劳动力和资源的积累。而自然资源毕竟是有限的，发达国家又在占有和使用这些资源方面抢先一步，发展中国家要依靠增加资本和劳动力，通过挖掘和消耗自然资源来实现现代化的思路已不可行。因此，我们唯一能选择的就是走以信息技术为主导，科技含量高，能耗低，环境污染少，并能使人力资源优势得到充分发挥的新型工业化道路，它既不会让我们脱离

高科技（特别是信息技术）革命的大潮，又能高质量地完成工业化任务，由“赶超式”发展战略向“跨越式”发展战略转变。

第三，农村城镇化与新型工业化两者是相互影响、相互促进、相辅相成的关系。首先，城镇化与新型工业化虽然有时序上的差异，但有极强的经济内在关联性，它们两者之间是一种相互影响、相互促进的关系（图4-2）。城镇化是新工业化的基础，它为新型工业化的发展提供人力、资本方面的支持，而新型工业化的发展反过来又可以促进城镇化更快更好地发展。落后地区可以利用先进地区的技术和经验，实现新型工业化的跨越式发展，使两者联动推进，即以城镇化带动、支持新型工业化，以新型工业化促进城镇化，从而把两者很好地结合起来。其次，小城镇作为一定区域的政治、经济中心，物质、科技、信息、人力等生产要素相对集中，是我国扩大内需和农村剩余劳动力向第二、三产业转移的重要载体。大力发展小城镇，走高新技术工业区、市场建设和城镇发展“三位一体”的路子，是符合发展规律的。因此，我们应坚持以业兴镇，实现城镇化与新型工业化的良性互动，用现代高新技术和发达的产业来支撑城镇，跳出“就建设抓建设”的圈子。城镇化的过程是各种生产要素不断在城市集聚，并创造大量第二、三产业就业机会的过程。繁荣的城镇，要以现代高新技术和发达的产业来支持，发展城镇经济必须努力做大做强支柱产业和优势企业，实现城镇化与新型工业化的良性互动，充分利用落后地区的区域优势和丰富的人力资源优势，合理配置资源，提高资源配置的效率，促进地区经济发展。

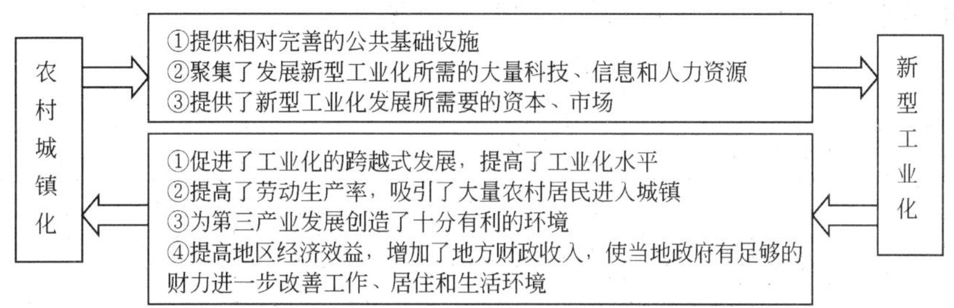

图4-2 农村城镇化与新型工业化的相互关系简示图

第四，农村城镇化与新型工业化联动发展模式在促进县域经济发展中的优势。其一，农村城镇化有利于提高落后地区第二、三产业的比重，有利于加速农村剩余劳动力向非农产业转移，并为落后地区走一条科技含量高，经济效益好，资源消耗低，环境污染少，人力资源优势得到充分发挥的新型工业化道路提供了非常有利的条件。其二，以农村城镇化带动新工业化发展有利于调整落后地区的产业布局，提高乡镇企业的综合效益。通过加快小城镇发展，不仅可促进乡镇企业向城镇工业小区集中，形成产业聚集经济效应，还有助于乡镇企业提高对土地和基础设施的利用率，降低企业成本，提高管理水平，实现规模经济效应。其三，以小城镇发展带动新工业化发展有利于提高落后地区的人均收入水平，扩大农村市场。例如，中国社会科学院农村发展研究所对一些落后地区小城镇发展的比较好的地方进行的实地调查显示，这些小城镇的人均收入平均增长速度连续5年超过了一些大中城市。

基于以上分析，我们按照要素分析理论设计了一个解决“三农”问题的“农村城镇化与新型工业化联动发展模式发展”政策模型：设某一问题K的存在是由N（$N \geqslant 1$）个影响因素制约的，但这N个因素按照对K的影响力不同又可以分为不同层级的影响因素，影响力最显著的因素可能有M_1（$M_1 \leqslant N$）个，影响力次显著的有M_2（$M_2 \leqslant N$）个，以此类推，……，影响力最小的有M_i（$M_i \leqslant N$）个，且有$M_1 + M_2 + \cdots + M_i = N$，那么我们把$M_1$称为第一层级影响因素，$M_2$称为第二层级的影响因素，……，$M_i$为第$i$层级的影响因素。就“三农”问题而言，同样也存在不同影响力层级的因素，我们必须从众多的影响因素中找出M_1和M_2，这是解决问题的关键。本书认为当前影响或阻碍“三农”问题解决的最根本因素是城市化与工业化落后，而从我国的实际国情出发，我们认为只有走农村城镇化与新型工业化联动发展之路才能从根本上走出“三农”困境，这是第一层级因素。而围绕农村城镇化与新型工业化联动发展又包括土地制度的创新与改革、农村社会保障制度的建立与完善、户籍制度改革与创新、农民文化技能的培训、金融机构的改革与支持5个系统因素，可称为第二层级因素，以此类推，还有第三层级的影响因素等，这就形成了一个较完整的政策系统模型（图4-3），也是本书提出的解决“三农”问题的政策系统基本框架，通过这一系列的

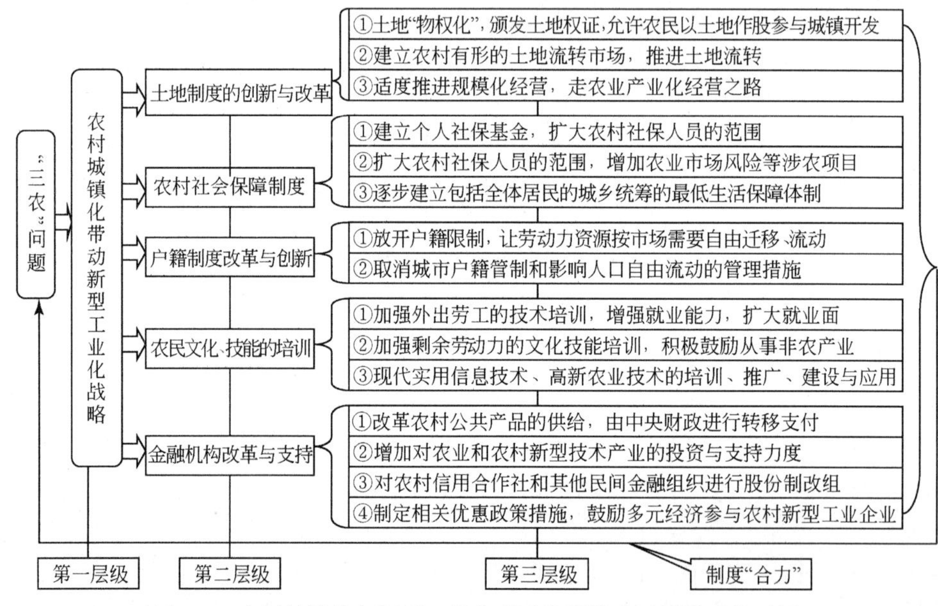

图4-3　农村城镇化与新型工业化联动发展模式系统模型简示图

层级政策措施，能够形成一种制度“合力”，推进“三农”问题的最终解决。

四、当前影响我国农村城镇化与新型工业化发展的主要因素

第一，经济体制和制度因素。首先，城乡“二元”经济结构的负面影响仍然存在，并在很大程度上制约着农村剩余劳动力及其资本的自由流动，影响了农村城镇化的进程。其次，在我国农村城镇化进程中，由于一系列相应的配套政策、措施不到位，或缺乏可行性，没有形成一种制度的“合力”，没有对那些有意愿、有能力进城从事非农产业的农民构成强有力的吸引力，因此农村城镇化进程缓慢。农村社会保障制度、土地制度改革、户籍制度改革、农民文化技能培训等没有经过科学的设计和规划，在制度和政策上不衔接、不连贯、不配套，与农村城镇化这个主题不相适应。再次，在农村城镇化过程中缺乏中央财政和金融机构长期、有力的支持，对新型工业化与区域优势资源相结合缺乏应有的认识和足够的重视，影响了农村城镇化与新型工业化联动发展。最后，农村城镇化缺乏科学的规划和全面统筹考虑，各自为政，更没有从区域资源优势出发，未考虑长远发展需要，造成城镇化建设混乱。有些地方借城镇化之名，大搞形象工程、政绩工程，乱开工，乱上项目，小城镇遍地开花，结果是一个上规模的城镇也没有发展起来，或者是有城无市。

第二，政府制约因素。当前我国基层政府的趋利化行为已经严重损害了自身行政职能的发挥，损害了作为市场“监督者”或“守夜人”的信誉及角色形象，甚至“已经完全丧失了其提供公共服务的本来职能，其政府属性越来越淡薄，越来越唯利是图，变成了一个追求自我利益最大化的准赢利组织，他们的行为高度趋利化”。这与笔者在甘肃陇东地区的调查结果基本一致。市场经济体制下的经济行为遇到了计划体制下“唯利是图”的政府管理行为的制约，政府的趋利化行为不仅严重阻碍了城镇化进程，也影响了新型工业化的发展。

第三，小城镇自身的因素。由于农村小城镇自身规模小，人口少，经济总量不大，就业的机会和发展机遇少，加上地理环境和区位等不利因素的影响，小城镇自身存在一些无法和大城市相比的缺陷与不足，这是小城镇“吸引力”小的一个因素。

第四，文化习俗、观念以及价值观因素。文化习俗以及价值观对城镇化进程有着不可低估的作用，思想是行动的先导，文化习俗和价值观在很大程度上对农民的经济行为产生直接的影响，如传统的封建思想在生育观上的“重男轻女”、对就业种类的“贵贱”之分以及在居住地选择上的“落叶归根”思想等。此外，一般而言农民的文化水平不高，现代科技意识差，缺少必要的劳动技能培训，所有这些都会在很大程度上制约农村城镇化的进程以及新型工业化的发展。

五、积极推进农村城镇化与新型工业化联动发展

1. 农村城镇化与新型工业化联动发展的原则

一是坚持以市场导向为主，政府协调为辅的方针，政府应按照市场规律办事。这方面存在的主要问题是，一方面，我国很多地区的城镇化主要是在政府的一手“提携”下“搭”起来的，城镇本身缺乏坚实的经济基础——产业支撑，因而城镇即使建起来了，但“运转”却非常困难。另一方面，在农村城镇化的过程中，有些领导热衷于搞政绩工程，城镇布局缺乏科学的规划，遍地开花，既浪费有限的宝贵经济资源（如土地、资金），又不利于城镇化的发展。根据笔者实地调查，在甘肃某个面积仅有500多平方公里的小县，连一个上规模的城镇也没有，却几乎把各个乡镇政府所在地都规划为城镇来建设，“城镇”密度很大，但有城无市。

二是坚持可持续发展战略，促进人与自然协调发展，建设生态型城镇，跳出“污染、治理、再污染、再治理”的圈子。应当把加强生态建设和环境保护列为必须着重研究解决的一个重大战略性问题，把可持续发展战略作为推进城镇化进程的重要指导思想。在产业发展上更多的考虑以高新技术企业为主导的新型工业项目，大力发展生态园林型城镇；要把城镇建设与土地整治结合起来，实行土地利用、开发、整治、保护、协调的政策，城镇建设项目的选址、各类开发区的建设、城乡结合部的建设都要有利于生态建设、保护和可持续发展。

三是坚持“一县一城”的原则。根据世界银行有关专家在《1984年世界发展报告》中提出：城镇只有达到15万人的规模时，才会出现聚集效益。而据有关统计，1999年末我国平均每个镇仅有5118人，从数量上看，3000人以下的建制镇占总数的46.7%，3000～5000人的建制镇占23.1%，5000～8000人的建制镇占15%，8000～12 000人的建制镇占7.1%，12 000人以上的建制镇占8.1%。（彭代彦，2003）我国目前的小城镇距正常发挥城市聚集效应还有较大距离，即使按我国学者提出的30 000人标准来看也还有很大差距，因此，从我国实际情况出发，本书认为一个县集中力量建设一个规模较大、质量较高的城镇比较符合目前我国农村城镇发展的实际，同时可防止农村小城镇“遍地开花”的现象。

2. 推动以新型工业化为主导的县域经济发展

一是大力加强基础设施建设的力度，特别是以互联网为基础的信息化建设和以铁路、公路为主的交通网的建设，这是推进城镇化和新型工业化发展的前提，也是促进落后地区经济发展的先决条件。林毅夫教授认为，当前推进城镇化和农村现代化的过程中，应按照比较优势的原则，大力发展劳动密集型产业，扩大非

农就业机会，促进农业人口比重下降，加强以农村道路、电网、自来水建设为主导的农村基础设施建设，这是在“当前生产能力普遍过剩、投资和消费需求不足、市场极度疲软、通货紧缩势头尚未减缓的形势下”，发挥积极财政政策“四两拨千斤”最有效的地方。

二是积极探索土地制度、户籍制度和农村社会保障制度改革，创新土地使用权流转机制，可以考虑以土地“物权”作为农民个人社保基金的基础，解决有意愿进城的农民的后顾之忧，加快农村剩余劳动力向城镇的集聚，为进一步推动城镇化建设和新型工业化发展创造条件。

三是办好民营经济开发区，促进城镇化发展，努力培育一批吸引力和辐射力较强的特色市场。

四是要选择和培育县域支柱产业，提高支柱产业的竞争力。首先，一方面选择支柱产业要基于本地区已有的客观经济条件，充分利用具有比较优势的资源；另一方面要面向整个开放的国际、国内市场，积极引进高新技术和外部资金，发展新型工业项目，采取多种形式发展县域的主导产业。其次，要打破二元经济结构的制约，加快城镇化步伐，推动乡镇企业向城镇集聚，这样不仅有利于农业剩余劳动力转移，而且有利于带动民间投资，启动最广大的消费市场。

五是要深化县域投资、融资体制改革，调整城镇用地政策，突破生产要素向城镇转移的体制性、政策性障碍，开辟城镇建设多元投融资渠道，让外商、外资以及民间资本向农村城镇集中，成为农村城镇化建设的投资主体，改变政府垄断经营的局面。为农民企业家和中小企业投资者创造良好的发展机遇。这样既可以解决农村城镇化建设和新型工业化发展过程中需要大量资金的问题，同时也可为大量农村剩余劳动力进入城镇提供广阔的就业市场，加速农村城镇化的进程。

六是搞好农村剩余劳动力的培训和再教育，为农村新型工业化发展培养优秀的高素质人才。贫困地区的经济要想快速发展，人力资源培育尤其重要。1999年，我国从业人员中初中和小学文化程度的比例为70%左右，文盲率仍然高达10%，尤其是大专以上的比例不到4%，远低于其他国家的平均水平。对于农村而言，许多大中专毕业生根本不愿回原籍，这样，上述各种比例还要偏低或偏高。可见，高素质人才的匮乏，将成为制约农村城镇化和新型工业化发展的瓶颈。

七是要依托农村丰富的人力资源优势，注重发展具有高附加值的新型劳动密集型工业。贫困地区一个重要的优势资源就是人力资源丰富，而造就竞争优势是生存和发展的关键。将比较优势转化为竞争优势，提高自身竞争力、对于加快工业化进程，实现经济快速发展至关重要。贫困地区的劳动力资源和有特色的自然资源是这些地区的比较优势。用现代管理技术、人力资本等软性高级要素整合起来的新型劳动密集型产业应是形成贫困地区竞争优势最现实的一项基本措施。

3. 相应的配套政策措施

政策思路一：通过对农村人口中未成年人的“农转非”，控制新农民的增量。这可以对两类人群进行“农转非”。首先是对新出生的农民子女通过城市化政策，在一个规定的时间以后出生的农民子女一律直接登记城镇户口。也就是说，今后就不会再产生新的农村户籍人口。其次是对未成年的16周岁以下的农民子女，通过扩大中等职业学校招收农业户口学生实行“农转非”。这项政策可以扩大到凡在政府部门备案的中等职业学校所招收的农民子女都实行“农转非”，并且鼓励在郊区兴办中等职业学校，进一步扩大农民子女“农转非”规模。农民未成年子女实施了“农转非”以后，可以享受城镇最低生活保障，但他们的父母如果仍然是农民的话，则还是享受农村社会保障。农民未成年子女，仍然参加农村合作医疗。

政策思路二：完善非农建设征地农民的安置政策。非农建设征地农民“农转非”以后可以进一步推行“一补偿、二保障、三就业”的政策。对于土地征用实行由“谁用地，谁负责安置”向“谁用地，谁负责落实安置补偿费”的政策转变，即征地农民按现行规定转为城镇居民户口的，由征地单位向社会保险经办机构为征地劳动力一次性交纳规定的基本养老保险和医疗保险费，征地劳动力进入市场就业后，一次性交纳15年养老、医疗保险费的，用人单位可以不为其交纳社会保险费，也可以继续为其交纳。15年养老、医疗保险费没有缴足的，必须继续交纳。

政策思路三：进城农民的户籍改革。客观上，许多城镇已有大量进城农民居住，实际上那些进城农民虽然有承包地，但是已经过起了与城市居民相同的生活。因此，为了加快推动已居住在城市的农民市民化，建议地方政府给出一些切实可行的政策。例如，上海市就研究了凡是已经在本市城镇购买商品房和符合规定自建住房的农民，这些购（建）房农民及直系亲属可申请在城镇落户，实行市民化。为了进一步扩大农民市民化，除了郊区城镇通过征地的途径吸引农村人口向城镇集中外，还可以通过多种途径实行“农转非”政策。例如，在城镇有比较固定的工作和稳定的收入来源的本市农民，本人及直系亲属可申请在城镇落户等。

政策思路四：农业结构调整实施的“农转非”。对农业经济结构调整以后在农用地上的农民，将其转为国有农地的农民，按征地办法对农民实行“农转非”，吸纳本地被征地的农民为农业工人。为适应农业经济结构调整的需要，要加强职业培训，大力发展非农产业，实施农业经济结构调整，增强转移出来的农民就业能力。

六、加强迁移进城农业人口的管理

随着城市化和层级增长极网络的不断扩大和发展，农业人口将大量流入城市。如何加强对这些外来人口的管理，将影响到层级增长极网络开发战略模式能否顺利实施。因此，加强对进城农业人口的综合管理，是构建西部区域层级增长极网络中各级政府必须作好的一道必答题。为此，提出了以下四条政策思路。

一是健全人口综合管理体系。从对农业流动人口的居住地管理开始，把房屋出租管理的经营活动纳入对外来人口综合管理的体系之中。以房屋租赁税收代征、协管为切入点，以房管人，将迁入人员居住点全部锁定在管理视线内。出租房屋管理要涵盖迁入人员管理和出租屋经营管理。当地政府要健全管理机构，充实管理队伍。综合协管队伍要协助职能部门积极开展有关迁入人员租赁房屋和经营活动的管理事务。同时也要通过信息化建设，加强各职能部门之间的协作与沟通，实现条块结合，以块为主，增强管理能力，形成“一口上下、紧密有力、综合协管、持续发展”的管理体制和机制。

二是在扩大迁入人员管理覆盖面的同时，增强居住地管理的力度。重点是对外来务工经商人员、管理人员、境外人员在城市承租房人的落脚点管理。首先，加强基层社区对迁入人员的综合管理，将迁入人员管理纳入社区考核，对基层社区组织把有关场所租借给外来人员从事非法经营活动的，在考核工作中要采取一票否决制。其次，明确出租人、业主和用人单位的责任。再次，房屋租赁管理要与物业管理相结合，通过授权明确物业管理机构对房屋租赁和使用的治安管理职能，积极推广“政府搭台、政策扶持、部门指导、服务联动”的租赁房屋管理市场运作模式。最后，社区街面小商铺的开发和管理也要控制总量，合理规划，调整布局，拆除违章建筑，有重点地打击违法犯罪行为。

三是重点把好外来人员居住务工经商关。对外来人员在地区居留要严格把握准入门槛。租房居住和经商管理要建立信息关联机制，工商部门要将外来人员经商情况及时反馈给居住地外来人员管理部门，建立经济户口制度。对在城市有合法固定收入的外来人员，可试行外来人员个体经营试营业制，凡外来人员营业前向经营地工商所备案的，可获得若干月左右的试营业期，试营业期间暂免工商税费等。

四是指定关于外来人口房屋租赁、经商、务工、物业管理的法规和规章，实行联动管理。对外来人员要建立必要的房屋租赁合同强制登记制度，治安许可证制度，经商、务工准入制度，卫生防疫与计划生育前置审批制度和违法行为举报发展制度等。通过这些制度的建设，对外来人口综合管理实施有效调控，更好地促进西部层级增长极网络的发展。

第四节　就业制度的创新

推进西部区域层级增长极网络化发展模式，实质上就是迅速地提高了西部区域的城市化水平，也就意味着将有大量的农村剩余劳动力源源不断地涌向城市，原先比较分散的产业布局和人口布局将变为规模化、聚集化的发展模式。因此，就业制度首当其冲地摆在了面前。如果不能实现就业制度的创新，从而及时、迅速地解决大量人口的就业问题，那么社会稳定问题和区域经济平稳发展的问题就无从谈起。区域增长极的发展，就业人口的增加，既取决于增长极经济发展对劳动就业岗位的创造能力，又与就业制度和就业机制密切相关。在就业机会既定的情况下，一个合理的就业制度可能更好地满足人们的就业需求。事实上，在许多发达国家，在某项政策制度的出台之前，他们总是要对该项政策制度对社会就业的影响进行详细的评估和具体的说明，很多政策制度的实施往往都是为扩大和增加社会就业机会而服务的。因此，从促进经济发展的角度来看，积极推进就业制度的创新是促进区域层级增长极网络化发展的重要保证。

一、就业制度创新的基本取向

随着我国西部区域经济逐步走向快速发展的轨道，城市就业压力将会越来越大，目前西部农村尚有近1亿剩余劳动力需要转移，根据有关学者对我国城市化速度和城市化水平的预测（表4-2，表4-3），2005~2015年，将是我国城市化进程最快的阶段，也是城乡劳动力总体供求压力最大的时期。现阶段，从促进西部区域层级增长极网络化发展的角度分析，一个科学合理的就业制度，不仅有利于化解长期居高不下的就业压力，有利于提高就业质量和劳动者的整体素质，有利于整个国民福利的最大化，也有利于吸收更多的农村剩余劳动力，加快区域层级增长极网络化的进程。换句话，一个好的就业制度应该有助于就业观念的更新，就业竞争能力的增强，就业体制的创新，即就业制度应该具有三种基本功能：一是增长就业机会，把失业率控制在社会能够承受的限度内，以维护社会稳定。但是增加就业机会，并非就业人口越多越好，更不要实现社会劳动力的全部就业，而是尽可能减少失业人口，降低失业率；二是调整优化就业结构，适应经济结构调整和体制转型的需要。社会劳动力通过劳动力市场，在城乡、各产业、各部门之间实现合理配置、有效组合，使劳动力资源得到合理利用，并通过就业结构的优化为经济结构的进一步调整提供人力保障；三是不断提高劳动者的收入和素质，改善劳动力供给质量，以适应科技进步和生产力水平提高的要求。

表 4-2 中国的城市化速度与实现城市化目标的预期时间表

城市化速度 / 实现年份 / 城市化目标	年增长率/%			
	0.5	0.6	0.8	1.0
城镇人口增长系数	2012 年	2003 年	2000 年	2000 年
初步进入城市社会	2038 年	2031 年	2023 年	2019 年
进入比较成熟的城市社会	—	—	2042 年	2034 年

资料来源：叶裕民．2001．中国城市化之路．北京：商务印书馆．193

表 4-3 2002～2050 年城市化水平预测

年份	全国总人口数/亿	农村人口比重/%	城镇化水平/%	农村总人口数/亿	男 60 岁女 55 岁以上人口数/亿	农村老龄人口数/亿	老龄化率（60 岁以上人口占总人口的比重）	国民生产总值/亿元
2002	12.9	62.201	0.377 99	8.023 9	1.36	0.845 93	0.105 426	107 476.6
2004	13.1	62.003	0.379 97	8.122 4	1.42	0.880 44	0.108 397	122 815.3
2008	13.5	59.09	0.409 1	7.977 2	1.58	0.933 62	0.117 037	153 492.6
2015	14.1	52.524	0.474 76	7.405 9	2.13	1.118 76	0.151 064	207 177.8
2030	15.103 7	38.454	0.615 46	5.808	3.150 2	1.211 38	0.208 571	322 217.6
2050	16.585 5	19.694	0.80 306	3.266 3	4.525	0.891 15	0.272 829	475 604

资料来源：傅崇兰，陈光庭，董黎明．2003．中国城市化发展问题报告．北京：中国社会科学出版社．171

二、就业体制改革与就业政策创新

要推进就业制度的改革与创新，就要进一步建立健全市场化就业机制，形成适应市场经济的就业制度。因此，应在以下几个方面进一步推进就业制度的改革。①实现国家宏观调控下的劳动力资源市场化配置，用人单位自主招聘，劳动者自主择业；综合性与专业性相结合的职业介绍服务网络覆盖西部的主要城市及城镇，形成区域一体化的职业培训和职业技能鉴定网络，使劳动者接受各类培训的比重有明显的提高，建立起与就业服务体系紧密联系、高效运行的职业技能开发机构及其体系。②实行真正意义上的劳动合同制度，依法建立劳动关系，形成以集体协商和集体合同为基础，多层次、三方性的劳动关系协调机制。③建立起与西部区域层级增长极网络覆盖区域相适应的各类用人单位劳动监察体制和预防功能好、处理渠道多、执行能力强的劳动争议处理工作体制。④形成比较完善的与社会主义市场经济相适应的劳动法律体系，严格执法，建立起法律意识和业务素质较高的劳动执法队伍，有力监督，依法行政，把劳动关系调整和各项劳动工作基本纳入法制轨道，从而依法保护劳动者的合法权益。

为了能够使上述就业制度改革真正发挥实效，必须要有相应的就业政策和制度与之配合，形成一套组合得当的就业制度体系。

1. 把就业优先作为制定一切政策的基本原则和出发点

我国目前正面临着城市化快速发展和经济体制急速转型的关键时期，面临着前所未有的巨大的就业压力，特别是对于西部这样的贫困落后地区而言，剩余劳动力更多，就业的压力更大。因此，应该把就业优先作为制定基本政策的原则和出发点，一切与经济发展相关的政策制定都应该首先考虑对社会就业的影响，采取就业优先的政策和积极的劳动力市场政策来满足就业和解决失业问题。这些政策被导向三个目标：一是提高劳动力流动性；二是发展与就业相关的技能；三是提高劳动力市场的效率，并在相关的政策和措施中寻求协调配套和一致。为了把就业优先的基本原则贯彻到具体的政策中去，应注意以下几点。

一是应该将就业优先作为一定时期内西部大开发的基本政策，在西部发展规划和计划中予以明确。

二是尽快制定《西部地区促进就业法》，以法律的形式全面指导和促进西部区域社会劳动就业，并依法保障劳动者与用人单位的合法权益。

三是进一步完善西部区域劳动、就业相关数据的统计、分析和预警体系建设。全面、准确、及时地反映下岗、失业、就业和再就业的情况，对原来的有些已经不适应当前西部社会发展需要的统计指标体系和统计口径做出相应的修正，同时建立起以失业和保障基本生活消费为基准的预警控制体系。

四是加快西部区域劳动力市场建设，完善市场就业机制。近期的目标应该是在打破西部各省行政分割的基础上，建立统一的劳动力市场，配套相应的软、硬件设施，采取综合协调的政策措施，积极促进劳动力的流动。

五是在制定西部区域劳动保护法的基础上制定与之配套的具体措施，积极保护劳动者的合法权益。积极借鉴国外先进经验，通过集体谈判机制，建立先进后出的政策，保护劳动力市场就业困难的特殊群体。

六是把扩大就业目标固化为政府目标责任管理内容进行考核，进一步强化各级政府的就业工作责任。

七是制定各种促进就业的政策措施，努力创造更多的就业岗位，大力促进社区就业，推行弹性大、灵活性强、多样化的就业方式，采取切实有效的措施帮扶安置困难群体就业。

2. 制定积极的人力资源开发政策

西部地区面临的失业主要是结构性失业，一方面是企业需要大量掌握高技术、高级技能的熟练工人；另一方面是大量的农村剩余劳动力和城市下岗工人闲置。要解决这种结构性失业问题，主要的措施还是制定积极的人力资源开发政策，实施人力资源开发战略。人力资源的开发对于改善我国低度化的就业结构具有十分重要的意义，它有助于提高劳动力质量，增加劳动力的有效供给，解决劳动力资源结构性短缺的问题，有利于减少劳动力的盲目流动，保证社会就业的相对稳定，合理调节劳动力供给量，是实施再就业工程和西部区域层级增长极网络化发展的基本保证。为了实现上述政策效果，应采取以下措施。

一是加大国家对教育投资的力度，进一步完善各级各类教育机构和体系。

二是要调整教育结构，适度扩大职业教育和技术教育的规模，使教育结构和经济结构相适应，使就业结构进一步完善，实现人才培养目标和培养质量与社会需求的良性循环，实现就业的可持续发展。

三是建立和发展规范的、体系完备的、运作高效的新型职业培训制度。首先，应该强化职业培训的立法，把职业培训纳入法制化的体系。其次，应该转变观念，统一规划，以市场为导向建立培训机制，发展多层次、多形式的培训方式。最后，应构建西部统一协调、相互衔接的培训网络体系，实现“培训—就业—失业—再培训—再就业”的良性循环，发展多种培训机构和模式，优化、重组各种培训资源，不断扩大培训的范围。

3. 采取切实措施，降低西部区域的劳动参与率

我国作为一个发展中国家，劳动力供给过剩，总人口劳动参与率（57%），高于世界平均水平 10%，妇女劳动参与率（45%），高于世界平均水平 5%，由于西部区域经济更落后，劳动参与率就更高了。与其他国家相比较，我国的劳动参与率显著偏高，超越了自身经济发展的水平。胡鞍钢博士认为，高水平的劳动参与率反映了中国在世界上实行了一种十分特殊的“高就业”模式，这种模式人为的加剧了就业竞争和就业压力。目前出现大量下岗工人是正常的和必然的，标志着中国从高就业模式向与经济发展阶段相适应的正常就业模式转变，表现为今后总人口就业率呈长期下降趋势，退出劳动力行列的劳动适龄人口的比例将不断上升。

事实上，从我国西部的实际情况来看，人力资本的教育投资远远不足，文盲率长期居高不下，儿童失学率也一直都是全国最高的地区，人口出生率高，西部很多地方都陷入了越生越穷、越穷越生的恶性循环，国民受教育的时间短是自然的，因而西部的劳动参与率明显要高于全国水平，更远远高于世界上其他国家的水平。在西部很多地方，14 岁以下的儿童和年过 70 岁的老年人从事生产活动是非常平常的事情。劳动力供给过多，不仅会造成过大的就业压力，人力资源开发不充分，而且会给经济发展带来许多不利的影响。

解决西部层级增长极网络化发展过程中带来的巨大就业问题，不能仅靠单纯的粗放式扩大就业的道路，必须加大制度创新的力度。具体来看，一是要加快教育和职业培训产业化的进程；二是要强化劳动就业管理，严格退休制度；三是要普遍实行劳动就业资格证制度，推行劳动者学习、培训假期制度；四是要实行部分工时制，实行间歇性就业和弹性就业制度。

第五节　社会保障制度的创新

社会保障制度的进一步完善是西部地区城市化稳步推进和促进层级增长极网络发展的重要保障。它是依据一定的法律和规定，为保证社会成员的基本生活权利而提供的救助和补贴，主要包括社会救助和社会保险。改革开放以前，我国社会保障的主要对象是非农业人口，其中国家机关、事业单位干部由国家财政提供保障，企业职工由企业提供保障，其他城镇社会成员则由社会救济。由于职工的收入很低，因此，保障的范围从出生、教育、住房、医疗，到就业、养老等，几乎无所不包。广大农村人口享受的保障范围则极其有限，主要体现在“五保户”的社会救济，以及发生重大自然灾害时的政府救灾救济。

改革开放以来，我国的社会保障制度得到不断发展，并以法律、法规和政策的形式，颁发了各种基本的社会保障制度，城镇的社会保障体系框架已经基本建立。但是，目前来看仍然存在许多问题，主要表现为保障对象基本是城镇职工，农民工能否享受社会保障含混不清，或者干脆就将他们排除在外，这样进入城镇就业的农民工就缺乏基本的社会保障，不可能完全融入城市，从而大大制约了城市化的进程。

当前我国社会保障制度存在的主要问题表现在以下几个方面。第一，社会保障覆盖的范围太小。虽然国家在1998年提出要在“所有企业（包括个体、私营等非国有企业）以及外商投资企业的中方职工中推行和深化养老、医疗、失业等社会保险制度及住房制度的改革，建立健全社会保障体系，为劳动力资源的合理配置和正常流动创造条件”。但是目前我国社会保障体系覆盖的范围主要是非农业人口，对于农村人口即使他们作为城镇企业的职工，企业也不愿意为其投保，他们也不属于政府提供社会保障的对象。因此，对于广大农村人口和农民工来说，社会保障制度与他们是无缘的。第二，社会保障中社会救助的对象主要是面向国有企业职工特别是下岗职工。显然进城的农民工和他们的家属是不可能从当地的政府部门获得任何基本生活物质帮助。第三，目前城市生活的社会制度从各个方面存在限制和歧视农民工的现象。一是同工不同酬，农民工干最“苦、脏、累、险”的工种，得到的是最低的工资收入。二是城市管理制度对农民工的歧视和限制，各种“证”（身份证、暂住证、务工证）、“费”（城市增容费、管理费、垃圾费等）大大挫伤了农民的感情和积极性。三是体现在子女教育问题上，农民工的子女不能与城里的小孩“同学”、“同校”，这种歧视将严重影响我国城市化的深度推进，在文化和观念认同上很难将他们同化（叶裕民，2001）。

从我国西部地区长远发展来看，积极稳步的推进城市化是构建层级增长极网络、促进区域经济快速发展以及全面建设小康社会的必然选择。推进城市化，有两层含义，一是浅层城市化，即农业人口转移到城市或城镇并具有城镇户籍，也就是从农业人口变成非农业人口；二是深层城市化，是指从心理、文化、意识形态到价值观念和生活方式上的融合、同化。浅层城市化是相对比较容易做到的，但深层城市化很难在短期内实现。而社会保障制度是影响和制约深层城市化的重要因素。因此，为加快西部地区城市化的步伐，提高城市化的质量，我们必须对社会保障制度进一步创新。

1. 建立面向所有非农业产业就业人员的医疗保障体系

城市化进程中，就医是城市居民最关心的问题之一，疾病是现代社会中最让人恐惧的问题，因为身患疾病将意味着生活没有了保障，会给当事人带来巨大的经济和生存压力，个人和家庭往往无力承担巨大的医疗费用。因此，建立一个面向所有非农业产业就业人员的医疗保障体系将会极大地解决城市化进程中身份转变所带来的最大后顾之忧，具有十分重要的意义。这一创新的关键在于：一是保险对象要拓展到所有非农业产业就业人员。《失业保险条例》和《国务院关于建立城镇职工基本医疗保险制度的决定》应该做相应的修改。二是农民工缴纳保险费采取过渡性办法。我国的整个改革开放采取的是一种渐进式改革，社会保障制度改革与创新也不能例外。这种过渡性办法应该是在保证农民工缴纳份额与城镇职工相等的前提下，企业适当降低应缴份额，职工适当提高应缴份额。

这样一种过渡性办法有利于减轻刚进城的农民经济负担，体现政府对农民的关怀，另外，企业也不需要立刻拿出大笔保险费用，同时他们雇用农民工的成本依然低于城镇职工。

2. 适当扩大养老保险的范围

原来的《社会保险费征缴暂行条例》中是否把农民工纳入养老保险的范围并没有明文规定，在现实执行中也没有包括农民工。因此，我们建议对于已经进城落户具有固定居所且有稳定工作和收入来源的非农业人口应该纳入养老保险范围。

3. 为已经城市化的农民提供最低生活保障

最低生活保障是由地方财政负担的保证居民维持最低生活标准的保障，由于牵扯到国家财政负担承受力问题，所以也应逐步推进全民最低生活保障制度的建设。原来的最低生活保障制度不仅把农村居民排除在外，而且一般建制镇的居民也不能受益于这一制度。随着我国经济实力的不断增长，最低生活保障范围也应逐步扩大。最低生活保障属于社会救助的范畴，也就是，只有当社会个体连最基本的生存问题都无法满足的时候才会向政府求助，如果政府连这一点都做不到，那么政府在人民大众心目中的信誉和形象将大打折扣，而且也不利于社会稳定。因此，我们建议尽快把最低生活保障制度扩展到所有建制镇以及那些进入城镇且将承包的土地一次性出让的农民。

4. 社会公共福利应该全民化

当前在中国社会，农村居民与城镇居民所享有的社会公共产品、公共福利及社会保障不平等是不争的事实。仅就社会保障而言，不同的大城市居民失业均有数量不同的失业保障金或失业救济金，而同样的情况下，农民是绝对不可能享受到的。在当前中国二元社会结构特征很明显的社会里，市场经济体制还没有完全真正的建立起来，而农村土地制度、户籍制度以及税费征收制度等是迄今为止受计划经济体制、政策影响最显著的领域。因为农民有土地，于是农民被变相的束缚在了土地上，既然有土地也就无所谓失业与就业了。从理论上讲土地能容纳无限多的劳动力，农民的失业最多只能是一种隐性失业，不会像城市居民那样明显地表露出来。从这个意义上来讲，土地对农民而言，它承担着提供一定的社会保障的重要功能，这个功能主要体现在以下几个方面：首先，提供给劳动者足够的食物，也就是最低生活保障；其次，集体土地的收入能够为村庄提供一定的公共产品供给；最后，土地能起到失业保险的作用，能够吸纳大部分的农村的剩余劳动力。正是由于土地为农民提供了农民自己和国家都无力承担的社会保障功能，土地在农村社会经济生活中占有十分重要的地位，农民才不能轻易地放弃土地，而只能利用有限的时间参与非农产业。这也就是为什么说当前我国的土地制度实质上把农民束缚在了土地上。也正因为如此，中国社会才被分割成城市与农村两个截然不同的二元社会。其中所享有的社会福利保障不同是二元社会最大的特点。随着市场经济的发展，无论是城市居民还是农村居民。他们都应该是市场经济中具有相对独立性的平等竞争的市场主体，都应该享有同等的社会公共福利，特别是社会保障，这一点对农村居民尤为重要。因为没有社会最低生活保障，农民就不能轻易放弃或离开土地，不离开土地也就无法改变目前土地碎化、利用率低、无法实现专业化、规模化经营的现状。农民个人也就不可能成为具有真正独立资格和权利的市场经济主体，市场经济体制也就无法在农村真正的建立起来，在农村推进城市化进程也就无从谈起。

第六节 区域城市管理制度的创新

可以预见，依照西部区域层级增长极网络化发展模式推进西部区域经济发展，最主要的一个引致结果就是西部区域城市化的快速发展，当然这也是层级增长极网络化发展的主要载体，城市化率的迅猛提高，城市人口急速增长，由此带来的一个重要的问题就是城市的管理必须跟上城市化的快速发展。我国西部地区将有人类历史上最大规模的农村人口转移到城市地区。那么，我国西部地区的城市有没有能力管理好这样大规模流入的人口，并且为他们提供充分的就业机会和住房、医疗、卫生、水电以及社会保障等基本服务？在区域城市化不断加速的情况下，我国西部地区的城市会不会出现发展中国家城市化进程中曾出现过的“城市病”或者“城市危机”？同时如何有效防止城市社会的分裂、促进社会和谐发展，使城市不仅成为财富的创造地，更是推动区域经济社会发展的引擎？所有这些都依赖于一个重要的制度创新——城市管理制度的创新，这是推进西部区域层级增长极网络化发展的一个非常重要的方面。

一、参与式城市治理模式是未来西部区域城市管理的发展目标

在西部区域层级增长极网络化发展模式下，城市的“增长极”功能得到了充分发挥，城市将成为带动整个区域经济快速发展的动力源和引擎。城市的在区域经济开发中的重要性由此可见一斑。因此，建设好城市、治理好城市是关乎西部区域经济开发的关键。

要大力发展城市中各种非政府组织、非营利部门和社会团体，加强城市居民委员会和城市社区建设，给予公众参与城市管理的机会，提高公众在城市管理中的参与程度。在当今市场经济条件下，城市社会能否得到良好治理不再仅仅取决于地方政府的权力和权威，而更多地依赖于各种利益相关者的参与、协商和共同行动。“少一些统治，多一些治理”也已经成为世界各国城市的一个共识（成德宁和侯伟丽，2008）。具体而言，就是要在城市的规划、城市建设和城市管理的各个环节，平衡公共与私人部门的角色，扩展公众参与城市经营与管理的机会，以增加创新和开放，使地方政府更接近群众，对公众的需要更能及时反映，从而在政府公共部门、非政府部门和市民社区之间建立起伙伴关系，提高城市的可居住性和城市经济的运行效率。在这样一种城市管理制度之下，城市政府的主要功

能是公共关系的协调与促进，公共秩序的管理，而公共服务的生产与提供则主要依靠社会公民、社区和民间组织。在这样一种管理模式下，政府需要与社会公众、社会机构以及民间组织等协同发挥作用，以解决社区乃至整个城市管理中面临的各种问题。正如西方新公共管理理论所认为的那样，政府的作用从控制转变为议程设定，把参与者集中到谈判桌前进行磋商和谈判，或者作为中间人促成公共问题的解决方案。在公民积极参与的社会中，政府官员不再扮演服务供给者的角色，他们将越来越多地扮演调解、协调甚至裁决的角色（罗伯特·B. 丹哈特等，2002）。

在这样的参与式城市管理模式下，城市的管理和控制不再是集中式的，而是多元、分散、网络型以及多样性的。它既要求地方政府反应敏捷、具有透明度和责任感，同时也要求建立并加强参与机制，使各种非政府组织和所有市民能够积极广泛参与。政府的作用不是直接干预经济，而是通过为企业和市场提供服务、通过宏观的经济政策来引导经济发展，传统上部分由政府承担的公共服务活动也将由私人部门来承担，在公私部门之间建立起伙伴关系。政府则主要负责征税，决定服务的内容、服务的水平，财政开支的水平等，而选择私人部门进行公共服务的生产，充分发挥政府在保障公共服务公平和私人部门提供公共服务效率方面的优势，更好地提高公共服务质量，提高城市治理水平，以应对西部区域快速城市化的挑战（成德宁和侯伟丽，2008）。

二、建立合理科学高效的城市政府管理组织架构及运行机制

在市场经济条件下，城市早已不再是传统社会封闭型的地方行政和计划配置中心，而是逐步转变为区域内的市场交易中心和区域经济社会发展中心，传统的“政治城市”变成了现代意义上的“公司城市”。因此，必须加快城市政府角色和职能的转换，将城市政府由自上而下逐级任命和发号施令的政治与行政管理机器转变为面向市民和企业提供公共物品和公共服务的公共机构。因此，这样一个城市政府管理组织架构的建立应以强化其“公共性”为机构改革的基本原则，以强化其“公共服务”为职能转变的基本取向，根据城市政府的职能分工，构建城市综合服务监管组织体系（成德宁和侯伟丽，2008）。按照2008年国务院机构改革中提出的“大部制”方式设置西部区域各个城市政府的各个职能部门。这样就可以避免长期以来我国城市政府部门权责不明，功能重叠，相互推诿、扯皮或者争抢利益的怪现象。另外，政府职能要从制度设计上充分体现工作公开、公正、透明的要求，给社会公众和媒体更多的监督权利，严防从制度和体制设计上为城市政府的权力寻租等腐败行为留下制度基础。

三、建立城市化可持续发展评价决策制度

可持续发展是现代社会最基本的一项要求，而城市化的可持续发展更是关乎城市生存的根基，建立这样一个城市可持续发展评价决策制度无论是对城市自身还是区域经济社会发展都具有重要的作用。这一制度应该包含两个层面的机制设计，第一个层面是城市化可持续发展评价制度。这项工作可以由政府主导，包括专业的专家学者为主要成员的组成，其职责主要是就城市自身的可持续发展面临的问题进行研究，对重大建设项目进行科学的论证，客观的评价其对城市未来可持续发展的影响等。第二个层面是城市化可持续发展决策制度。这项工作应由政府主导，由包括社会各层面的社会公众代表组成，其主要职责是就第一层面的城市可持续发展评价机构对相关重大事项进行科学论证和评价之后，由其举行听证会并做出最终决策。

上述城市化可持续发展评价决策制度应根据可持续发展的原则和城市化的新形势，对现行的有关城市化政策、法规进行适应性评价，对城市发展规划、重大基础设施建设、重大生产建设项目、各类工程配置、城市化进程和各级各类城市可持续发展状况进行监测评价，为区域经济社会发展提供监督、决策服务。

四、积极推进城市金融体制改革，为区域城市化提供资金保障

区域城市化进程中资金扮演着一个非常重要的角色，因此，积极推进城市金融体制改革，充分盘活资金为区域城市化服务尤为重要。在构建合理的城市政府管理组织体系，按照“大部制”模式设置城市各个职能部门的事权以后，就要对城市的金融体制进行相应的改革，实现各职能部门事权财权的统一。西部区域经济社会发展相对滞后，城市政府的财政资金非常有限，很难满足大力推进城市化条件下的经济社会发展需要。因此，积极推进城市金融体制改革，特别是城市金融制度的改革非常关键。我们建议以政府为主导，充分发挥和运用各类金融工具为经济建设服务，例如，在当前西部地区城市化快速发展的形势下，城市政府的资金难以满足基础设施建设大规模扩张的需要，就可以发行政府市政债券，筹集相应的基础设施建设资金。从西方发达国家的城市建设经验来看，发行市政债券等政府债券为城市政府融资已经有 100 多年的历史，而城市政府发行的债券也已经成为金融市场上重要的金融交易工具。

但目前从我国的经济金融政策来看是不允许这样做的，因为 1995 年颁布的《中华人民共和国预算法》明确规定地方财政不许有赤字，也不能举债。但当前西部地区经济社会发展处于非常关键的时期，城市化的快速发展使城市基础

设施建设与需求之间缺口越来越大，而积极改革城市金融体制，逐步放宽对金融工具运用的限制无疑是一条高效的捷径。另外，近年来我国城乡居民储蓄存款呈现逐年快速增长的趋势（图4-4），巨额居民储蓄正是因为缺乏适合的投资机会和投资工具才存在银行，这也表明我国发行城市政府债券的条件已基本成熟。因此，如果能够允许城市政府发行债券，也将缓解银行巨额存款的压力，同时给这些资金一个恰当的投资渠道，充分发挥其支持经济建设的作用。因此，应该及时修订相关的法规法规，允许城市发行市政债券等以进一步拓宽西部区域城市建设的筹资渠道。

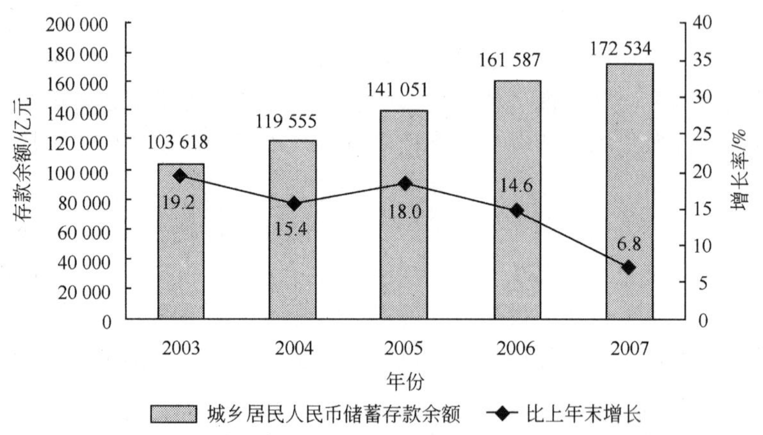

图4-4　2003～2007年全国城乡居民储蓄存款增长情况

第七节　区域发展政策协调制度的创新

在区域层级增长极网络系统发展的制度创新中，最为核心的是建立一个跨省（直辖市）行政区划的区域共管自治协调制度。在区域层级增长极网络的功能定位、产业布局和统一开放等方面，实行互惠互利、公平竞争是促进区域性共同发展的基本出发点。因此，应该在充分发挥层级增长极网络系统的整体功能和各层级增长极优势互补的基础上，调整各增长极之间的空间活动利益关系，实现层级增长极网络的可持续发展。

一、层级增长极网络系统发展协调制度

由于我国西部区域各层级增长极（中心城市）的自然条件、历史条件、经济发展水平、对外开放程度、经济体制、投资环境、交通基础设施等方面存在着较大差异，客观上制约了区域制度一体化，阻碍了区域制度协调的一致性。为了加快我国西部区域层级增长极网络体系的发展，各层级增长极（各级中心城市）

之间必须加强政策协调，共同发展。

1. 当前我国西部区域经济发展协调制度存在的主要问题

我国西部是长期实行计划经济体制且目前影响最深的区域，层级增长极网络系统的整体效应尚未发挥出来，总体来看，在区域层级增长极网络发展的制度协调上面临着五大问题。

一是核心增长极的集聚和辐射能力十分有限。层级增长极网络内的核心增长极（区域中心城市）应该对整个区域乃至更大的范围都具有巨大的影响。层级增长极网络系统的地位和作用集中反映在其核心增长极对区域乃至更大范围区域的吸引和辐射功能的发挥上。由于长期以来计划经济的影响和制约，我国西部大部分城市的市场化程度不高，市场发育迟缓，与国内及国外的其他区域核心增长极相比较还存在较大差距。西部区域的核心增长极（成都、重庆和西安）既不是国家的经济中心，也不是区域经济的决策中心，因而在资金筹集、对外贸易方面，与国内一般大城市的地位相类似，对整个西部区域的其他城市（增长极）的人流、物流、技术流、资金流、信息流等方面的制度影响极其有限。

二是我国西部区域内产业结构趋同，各级增长极之间分工不明确。区域内经济资源的合理配置是降低城市（增长极）经营成本和增强辐射力的重要内容。由于缺乏跨行政区划的协调机制，在经济利益的诱惑下，加上经济资源的稀缺性，各个城市（增长极）的制造业结构呈现出高度趋同的现象，导致各个城市（增长极）之间竞争激烈，从原材料到产品的相互竞争，极大地浪费了财力、物力和人力。由于西部大部分地区均以原材料产业为主，城市（增长极）的个性不强，势必造成各城市在同一层面上的重复投资和重复建设。

三是行政区划分割导致层级增长极网络内增长极之间矛盾日益尖锐。行政区划从地理上把各个增长极“条块”割裂，这是导致近年来地方保护主义盛行的最重要的原因之一。由于缺乏跨区域的协调机制和相应的制度安排，各个增长极（城市）缺乏基于整个区域层面的统一规划，不同增长极之间同类产业竞争激烈，产业重复投资、重复建设，浪费现象很严重，互相争抢地盘，导致土地利用上的不合理、不科学。

四是层级增长极网络覆盖的区域内环境污染日趋严重。由于没有跨行政区域的环境保护和开发协调政策，各个增长极自主发展，导致较为严重的环境污染。由于缺乏合理布局，使污染源从城市（增长极）逐步扩展到农村。城镇化进程加快，人口迅速向城镇集中的同时，工业污水和生活污水急剧增加且限制排污的措施不力。许多江河的水质急剧下降，地下水位急速下降（如关中地区2003～2004年地下水位就下降了0.37米），严重影响了居民生活用水以及农作物生产。

五是重大交通基础设施建设缺乏协调配合。区域层级增长极网络发展的一个重要标志就是发达的交通基础设施，这种基础设施正是区域层级增长极网络联结的重要桥梁和枢纽。但是，由于缺乏跨区域的协调机制和相应的制度安排，区域内各个地区之间、各个增长极之间在建设涉及整个区域重大交通基础设施的时候往往以自我为中心，根本没有考虑到这些基础设施建设对邻近地区乃至整个区域会产生什么样的影响，同时，更没有从长远考虑这些基础设施与区外的衔接和进一步发展的问题，缺乏必要的协调和配合。

2. 制约层级增长极网络区域协调机制发挥作用的原因

第一，层级增长极网络内各个地区之间的经济发展水平、经济结构和经济管理体制等方面存在明显的差距。例如，成渝经济圈和西咸经济圈是我国西部地区经济密度最高的地区，也是西部经济最发达的地区，已经建立起了技术水平较高的相对成熟的产业体系，经济技术发展的水平明显高于区域内其他地区。因此，如果要实施跨行政区划的制度协调机制就有较大的难度。

第二，交通基础设施建设滞后，造成层级增长极网络内经济联系相对松散，严重阻碍了经济一体化进程。层级增长极网络内的铁路、公路、水运和航空等综合运输体系是经济和社会发展的必备条件。但是从总体上来说，西部区域层级增长极网络内的交通系统还很不完善，特别是主干铁路和高速公路网络的布局存在很大缺口，增长极之间联系较弱。各种运输体系之间不衔接不配套，各种运输方式之间、各干线之间、干支线之间以及线站之间互不衔接。

第三，层级增长极网络内各增长极之间的投资环境差距较大。由于受到投资收益率和投资回报率的影响，资金大都流向经济发达的核心增长极，难以有效开发利用中小增长极的生产要素。如果从各个增长极的综合经济实力、技术管理水平、劳动力素质、区位条件、自然资源丰富度、基础设施条件、市场容量及融资能力等方面综合分析，层级增长极网络内各增长极的投资环境质量差异较为显著，投资最好的地区集中在成渝地区和关中地区。这些地区得益于区位条件相对优越，综合经济实力强，对外开放度高、融资能力强，基础设施配套好，劳动力素质高以及技术管理水平高而成为投资者首选目标地。

第四，层级增长极网络内产业结构趋同，造成了产业分工与协作的淡化，地方保护主义盛行，阻碍了区域市场化发展。例如，整个西部地区以煤炭、工业用原材料等为代表的初级产品加工产业存在着很严重的产业结构趋同，长期阻碍和制约沿江经济带形成和整体经济实力的提高。这些现象都是在多元利益机制的驱动下发展起来的。由于行政条块分割并未消除，没有区域性协调机制，生产要素市场被分割，价格体系不合理，各种生产要素被固化在不同的隶属关系中，各类要素合理流动的机制未能及时建立，难以向产业结构优化的方向流动，西部区域层级增长极网络的产业结构也就难以获得有效重组和调整，无法真正摆脱结构趋同的困扰。

二、建立西部区域层级增长极网络系统发展协调制度的原则和目标

区域层级增长极网络的发展要根据“互惠互利、优势互补、共同发展”的原则，创造公平竞争的社会环境，这样才能建立层级增长极网络系统协调统一的产业体系、市场体系和形成生产力的合理布局，保障层级增长极网络内所有主体的综合利益。区域层级增长极网络的整体利益应着重体现在生态环境保护、基础设施建设，江河湖泊、旅游资源和水资源等开发利用，各个增长极之间边缘空间布局和土地供给等方面。

区域层级增长极网络协调制度的基本原则：

第一，平等协商的原则。西部区域层级增长极网络覆盖下的各成员省（自治区）地位平等，以平等为基础进行多层次、宽领域的协商。例如，凡涉及生态环境和文化环境项目的开发与建设，都应该由具有资质的权威机构做出相应的评估报告后，与相邻地区行政单位协商一致后才能进行。

第二，互信、互利的原则。参与区域合作机制中的各个成员省（自治区）凝聚力的提高离不开互信和互利。互信是合作的基础，互利是合作的目的。而各个成员省（自治区）应该在层级增长极网络化发展模式的框架之下本着互信的原则，增进友谊增进往来，加强交流，在交流与合作中实现互信。各方应努力探求各方的共同利益，寻找利益交汇点。例如，在区域内可以共用的基础设施，应按照市场规则，共建共享，互利互惠。

第三，在行政协调的基础上，生态环境和基础设施的共享应遵循市场经济的原则和机制。

建立西部区域层级增长极网络系统发展协调制度的目标：西部区域层级增长极网络系统的空间协调。主要就区域层级增长极网络体系的构建、进一步优化网络结构与布局，促进增长极网络内交通运输网、信息网以及大型公共设施网络（水源、电力、能源等）的配置，整合各级增长极的发展空间，协调网络内各级增长极之间的关系，科学规划产业布局，引导增长极网络辐射范围内产业与人口居住点科学合理的聚集，加强区域内生态环境的协调和保护。

三、西部区域层级增长极网络系统的统筹协调机制与制度创新

（一）建议成立西部区域开发协调委员会

建议成立直属国务院西部开发办公室的西部区域开发协调委员会，由国务院

等国家有关部门通过行政途径授权成立一个由西部各省（直辖市、自治区）主要领导作为委员参加的西部区域开发协调委员会，具体的协调落实工作由西部开发协调办公室负责。随着西部地区生产力的合理部署，会在一些重点区域形成一些快速增长的跨省（自治区）综合经济区域，省（自治区）间的经济联系和协作关系会愈加复杂和密切，同时，某些跨省（自治区）的重大开发建设项目，如重要的现代化交通和通信干线建设，跨流域水电水利开发，能源基地和原材料基地的建设，对外开放基地的建立，大范围的环境整治工程等，需要把有关省（自治区）组织起来，多方面集资，进行联合投资，才能为各省（自治区）创造更为有利的投资环境，促进区域综合经济的快速发展，更上一层台阶。因此，加强跨区域综合政策协调机制成为客观迫切需要。

此机制的成立和正常发挥将解决以下几个区域发展面临的主要问题和矛盾。

1）行政区经济和经济区之间的矛盾。在我国，长期以来存在着以行政力量为主导所形成的行政区划壁垒，这已经在全国许多地方逐步显现出来，成为区域经济未来发展的最大的制约因素。一个具备较高发展条件和潜力的经济区域往往可能是由几个分属不同行政区划的地区所组成，在这样一个经济区域里行政隶属关系非常复杂，地区之间的协调难度很大，缺乏统筹规划，区域政策环境不平等，区域统一市场形成难度较大，经济区域与行政辖区的利益边界不一致，影响着资源的合理配置，会导致西部区域各省之间生产布局重复，产业结构同化，公共基础设施建设难以完全实现共建共享，很多区域性交通基础设施和环境治理工程会因各地缺乏协调而进展缓慢。

2）区域发展与地方利益的矛盾。目前西部区域各省虽然在国家西部大开发政策的指引下对区域协调发展形成了一定的共识，但是由于西部区域各省（自治区）之间地理条件和经济发展水平差异较大，地方政府作为利益主体，通常都会把本地就业、税收放在首要位置来考虑，这就使得西部区域开发出台的很多政策和措施以是否有利于本地区经济发展为评判标准，产生地区封锁和经济割据的现象。由于受到地方保护主义和地方政府短期行为的干扰，各城市之间、省（自治区）之间、区县之间恶性竞争现象普遍存在，影响了从区域全局的角度考虑的产业链分工协作关系。这些低层次的竞争方式无论从西部区域整体利益看，还是从区域长远发展来看，都是非常不利的。

3）经济发展与保护环境质量之间的矛盾。随着西部大开发的不断深入，西部区域经济的高速增长大多是伴随着高能耗、高污染，这对整个西部区域脆弱的生态环境构成了巨大的甚至是难以逆转的破坏。西部目前已经成为中国最重要的能源资源分布地，而中国经济近年来的高速增长是与西部地区大规模的能源资源开发相伴随的，无序开采、乱采滥挖、挖大弃小等浪费现象严重，而且很少有企业能真正考虑环境保护而按照国家环保标准去执行的。西部区域地方政府和企业的这些短期化行为会加剧经济发展与保护环境质量之间的矛盾。

所有这些区域发展面临的主要问题都提出了一个重要问题，那就是在西部区域开发中必须要建立一个能够统筹协调整个区域经济社会发展的组织机构，以应对西部区域经济开发过程中面对的诸多矛盾和难题，推动西部区域开发中的合作制度建设，保证区域经济发展能够按照预先设计的发展思路顺利实施。

（二）建立一个常设性的、企业化运作的“西部开发”论坛

西部区域层级增长极网络化发展需要区域内各个地区之间，各地区的企业之间相互合作，同时这种合作需要区域内政府的有关部门对合作的决策和方针加以宣传，以加强国内外对西部区域开发合作的了解、认识与关注；也需要对西部区域开发合作中出现的新情况、新问题、新趋势积极地加以研讨，提出应对策略。为此，建议建立一个常设性的每年一度的西部开发论坛。

这个论坛应立足西部地区，同时积极吸引全国乃至国际范围内知名的专家学者参加，其宗旨是增强与国内和世界其他国家、地区的对话与联系，为政府、企业和专家学者等社会各界提供共商区域经济发展与社会等诸多领域高层对话和探讨、交流的平台。让这个论坛就每年西部区域经济社会发展、能源资源开发利用、生态环境保护、区域增长极发展、重大基础设施建设、产业结构调整、企业发展、经济社会发展环境建设、区域层级增长极网络建设、区域生产与人口极化式分布等热点和难点问题加以研讨。论坛可以由各省（自治区）的有关城市政府发起主办，采用轮流主办的方式，每年举办一次，并且每年根据西部区域经济发展的不同焦点和重点问题确定不同的主题。

（三）建立西部区域层级增长极网络“电子政府”系统平台

“电子政府”的原意是指利用现代网络技术来构建一个“虚拟政府”，从而使广大民众能够随时随地享受政府各类服务。目前发达国家相继提出了构建“电子政府”的宏伟计划并正予以实施。我国西部区域开发要构建层级增长极网络，就必须建立起“电子政府”，为此，应该做好以下几点：①构建虚拟层级增长极网络一体化框架，在区域综合开发政策协调机制的基础上，充分运用互联网信息技术优势，先行建立层级增长极网络的系统和网站，在整个区域经济网络系统中逐步实现信息资源交流和共享、资金项目统一招投标、人才技术互相流通，避免产业规划中的重复投资和浪费。②建立层级增长极网络的统一门户网站。把西部区域网站与地方政府的网站统一纳入一个系统，这对于推广电子政务应用非常重要。建议在现有各地地方政府网站的基础上构建统一的西部区域层级增长极网络“电子政府”，整合各类信息和资源，统一面向社会发布和反馈信息，提供政府能够在网络上完成的各类功能。③积极推进西部区域地方政府联网办公。美国是

电子政务最发达的国家，由于实现了政务电子化，仅1992~1996年，美国政府的员工就减少了24万人，减少1180亿美元开支。美国建立的全国雇主税务管理系统、联邦政府全国采购系统和转账系统等网络，不仅节省了大量费用和人力，而且提高了政务的透明度，杜绝了腐败行为发生的源头。④通过“电子政府”为公众提供各种服务，主要包括教育培训服务，就业服务、电子医疗服务、社会保险网络服务、公民信息服务、公民电子税务服务以及电子证件服务等。

（四）构建和强化西部区域性中介组织系统平台

在区域合作中除了要充分发挥政府的作用之外，还需要积极发挥政府以外的制度资源，需要发挥社会中介组织和企业等非政府组织的作用，建立以政府协调合作机制为主导的包括企业和社会中介组织等多层次参与的区域发展协商与协调机制，最后逐步完善和组建一个能够覆盖整个西部的区域性中介组织系统平台。

为了充分发挥社会中介组织在促进西部区域经济发展特别是促进西部区域经济合作中的作用，建议在西部地区以西安或者成都为核心，搭建一个社会中介组织系统网络平台，将社会各行业各领域内的社会中介组织按照所属行业或领域分门别类纳入这样一个社会中介组织系统中，构建起一个规模庞大但富有效率的社会中介组织综合服务网络系统平台，以加强区域性合作的组织化，如金融类投融资咨询中介公司、研究咨询类中介组织以及同行业协会等比较成熟的中介组织可以先行考虑纳入这样一个系统平台。

这样一个社会中介组织系统的建立有利于把个地区分散的企业组织起来，组织和推动相关企业共同制定区域内行业发展的规划、区域共同市场规则，推进区域市场秩序建立，探索区域各类市场资源的联结和整合等。

（五）建立和完善区域发展资金流动协调政策

为了深入推进西部区域经济发展，在财政管理体制上，必须加强以区域发展资金为目标的西部区域投资融资体制改革与创新，逐步建立西部区域公共财政框架，为区域公共基础设施优化配置创造条件。应允许层级增长极网络内各类资本跨行业、跨地区自由流动，彻底转变按行业、行政地域分割基础设施建设的观念。推进金融系统开放，积极引进外资，组建西部区域性金融中心，建议成立一个西部发展银行，鼓励金融资本跨地区放贷、投资。

第五章　西部区域层级增长极网络化发展的战略路径

第一节　区域层级增长极网络化发展的路径依赖

一、区域开发中的路径依赖理论

所谓路径依赖（path dependency）是指具有正反馈机制的体系，一旦在外部偶然性事件的影响下被系统所采纳，便会沿着一定的路径发展演进，很难被其他潜在的甚至更优的体系所替代。制度变迁中的路径依赖是由技术演变过程中的自我强化现象推广到制度变迁方面而来的。西部区域层级增长极网络开发模式实质上是一个重大的制度变迁过程（主要包括户籍制度、土地产权制度及其他经济政策等），因此，这种过程具有路径依赖的性质是不言而喻的。对西部区域层级增长极网络开发而言，其要以促进生产与人口向适宜极化式分布的区域①地理集中为首期目标（表5-1），以区域城市化发展带动新型工业化为主要途径，在西部区域内优先发展以地区中心城市为增长极的增长极网络。

表5-1　西部地区适宜生产与人口极化式分布的区域及其地理特点

<table>
<tr><th>区域</th><th colspan="2">主要适宜生产与人口极化式分布的城市及地域</th><th>主要地理环境特点</th></tr>
<tr><td rowspan="2">西北地区</td><td>城市</td><td>西安、兰州、西宁、银川、咸阳、宝鸡、渭南、乌鲁木齐、酒泉、嘉峪关、金昌、青铜峡、石嘴山、平凉、格尔木、韩城、天水、石河子、克拉玛依等</td><td rowspan="2">大部分属于暖温带半湿润大陆性气候，冷、暖、干、湿四季分明。海拔较低，垦殖历史悠久，农业生产条件优越，基础设施良好，交通及通信便捷，有一大批科研院所和一支规模巨大的科技队伍</td></tr>
<tr><td>区域</td><td>关中平原、河套平原、兰州盆地、河湟谷地、天山北麓绿洲及连接各主要城市的交通线辐射带等</td></tr>
<tr><td rowspan="2">西南地区</td><td>城市</td><td>大重庆、大成都、昆明、贵阳、南宁、拉萨、攀枝花、北海、绵阳、德阳、资阳、柳州、桂林、大理、宜宾、玉溪、日喀则等</td><td rowspan="2">亚热带大陆性气候，雨量较充足，自然资源丰富，农业生产发达，基础设施良好，交通及通信便捷，科技实力较强，有些地方已经形成了自己的主导产业，在国内具有相当的综合竞争优势</td></tr>
<tr><td>区域</td><td>成都平原、云南“三江”地区、拉萨河谷等</td></tr>
</table>

① 所谓适宜生产与人口极化式分布的区域是指那些自然条件优越、工农业生产发达、经济基础较好的中心城市和平原地区，具体见表5-1。

二、区域层级增长极网络化发展的形态演化过程

新中国成立50年来，西部地区的生产与人口布局取得了巨大成就。西部以相对快于东部、中部的速度扩大了工业总规模，提高了工业产值在社会总产值中的比重，较快地形成了一批专门文化程度高、外辐射能力强的大中型工业城市和一批以军工、机械、电子为主的企业。特别是陇海兰新线经济带、长江上游经济带和南贵昆经济区的11个地方中心城市——重庆、成都、西安、银川、西宁、兰州、乌鲁木齐、南宁、昆明、贵阳、拉萨。

西部各省会城市已经成为各省（自治区）工业最集中，交通和信息最发达，各类专业人才、资源最密集，物资流及信息流交换最频繁的增长极，在整个西部区域开发中，有实力发挥出经济增长极的龙头作用。西部发展的50年也是西部区域经济网络体系逐渐形成的50年。

西部层级增长极网络形成和演化将经历以下过程（图5-1）。在西部区域经济发展初期，由于计划经济下的户籍制度、土地产权制度等因素的制约，西部的城市（城镇）化水平仍然很低，增长极彼此相互独立存在（图5-1 A），这时区域增长极网络体系的作用尚未充分展开。随着我国经济持续增长和改革开放的深入发展，城市化发展步伐加快，基础设施逐步完善，户籍制度和土地制度逐渐向市场化迈进，城市与农村的收入差距日益扩大，农村剩余劳动力大量向城市流动（包括打工、经商），不同的城市由于地理位置以及政治经济等各种原因而出现分化（图5-1 B），a和b的城市规模逐渐扩大（特别是a），逐渐成长为区域的核心增长极和次核心增长极。以新型工业化为代表的现代工业大量向增长极网络带内聚集，层级增长极网络的雏形呈现出来，基础设施逐渐完善，“网络”的极化效应和辐射效应进一步加强，生产与人口基本实现了地理上的集中，实现了生产与人口分布的“大聚居、小散居”。“网络辐射带”内聚集了区域绝大多数的生产与人口，以互联网为代表的信息网络使整个层级增长极网络联系更加紧密，“网络辐射带”内的市场一体化程度逐步强化，区域层级增长极网络基本形成（图5-1 C）。区域内各增长极在核心增长极的带动下逐步形成各具特色的主导产业，相互分工协作。这实质上就组成了一个强有力的“网络式增长极”，以此推动西部区域经济持续、快速发展。

三、层级增长极网络化发展模式形成的机制

层级增长极网络化发展模式是区域内各个增长极以及增长极与其周围腹地之间相互作用的结果（图5-2）。在一定的区域范围内，各种因素和环境对区域各

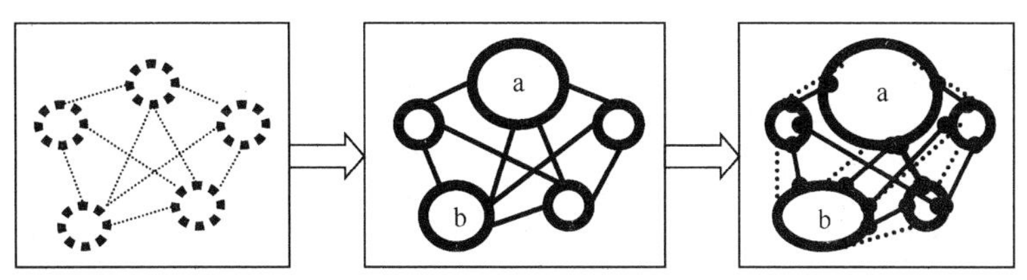

图 5-1 层级增长极网络空间发展演化过程示意图

a 表示区域核心增长极；b 表示区域次核心增长极

级增长极（城市）及其腹地的经济活动有较大的制约作用。它们既构成了影响各经济活动主体成长发育的基础条件，又决定了城乡经济活动主体之间相互作用的方式和疏密关系。各种经济活动的主体的成长发育状况和耦合程度对于区域层级增长极网络化发展模式的形成及其功能的发挥都是至关重要的。西部区域层级增长极网络通过各种相互作用力影响各个经济主体的运行轨迹。这种相互作用力表现为竞争和转移、聚集和离散等多种形式，它普遍存在于区域增长极之间以及增长极与腹地之间的大量交往关系中。这种交往关系并不是平面的、多点对多点的关系，而是呈现出立体的、多维的关系网络通道。这些关系网络不仅是同时多向传导，而且形成多层、多向反馈，构成多向、多极和多因素的作用方式。在一个网络化的增长极系统中，如果一个增长极或地区发生某种变化，这种变化会通过空间相互作用的传导机制立即影响到周围其他地区或增长极，而这种传导又会变为其他地区的输入传导机制，从而引起整个网络化系统的总体功能变化。这种复杂的网络化关系主要是非线性机制作用所致。

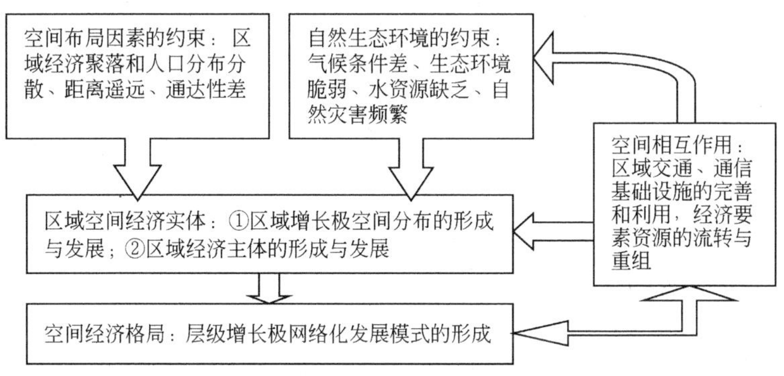

图 5-2 层级增长极网络化发展模式形成机制

第二节　西部区域层级增长极网络化发展的路径选择

一、优先发展“成渝”和“大关中”两个核心增长极

优先发展以“成渝”和“大关中”大都市区经济圈为核心的增长极是西部区域走层级增长极网络开发的前提。早在2003年8月，中国科学院中国区域发展问题研究组公布“西部开发重点区域规划方案前期研究”成果，就提出了大力发展西安、成都和重庆三大都市经济区，以此带动整个西部地区发展的观点。根据国家“十一五”发展规划，国家将重点加强长江上游和关中地区等重点经济带、省会城市及周边地区、资源富集区及重要口岸四类地区的开发，其中的成渝经济区、“关中－天水”经济区以及北部湾经济区将是西部大开发的主要战略高地，将获得国家重点支持和优先发展。2007年成渝经济区已经获得国务院批准成为全国统筹城乡综合配套改革试验区，实质上已经成为国家重点建设的主体功能区。2007年7月，2008年4月连续两年召开了“大关中发展论坛”，陕西省的西安市、咸阳市、宝鸡市、渭南市、铜川市和杨凌区，河南省洛阳市、三门峡市，甘肃省的天水市、平凉市、庆阳市，山西省的运城市等“大关中”经济区相关城市的政府代表、专家学者积极参与。因此，大关中经济区（关中－天水）（图5-3）的发展理念已经在相关地方政府间获得一致认可，在实践上具有很强的可行性，而国家也已经通过“十一五”发展规划认可了这样一个经济发展构想。至此，“大关中”经济区和“成渝”经济区在实践上已经取得国家政策的扶持，成为西部区域层级增长极网络中名副其实的核心增长极，这对整个西部区域经济发展的带动作用及影响是不言而喻的。

选择以“成渝”和“大关中”经济圈为核心增长极构建西部层级增长极网络的优势在于：

1）以“成渝”和“大关中”经济圈为代表的西部中心城市地理位置优越，自然资源优势明显，基础设施良好，交通及通信便捷。以“西咸”经济圈为例，它位于关中平原的腹地、渭河南岸，北部有丰富的煤炭、天然气和石油资源。农业发达，人口密集，工业基础雄厚，科技资源非常丰富，关中地区以拥有近100所高等院校和1000多所科研院所而成为科技人才资源仅次于北京和上海，排名第三的地区。而“成渝”则坐落于四川盆地，自然资源非常丰富，农业发达，工业基础雄厚，人口密集，大专院校和科研机构数量较多。成都平原素有“天府之国”的美称，是我国主要的工农业生产基地。上述这些条件使“大关中”地区和“成渝”经济区理所当然地成为能够带动西部区域经济快速发展的“火车头”的必选之地。

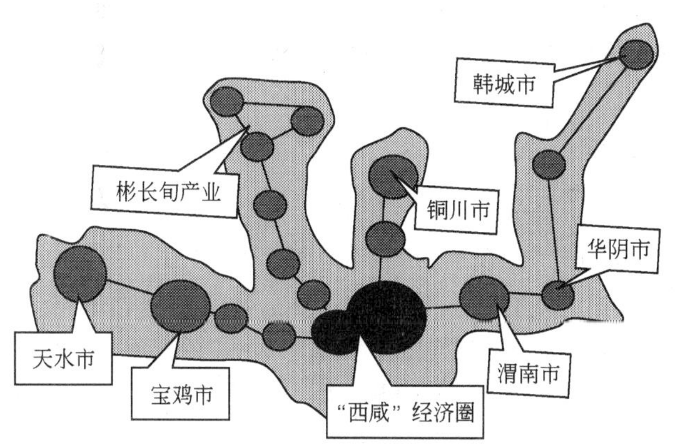

图 5-3　大关中经济区空间结构示意图

而西部区域层级增长极网络中次核心增长极为兰州、西宁、乌鲁木齐、银川、昆明、贵阳和拉萨等城市，均是各地区地理位置非常优越，交通便利，工农业发展基础良好，周边资源蕴藏丰富，人口稠密，智力资源富集，腹地广阔的省会大城市。例如，兰州位于兰州盆地，黄河岸边，各类自然资源非常丰富；西宁处于河湟谷地，农牧业生产发达；乌鲁木齐位于天山北麓，乌鲁木齐河畔，有丰富的煤、铁、石油、盐等资源。

2）从经济辐射能力和经济集中度看，西部的中心城市都是区域的经济、政治和文化中心，在西部地区的社会经济发展中起着十分重要的作用，虽然与中部地区的中心城市相比有一定的差距（表 5-2），但所在区域的经济发展对中心城市的依存度高，如西安的 GDP 占全省的 40.45%，成都的经济总量占全省的 33.7%，而且它们的人均 GDP 均是所在省全省平均水平的 3 倍左右。

表 5-2　2006 年我国中西部五大经济区实力对比

经济板块	层级增长极网络区域	经济总量/亿元	占全国比重/%
中部地区	大武汉层级增长极网络区域	8600	4.1
	中原层级增长极网络区域	7000	3.3
	长株潭层级增长极网络区域	5800	2.8
西部地区	成渝层级增长极网络区域	8800	4.2
	大关中层级增长极网络区域	3350	1.6

3）西部中心城市有较强的科技创新能力。西安有 50 多所高等院校，1000 多家科研机构，10 多万名科技人员。成都和重庆同样有规模庞大的高等院校和科研机构，科技人才众多，在区域经济社会发展中起着科技创新和主导的作用，也是他们能够成为西部区域开发的核心增长极的关键。

二、"大关中"和"成渝"核心增长极建设

1. "大关中"核心增长极建设

2008 年 3 月，十一届全国人大一次会议上，《关中 - 天水经济区规划》被正式提出，这是继"成渝"经济区和北部湾经济区之后，我国西部又一个重要的核心增长极。所谓的"大关中"都市经济圈主要包括陕西的西安、咸阳、渭南、铜川、宝鸡、杨凌五市一区和甘肃省天水市，总面积 6.96 万平方公里。通过《关中 - 天水经济区规划》，两个区域六市一区将缔结纽带，携手发展，缔造中国西部又一个重要的核心增长极。"大关中"的总体目标定位：建设成为西部及北方内陆地区的"开放开发龙头地区"，"以高科技为先导的先进制造业集中地，以旅游、物流、金融、文化为主的现代服务业集中地，以现代科教为支撑的创新型地区，领先的城镇化和城乡协调发展地区，综合型经济核心区，全国综合改革试验示范区"。农业方面，要建成全国重要的，在世界上有重要影响的果业、畜牧业基地，建成全国农业示范基地和航天育种基地。经济每年以 12% 的速度增长，到 2020 年农民人均纯收入达到 11 500 元。

附录

关中

关中，即关中平原，指陕西秦岭北麓渭河冲积平原，又称关中盆地。其北部为陕北黄土高原，向南则是陕南山地、秦巴山脉，是陕西省工农业发达和人口密集地区，号称"八百里秦川"。关中地区总面积 5.55 万平方公里，行政范围包括西安、铜川、渭南、宝鸡、咸阳 5 个城市，集聚了全省约 60% 的人口。以西安为中心的关中地区，在全国区域经济格局中具有重要战略意义，被国家确定为全国 16 个重点建设地区之一。

天水

甘肃省天水市位于甘肃省东南部，东临陕西省宝鸡市，西、北、南分别与定西、平凉和陇南相接，有"陇上小江南"之称。总面积 14 392 平方公里，全市横跨长江、黄河两大河流，新欧亚大陆桥横贯全境。天水经济开发较早。新中国成立后，工业发展较快，特别是国家"三线"建设时期，一批企业相继迁至天水，天水逐步发展成为西北地区的重要工业城市，是国家老工业基地之一。目前有工业企业 749 家，形成了以加工制造业为主体，电子电器、机械制造、轻工纺织三大行业为主导，食品、建材、化工、冶金、皮革、烟草、塑料等行业竞相发展，门类较多、技术装备较好、具有一定实力和特色的区域工业体系。

天水市现辖武山、甘谷、秦安、清水、张家川回族自治县五县和秦州、麦积两区，总人口 328 万人。境内四季分明，气候宜人，物产丰富，素有西北"小江

南”之美称。

天水市是中国古代文化的发祥地，享有“羲皇故里”的殊荣，是海内外龙的传人寻根问祖的圣地。境内文化古迹甚多，现有国家和省、市级重点保护文物169处，其中大地湾遗址保存有大量新石器时代早期及仰韶文化珍品。国内唯一有伏羲塑像的天水伏羲庙，雕梁画栋，古柏森森。中国四大石窟之一、被誉为“东方雕塑馆”的麦积山石窟，荟萃了从公元4世纪末到20世纪，约1600年的7730余尊塑像，并与大像山、水帘洞、拉梢寺、木梯寺等共同组成了古丝绸之路东段的“石窟艺术走廊”。同时，环绕麦积山方圆数十里分布的植物园、仙人崖、石门、净土寺、曲溪和街子温泉度假村，共同组成了国家级森林公园——麦积山风景名胜区。人文景观与自然景色交相辉映，巧夺天工，吸引着无数海内外游人。

天水市气候宜人，物产丰富，适宜多种粮食作物、经济作物和林果瓜菜生长，为全国十大苹果基地之一。森林覆盖率达26.2%，是西北最大的天然林基地之一。这里蕴藏着丰富的矿产资源。现已探明35种，其中金属矿15种，非金属矿20种。天水不仅有昔日辉煌，改革开放的春风更使勤劳勇敢的天水人民焕发出无限的改革热潮和发展活力。今日的农业以实施种、养、加“六个百万工程”为突破口，粮食生产稳步发展，林果、畜牧、蔬菜、农副产品加工四大支柱产业初具规模，农业产业化进程正在加速；天水是全国著名的五大电器工业基地之一，目前已形成了机械、轻纺、电子三大行业为主导的工业体系，一座西北电器城正在崛起，名牌战略格局正在形成，工业结构高速发展，产品的进一步升级换代正在实施；五横三纵省道国道及市区环形交通的贯通，天兰（天水到兰州）、陇海铁路复线的筹建，通信网、电力网的扩建，交通基础设施不断完善，商贸流通业迅速发展，对外交流融合日益增加，投资规模不断扩大，使天水这片古老的黄土地发生了深刻的历史变化。全市国民经济综合实力不断增强，城乡面貌日新月异，人民生活水平日益提高。今天的天水市先后被列为全国优化资本结构试点城市、老工业基地技术改造重点城市、科教兴市重点城市、省级文明城市、卫生城市和全省双拥模范城。

天水市是甘肃省少有的山清水秀的地方，由麦积山石窟和小陇山植物园、仙人崖、石门与曲溪等景点组成的麦积山风景名胜区，是国务院公布的第一批风景名胜区，区内层峦叠嶂、山环水绕，兼具江南水乡的秀美和北国山川的雄奇，是理想的旅游胜地。

行政区划

天水市　面积14 392平方公里，人口350万（2004年）。

秦州区　面积2442平方公里，人口65万，邮政编码741000。

麦积区　面积3452平方公里，人口58万，邮政编码741020（2006年以前叫北道区）。

清水县　面积2003平方公里，人口31万，邮政编码741400，县人民政府驻永清镇。

秦安县　面积1601平方公里，人口61万，邮政编码741600，县人民政府驻兴国镇。

甘谷县　面积1572平方公里，人口60万，邮政编码741200，县人民政府驻大象山镇。

武山县　面积2011平方公里，人口44万，邮政编码741300，县人民政府驻城关镇。

张家川回族自治县 面积1311平方公里，人口32万，邮政编码741500，自治县人民政府驻张家川镇。

风景名胜

麦积山石窟位于天水市东南部，因该山状如堆积的麦垛而得名。石窟始建于1500多年前，大多在20～80米高的悬崖峭壁上开凿，层层相叠，密如蜂巢。各洞窟之间有栈道相连，攀援而上可达山顶。

麦积山石窟塑像的大小与真人相若，有的交头接耳、有的低眉含嫣、有的俊俏活泼，形态栩栩如生，被誉为“东方塑像馆”。在天水附近的武山有拉梢寺石窟，位于绝壁上的浮雕大佛高约60米，远观尤觉雄伟。

麦积山洞窟多修成别具一格的“崖阁”。在东崖泥塑大佛头上15米高处的七阁，是我国典型的汉式崖阁建筑，建在离地面50米以上的峭壁上，开凿于公元6世纪中叶。麦积山石窟虽以泥塑为主，但也有一定数量的石雕和壁画。麦积山石窟被列为国家重点文物保护单位，新架和修复了1300多米的凌空栈道，使游人能顺利登临各洞窟。

羲皇故里

天水市是中华民族和华夏文明的重要发祥地之一，史载人首蛇身的人类始祖伏羲和女娲即出生于天水，故天水又称为“羲皇故里”、“龙的故乡”。伏羲居三皇之首，百王之先，是中国第一位人王，每年农历正月十五伏羲诞辰日和农历五月十三（传说中龙的生日），天水便举办规模盛大的祭奠仪式，1995年起，又扩大为天水伏羲文化节。

现存的伏羲庙，又名太昊宫，在市区西关，当地称作人祖庙，其建筑肃穆古朴，巍峨壮观，是海内外华人寻祖追宗的圣地。

气候

天水市属温带大陆性气候，城区附近属温带半湿润气候，年平均气温为11.5℃。最热天气是7月，最高温度为33．4℃；最冷天气是1月（详见天水平均气温一览表）。每年9～11月，是天水市全年最佳旅游季节。

天水平均气温一览表 （单位：℃）

月份	1	2	3	4	5	6	7	8	9	10	11	12
平均温度	-0.6	0.2	6.3	11.7	17.7	21.1	23.3	21.7	16.3	11.3	3.9	-1.8

天水伏羲文化节

由每年农历五月十三公祭伏羲典礼的活动扩大而成，是为纪念人文始祖伏羲氏而举办的。相传伏羲出生于天水，在这里创推八卦，并教会人民结网、从事渔猎畜牧。

自1995年第一届伏羲文化节起，每到农历五月十三，都会有近千名来自中外的侨胞、游客云集羲皇故里，参观大地湾古人类遗址，寻宗祭祖。

把天水市发展成为我国“历史文化旅游胜地”的优势

1. 天水市是中华民族和中华文明最重要的发祥地。根据神话传说、基因检测、考古发现及语言学的研究，天水是中华民族形成和发展的重要据点，是中华民族最重要的发祥地。

这里不但发现过38 000年前旧石器时代的“武山人”，还发现了大量史前时代的遗址，其密度之高，全国罕见。中华文化的精髓——阴阳八卦传说就诞生在天水。中华文明的源头之一——距今8000年前的大地湾文化在此延续了3000年。天水曾出土过中国最早的彩陶、绘画、雕塑、符号（文字的源头之一）、礼器、地图、纸张、毛笔、木尺、小说、音乐文献等实物，考古学和文献也证实，天水既是我国农业、畜牧业、建筑、纺织、养蜂等技术的发源地，也是我国古代文学和戏曲的发源地之一。

2. 天水市是我国神话传说最多的地方。天水是公认的羲皇故里，有两座规模宏大的伏羲庙，传说中的伏羲、女娲、炎帝、黄帝、神农等都诞生在天水，并有大量的文献和遗址加以证明；我国远古时代的第一部神话总集——《山海经》对天水有许多描述。除此之外，天水还有大量有关《西游记》和《三国演义》的传说和遗迹；至于其他民间传说，更是数不胜数，在此就不一一列举了。

3. 天水市是中华各民族的圣地。我国西南少数民族绝大多数都认同伏羲、女娲为其先祖，天水作为伏羲、女娲的故乡，自然也是汉族和这些少数民族共有的圣地。一代天骄成吉思汗死于天水，也很有可能葬于天水，天水汉族供奉的家神有许多是蒙古人。天水市张家川县是我国回族人口比例最高的地区之一，其境内的宣化岗是中国伊斯兰教哲合忍耶学派的圣地，同时天水还有两座建于元朝的回族清真寺，是我国最早的回族清真寺之一。满族的前身女真族也在天水留下了许多遗迹，如西关的“郡王府”和卦台山的伏羲庙等；藏族、维吾尔族等，与古代活跃在天水一带的胡戎羌狄等有密切的关系，对藏族历史有重大影响的许多事件都发生在天水，至今仙人崖和水帘洞还有喇嘛殿、喇嘛塔等。

4. 天水市对我国的历史进程和政治制度始终具有重大或决定性的影响。距今8000年前的大地湾文化对古代中原和西部地区的社会历史产生过极为重要的影响。中国历史上许多重要的王朝（如秦、唐等）都发迹于天水，对中国历史有重大影响的许多政策、制度和事件，如秦朝的郡县制度和中央集权制度、汉朝的屯田制度、两晋南北朝的里长制度和民族融合政策、西北和西南的丝绸之路、宋朝的茶马互市、元朝的建立、辛亥革命时期的秦州起义、近代工商业的兴起、抗战时期的后方建设与"文革"时期三线企业的建设等都与天水有密切的关系。

5. 天水文化是中华文化的一个缩影，从古到今一直长盛不衰。在天水这块大地上，曾诞生过无数的名人，无数的名人也曾旅居过天水，如李广、赵充国、赵壹、诸葛亮、庾信、玄奘、杜甫、李白、吴玠兄弟、宋婉、谭嗣同、邓宝珊等，他们留下的功业和诗文不但是天水地方文化的宝贵财富，也是整个中华文化非常重要的组成部分。另外，天水的民俗文化多姿多彩，堪称历代文化和民俗的博物馆，如与胡笳密切相关的天水夹板，远古民族巫舞的余韵——武山旋鼓，元杂剧的活标本——武山秧歌，富有江南韵味的秦安腊花舞，雅俗共赏的秦安小曲，以及其他极富民族特色和地方特色的山歌小调、民间传说、民间工艺等。

6. 天水市是我国东南西北文化的交汇之地。从古到今，一直与我国的核心地区有一种神秘的联系。天水虽然偏居西北内陆，但在很久以前，这里就是原始人南下北上、东进西出的重要据点；进入文明社会后，起源于东方的秦人来到天水，他们在大量吸纳中原文化的基础上，又融合了西戎文化、巴蜀文化、楚文化，最终统一了中国。此后，天水一直处在西北丝绸之路和西南丝绸之路（后形成茶马古道）的交汇点上。抗战时期，天水成为东南沿海民族工商业的避难所；三线建设时期，又有一大批企业从东南沿海一带迁来。所以天水的传统建筑、语言风俗、地方饮食、民间歌舞、民间武术以及产业结构等都带有东西过渡、南北交融的特点。

7. 天水市是我国宗教圣地之一。天水有以麦积山为代表的一大批佛教石窟和寺庙（其中水帘洞石窟还留有小乘佛教的遗迹），有道教最重要的流派——全真教在元朝修建的玉泉观，有我国最早的回族清真寺和伊斯兰教哲合忍耶学派的圣地——张家川宣化岗。除此之外，天水也是我国基督教非常流行的地区。几大宗教在这里融洽相处，并行发展，形成奇特景观。

8. 天水市有大量的神山圣水，如成纪（伏羲、女娲、李广、李白和李唐王朝的故乡）、古风台（伏羲诞生地）、女娲洞（女娲诞生地）、葫芦河（我国西南少数民族传说人类诞生与葫芦有关）、卦台山和龙马洞（伏羲画八卦处）、女娲祠、补天石、凤凰山（崦嵫山，为古代神话中的日落之处）、轩辕谷（天水有两处轩辕谷，传说是黄帝诞生地）、朱圉山（《山海经》载为大禹治水过往之处）、齐寿山（《山海经》所载潘冢山，古时为嘉陵江源头，附近有秦人祖陵）、伯阳（传说为老子归隐处）、高老庄和晒经寺等。尤其值得一提的是，天水还有古代交龙寺遗址，涉及女娲造人、伏羲画卦、三教分立等大量中华民族的历史和神话。除此之外，天水还拥有一大批历史文化的圣地，如关山（古代的昆仑，为古典诗词中常见的意象）、毛家坪和秦亭（秦人发源地）、街亭（马谡失街亭处）、东柯草堂（杜甫生前建起的第一座草堂）、天水堂（天下赵氏祭祖圣地）等。

9. 天水市基本上在我国的地理中心，自然环境较好，古树名木繁多，城市清静恬淡，没有太多的商业味，符合圣城特点。天水处在长江流域和黄河流域的交汇之处，同时处在我国南北分界线上，自然方面呈现出南北交融，东西过渡的特点。市内古树名木繁多，有2500年的春秋柏、全国罕见的千年双玉兰、与杜甫同时代的子美树、按64卦种植的古柏等，使整个城市更显得古老深邃。更重要的是，天水像世界各地的圣城一样，人口较少，只有45万人（瓦拉纳西有70万人、耶路撒冷有47万人、麦加有37万人），城市规模不大；工业以电子电器、机械、纺织以及手工业为主，污染很少；旅游业已得到开发，但游客不是很多；整个城市清静恬淡，没有太多的商业味，所以非常符合圣城的特点。

10. 天水市周边地区有许多历史文化胜地。除了本身拥有大量的神山圣水、古巷民居、书院会馆、石窟寺庙、古道驿站外，天水周边地区也有许多历史文化名胜，如北面的秦长城遗址和道教源头崆峒山，东面的佛教圣地法门寺和我国七大古都之首——西安，西南的秦人祖陵和藏族圣地拉扑楞寺，西面的李家龙堂和渭水源头鸟鼠山，南面的蜀道和祁山等，这使得天水作为历史文化圣地的内涵变得更加丰满，其地位也变得更加巩固。

其实，天水市作为我国历史文化的圣地，古人已经有所领悟，如《诗经 秦风》中就有“蒹葭苍苍，白露为霜。所谓伊人，在水一方”的描写；李白则是“自此风尘远，山高月夜寒。东泉澄澈，西塔顶连天。佛座灯常灿，禅房香半燃。老僧三五众，古柏几千年”的咏叹；杜甫更有“远水兼天净，孤城隐雾深”、“如行武陵暮，欲问桃源宿”、“烟火军中幕，牛羊岭上村”的多重感受；而谭嗣同，这位少年时曾随父来过天水的民族英雄，多年以后更是深情地写下了“春烟淡淡暗离愁，雨后山光冷似秋。楚树边云四千里，梦魂飞不到秦州”的诗句。无论是哪一位作者，历史文化积淀极为深厚的天水留给他们的都是清静圣洁的印象。如今，当我们来到天水，会感受到其悠久的历史文化和美丽的山光。

(1) 把“大关中”建设成为西部区域经济核心增长极的优势

A. “大关中”是西部大开发的重点区域之一

国家目前命名了6个综合性国家高新技术产业基地和24个行业性国家高新技术产业基地，而西安成为西部地区唯一的综合性国家高新技术产业基地。除了因为西安本身高新技术产业基础比较好之外，更为重要的是这是国家围绕

“关中－天水”经济区的发展所做的重大战略部署。陕西的高新技术和装备制造业基础比较雄厚，再加上航空、航天产业基地和杨凌农业高新技术产业示范区等，在一定程度上奠定了“关中－天水”经济区发展的良好基础。

西安综合性国家高新技术产业基地的建设目标，是重点围绕信息、生物、民用航空航天、新材料、新能源等产业，通过体制创新、机制创新和技术创新，进一步整合利用科技资源和产业资源，构建这些产业领域具有国际竞争力的产业集群。可以说，西安作为中心城市的辐射带动作用将越来越明显。

B. 关中地区与天水市联系无处不在

关中地区和天水市位于不同的行政区划，却要连接起来建立跨省的经济区。祝作利表示，这是基于两地在经济、文化上的内在联系。他说，关中、天水一带在“一五”、“三五”、“五五”时期就是国家重点部署的军工企业“三线”要地；陇东、天水和西安的联系十分密切，连口音、风俗习惯也与大关中地区相似。

关中地区具备较强的工业基础，在区域经济发展中发挥着重要的带动作用。而天水目前已经形成了以加工制造业为主体，电子电器、机械制造、轻工纺织三大行业为主导，具有一定实力和特色的区域工业体系。天水的仪表、锻压机床及通信设备产业基础雄厚，与陕西具有很强的互补性，具备了捆绑发展的前提。

有关人士还指出，关中地区和天水市都处在古代丝绸之路上，联合发展旅游前景良好。此外，渭北平原的果业辐射带早已经辐射到陇东和天水等地，两地在现代农业的发展上也存在合作契机。

因此，“关中－天水”经济区将在很大程度上加强两地的产业互补和对资源的优化组合以及配套，避免同类产业之间的恶性竞争，而企业之间也可根据产业发展战略进行重组及并购。

C. “大关中”的发展将对推动整个西部发展产生重大影响

国家发展与改革委员会认为从国家整体发展的层面来讲，“大关中”经济区更多的还要考虑到跨省（自治区）的发展。因为“关中－天水”经济区是国家主体功能区规划中的一个重点。结合主体功能区规划的实施，以及西部大开发三个重点区域的规划，可以进一步确立“关中－天水”经济区在西部大开发中的区位优势，关中－天水城市圈是西部智力资源最密集、工业基础较好、基础设施完备和城市化程度较高的地区之一，又是连通内地和大西北地区的门户，自身地处欧亚大陆桥的中心位置。这样的一个经济区建设必将极大地带动包括内蒙古和西藏在内的大西北发展，同时也将推动整个西部地区经济的快速发展，因此，“大关中”经济区的建设绝对不是小区域范围的发展。

D. 大关中城市群连接着10个城市

以西安为核心的大关中城市群本体由10个城市组成，其体系框架分四个层次：第一层次为核心层，即大西安中心城区，在古城北部建设大西安现代城市新中心；第二层次为基本层，即大西安四大副中心：临潼、长安、咸阳、三原；第三层次为紧密层，即大西安都市圈，三大外围中心城市（区）：杨凌、铜川、渭南；第四层次为开放层，即大关中城市群六大周边中心城市（县）：宝鸡、彬县（彬州）、黄陵、韩城、华阴（华山）、商洛（商州）。这样一个城市体系从宏观上看，将从整体上起到一个大的核心增长极的功能。

（2）“大关中”经济区中的重要组成部分

西安市：将发挥辐射带动作用，成为西部区域经济发展的核心和引擎

“关中－天水”经济区是《国家西部大开发“十一五”规划》中的重点发展经济区；加快“关中－天水”经济区发展，可以有效优化西部地区经济结构，转变西部地区经济增长方式，进一步完善西部地区市场经济体系，从而引导区域资源配置跨地区合理流动。

西安不仅是大关中城市群的中心，也是西北地区的经济中心、物流中心、信息中心和人才聚集中心。做大、做强西安，以西安为核心、为引擎，以不断提升的城市品位、综合实力来提升“关中－天水”经济区的发展水平，这是很重大的历史责任，西安责无旁贷。

当前西安要着力完善基础设施建设，引导产业结构调整，不断增强城市功能，引导符合西安实际的优势产业升级；在产业发展、开发区建设、城市化进程、改善民生等各方面都要先行一步。同时要加强与区域内城市的务实合作，完善合作机制，创新合作方式，增强自我发展的内在动力，提升大西安经济区的整体实力和发展水平。

从西安市政府层面来看，大西安都市圈的发展需要中央给予更多的支持。例如，大项目布局在这个区域相对集中；以西安为核心建设覆盖大西北的金融中心；赋予区域发展特殊的政策优势等。这样，西安就可以应用人才聚集、信息集中、物资集散、交通便利等优势，充分发挥中心城市的辐射带动作用，推动“大关中”经济区的发展，使“大关中”经济区成为带动西北地区乃至整个西部地区和北方内陆地区经济发展的引擎，成为西部地区开放开发的龙头地区。

咸阳市：从四个方面着力，实现优势互补

咸阳区位优势明显，产业发展基础较好，是西部重要的能源接续地，咸阳得天独厚的文物资源和深厚的文化底蕴也将为“关中－天水”经济区建设添彩。咸阳要全力推进西咸经济一体化，统筹考虑城市之间产业发展、基础设施等因素，推动区域城市优势互补、功能互补，从而实现效益最大化。

一是工业同步。把咸阳放在“关中－天水”经济区乃至全国产业分工的大格局中，合理确定优势产业，建立起体现区位特色要求的新型化、多元化产业体系。

二是基础对接。抓好基础设施建设，优先发展城市公共交通，早日实现西咸交通同网，着眼于完善综合交通体系，形成“关中－天水”4小时经济区，促进区域经济振兴。

三是文化共兴。“关中－天水”经济区城市历史文化同源同宗，不可分割。将加强与周边市区的协作，促进旅游资源共享，推动资源优势向经济优势转变。

四是三产互补。依托咸阳独有的地热资源和传统中医药资源优势，大力发展足疗洗浴、温泉疗养、休闲娱乐等特色服务业，做大做强药膳、药浴等特色保健项目，打造“中国养生之都”。

铜川市：按照西北地区建材加工工业基地的目标前进

从基础设施建设方面来看，西安至铜川的8车道高速公路即将开工，完工后两地行车时间将由1小时缩短到30分钟。

作为资源性城市，铜川的产业基础较好，在以后的发展中应按照大关中经济区整体产业布局，把铜川市建成以建材加工为主导的加工工业基地。随着西安—铜川两地高速公路和西安北客站、货运站的建成，铜川依托区位优势，可以有更大的作为。当前为了迎接“大关中”经济区带来的大发展机遇，铜川市规划了6个工业园区，基础设施也正在完善，并通过与国家开发银行陕西省分行合作的方式，积极向建设覆盖西北地区建材加工工业基地的目标迈进。

杨凌市：建设特色中等城市，发展四大产业

杨凌市是我国重要的农业高科技城，对推动我国干旱半干旱地区的农业发展起着举足轻重的作用，现在已经发展成为一个美丽的新兴城市。十一届全国人大代表、杨凌示范区党工委书记、西北农林科技大学党委书记张光强认为，“如果说10年前示范区的成立是一次机遇，“关中－天水”经济区就是第二次重大机遇”。

他认为大西安经济区的规划应该把杨凌明确作为区域性的中心城市，有特色的中等城市。杨凌最大的特色就是农业的高新技术产业化。张光强表示，杨凌下一步要在现有基础上加大工业化带动城市化步伐，将大力发展四大特色产业，即生物技术、食品加工、环保农资、种子产业，不断提高规模化和集聚度。同时大力发展基础设施建设，完善城市功能，形成对资源和人才的吸引，从而增强示范区对外的辐射效应。他特别指出，要扩大示范区现代农业的辐射带动作用，让杨凌成为关中乃至西北五省最重要的农业科技创新源和辐射源。

天水市：对大关中经济区抱有极大期待，将积极参与，全力以赴

天水市的仪表、装备制造行业，如锻压机床、通信设备的产业基础雄厚。其与陕西省宝鸡市只有200公里的距离，中间有高速公路相连，在产业上有很强的互补性，具备了捆绑发展的前提。关中是华夏文化的发祥地，天水是中国龙文化的发祥地，双方携手打造具有国际知名度的寻根祭祖旅游品牌，优势十分明显。

大关中经济区的提出对天水市而言是一次重要的发展机遇，而天水市的加入

又在一定程度上提高了大关中经济区的含金量。对于天水市而言，目前的当务之急是统一思想，分析形势，抓住机遇，科学论证，根据大关中经济区的发展规划，准确定位，发挥自己的比较优势，在产业布局上加大投入力度，采取一切积极有效的措施。

2. “成渝”核心增长极建设

成渝经济区——“国家城乡统筹发展综合改革试验区”

区域范围：四川省 14 个市，重庆市 23 个区（县）（图 5-4）。

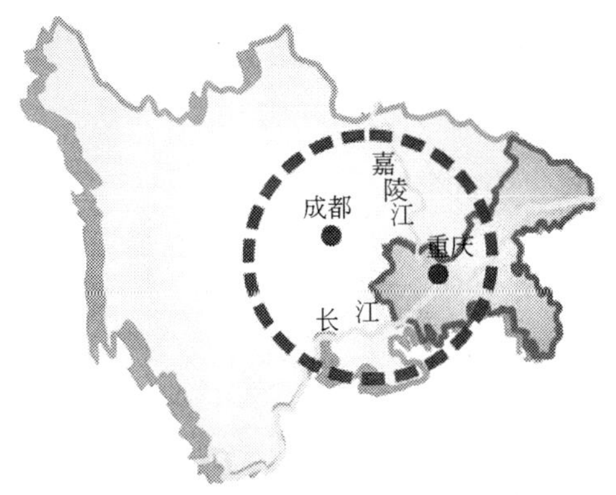

图 5-4　“成渝”核心增长极的地理区位示意图

以重庆、成都两个特大城市为龙头，以成都及绵阳等 14 个地级市和重庆“1 小时经济圈”的 23 个区（县）为载体。

区位优势：经济区面积 15.5 万平方公里，常住人口 8000 多万。经济区占西部面积的 3%，人口占西部的 25%，GDP 占西部的 26%，资源聚集好、产业基础好、城市基础好、要素功能好、发展潜力比较大（表 5-3）。

表 5-3　“成渝”核心增长极基本概况

比较项目	成渝经济区	西部地区	占西部比例
面积/万平方公里	16.77	675	25%
人口/万人	8 886	35 976	24.7%
国内生产总值/亿元	8 823.53	33 493	26.3%
经济密度/（万元/公里^2）	526	49.6	10.6（倍）
固定资产投资总额/亿元	4 478.4	17 645	25.4%
社会消费品零售总额/亿元	3 023.83	11 580	26.1%
人均 GDP/元	10 320	9 310	1.1（倍）
人均社会消费品零售总额/元	3 403	3 219	1.07（倍）
人均固定资产投资总额/元	5 040	4 905	1.03（倍）

发展方向：以成都、重庆两个特大城市为龙头，共同争取成渝经济区列为国家重点开发区，共同争取国家编制成渝经济区发展规划，共同争取国家加大投入特别是基础设施的投入，在生产力布局上加大对这个地区的倾斜和支持，进一步承接国外及东部优先开发区的产业转移，共同将成渝经济区建成国家新的增长极。

成渝经济区是以重庆、成都两市为中心，四川省包括成都、绵阳、德阳、内江、资阳、遂宁、自贡、泸州、宜宾、南充、广安、达州、眉山、乐山 14 个市；重庆市则包含主城 9 个区以及潼南、铜梁、大足、双桥、荣昌、永川、合川、江津、綦江、长寿、涪陵、南川、万盛、武隆等地。经济区面积 15.5 万平方公里，2005 年 GDP 近 9000 亿，常住人口 8000 多万，分别占重庆和四川总量的 25%、55%、65%。成渝经济区是西部唯一具备突破省市界限、在更大范围内优化配置资源的地区。

目前成渝地区经济总量约占全国 5%，人口、城市、资源密度在西部绝无仅有，将改变整个西部以至更大范围的经济格局。这是西部最有希望的区域。

2007 年 4 月 2 日，四川省与重庆市共同签署了《重庆市人民政府四川省人民政府关于推进川渝合作共建成渝经济区的协议》经济区范围：四川省 14 个市，重庆市 23 个区（县）。

依托丰富的资源条件和优势产业基础（图 5-5），承接悠久的合作渊源，重庆、成都两个特大城市将成为经济区的龙头，成渝经济区的范围包括成都及绵阳等 14 个沿高速公路、快速铁路、黄金水道的市和重庆“1 小时经济圈”的 23 个区（县）。

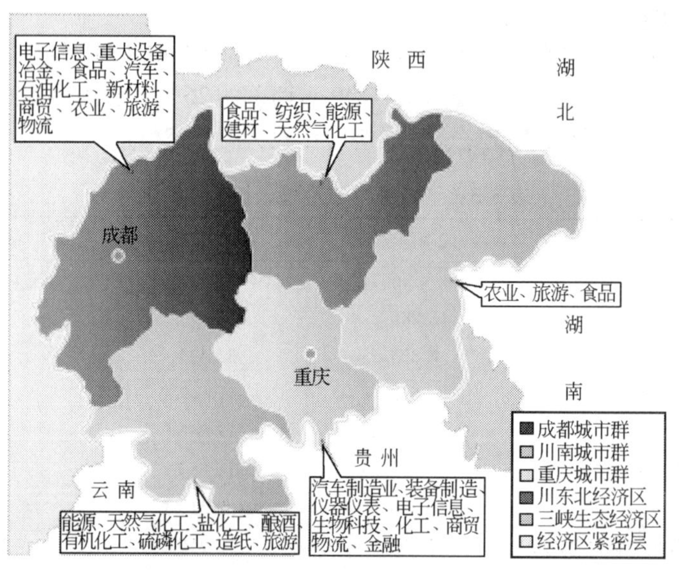

图 5-5　“成渝”核心增长极产业基础

该经济区的定位则是要共同争取成渝经济区列为国家重点开发区，共同争取国家编制成渝经济区发展规划，努力将成渝经济区建成继长江三角洲、京津豫、珠江三角洲之后的中国第四个增长极。

在充分发挥成都、重庆两大中心城市的核心带动作用下，分别在构建和完善成都、重庆两个单核城市群基础上，加快培育绵阳、德阳、内江、资阳、遂宁、自贡、泸州、宜宾、南充、广安、达州、眉山、乐山、永川、江津、合川、涪陵、长寿、铜梁、荣昌、大足、南川、綦江、璧山、双桥、潼南、万盛等若干紧密相连的大、中、小城市，共同构建西部最大的城市连绵带。

协议中的第一个共建重点就是基础设施建设。经济区成立后，重庆市和成都市之间的快速客运专线铁路等点对点快速通道、区域环型快速通道建设将得到进一步发展，“上午到重庆办事，下午回成都吃晚饭”将不再是梦想。同时，还将完善公路、铁路、内河航运、民航、管道综合交通运输网络，畅通对外交通，共同加强电网通道、水利、物流基础设施建设，实现互相支持、合作共享。

双方协议，要建立开放、规范、竞争、有序的商品市场，破除行政壁垒，加强交通、物流合作，降低产品跨区域销售成本。为了建立有利于人口合理流动的劳动力市场，将取消两地的就业户籍限制，建立流动人口“便参保、易转移”的社会保障体系。同时，要在经济区内促进价格管制产品的互惠贸易，构建要素无障碍流动机制，促进产业互动、利益共享。构筑企业合作的绿色通道，进一步放宽民营经济投资领域，消除民营经济进入市场的障碍。

经济区建成后，两地将立足现有产业基础，共同培育和建设国家重大装备制造业基地、高技术产业基地、清洁能源基地、国防科研产业基地、优势农产品生产加工基地。在区域内进行产业整合，优化产业布局，构建分工合理、各具特色的产业集群。加强互相协调，共同争取国家重大产业项目的布局将是经济区产业分工协作的重要任务。

两地将共同实施污染物排放总量控制制度，按资源承载力和环境容量进行产业和重大项目布局，共同建立长江上游联防联治的水环境管理机制，开展环境检测合作，共同争取国家生态环境建设投入和建立生态补偿机制，在长江上游长期实施天然林保护、退耕还林、防护林体系建设等工程。

成渝经济区是以重庆、成都两个特大城市为龙头，包括成都及绵阳等14个市和重庆“1小时经济圈”内的23个区（县）。成渝经济区集聚了两省（直辖市）1/4的面积、一半以上的人口，积聚了两省（直辖市）经济总量的六成多。

以重庆、成都两个特大城市为龙头，以成都及绵阳等14个沿高速公路、快速铁路、黄金水道的市和重庆“1小时经济圈”的23个区（县）为载体，共同争取成渝经济区列为国家重点开发区，共同争取国家编制成渝经济区发展规划，将成渝经济区建成国家新的增长极。重点发展成渝经济区，上升为国家意志，被明确写入《西部大开发“十一五”规划》。长江三角洲、珠江三角洲、环渤海地区，这无可争议的三大增长极，在过去20多年引领着中国经济高速增长。但这三大增长极，无一例外地落在东南沿海。在辽阔的西部，谁能承担起“引擎”重任，成为国家新的增长极？成渝经济区是西部唯一具备突破省市界限、在更大范围内优化配置资源的地区。这里，每万平方公里有1.73个城市，比西部平均水平多1.49个，比全国平均水平多1.03个；这里，每平方公里产出350万元，比全国高出227万元，比西部高出316万元。成渝经济区经济密度是西部平均经济密度的14倍，是西部最发达区域。成渝经济区目前占全国经济总量的5%左右，通过5~10年的跨越式发展估计能占到全国经济总量的10%左右。达到10%或更多的时候，这个经济区域就将成为保证国家经济安全的新的增长极。

2007年6月国家发展和改革委员会（简称发改委）发出通知，批准重庆市和成都市设立全国统筹城乡综合配套改革试验区。国家发改委要求重庆市和成都市要从两市实际出发，根据统筹城乡综合配套改革试验的要求，全面推进各个领域的体制改革，并在重点领域和关键环节率先突破、大胆创新，尽快形成统筹城乡发展的体制机制，促进两市城乡经济社会协调发展，也为推动全国深化改革、实现科学发展与和谐发展发挥示范和带动作用。

而此次设立城乡综合配套改革试验区，根本目的在于逐步建立较为成熟的社会主义市场经济体制，基本形成强化经济发展动力、缩小城乡区域差距、实现社会公平正义、确保资源环境永续利用以及建设社会主义新农村的理论架构、政策设计、体制改革及经济发展、社会和谐的综合模式，走出一条适合中西部地区发展的道路。具体实施方案中，统筹城乡规划、建立城乡统一的行政管理体制、建立覆盖城乡的基础设施建设及其管理体制、建立城乡均等化的公共服务保障体制、建立覆盖城乡居民的社会保障体制、建立城乡统一的户籍制度、健全基层自治组织、统筹城乡产业发展等将是重点领域和关键环节。

这样一种经济特区对促进区域经济发展的作用十分显著，如上海浦东新区和天津滨海新区，大量的资金流以及优惠政策，使其迅速成为令人瞩目的经济“新特区”。而成都市、重庆市加入全国统筹城乡综合配套改革试验区的行列，这是继上海浦东新区和天津滨海新区之后，又一个国家综合配套改革试验区。今后，成渝地区将成为我国中西部地区发展的前沿阵地。

改革开放以来，我国广东深圳、上海浦东、天津滨海三大经济改革试验区都在东部沿海地区，由此带动了东部沿海地区的快速发展。而中西部地区是我国相对不发达地区，在中西部选择具有重大影响和带动作用的特大中心城市设立国家统筹城乡发展综合配套改革试验区，对重大政策措施先行试点，是国家在新的历史时期加快中西部发展，推动区域协调发展的重大战略部署。

这次国家设立成都市综合配套改革试验区，对于进一步发挥成都特有的经济优势、科技优势、市场优势和生态优势，强化成都的带动功能和辐射作用，加速成渝经济区的崛起，完善国家发展战略的空间布局，促进西部区域层级增长极网络发展，都将起到重大作用。

成渝经济区是西部相对发达地区。据统计数据，重庆市与四川省今年上半年GDP总量为4550亿元，其中成渝经济区范围内的经济总量，占了川渝两地的91%，约为4141亿元。成渝经济区的城市密度和每平方公里的产出都相对较高。从城市密度来看，成渝经济区每平方公里有1.73个城市，而西部只有0.24个，全国为0.7个；此外，成渝经济区每平方公里产出350万元，比全国平均数高出约227万元，比西部高出约316万元。

但是，相比已经崛起的全国几大都市圈，成渝经济区还存在着较大的差距。据国家发改委官方网站公布的2008年上半年长江三角洲、珠江三角洲、京津冀三大都市圈经济运行情况，三大都市圈上半年共实现GDP 3.09万亿元，约占全国GDP总量的37%。其中，长江三角洲实现GDP 1.61万亿元，珠江三角洲实现GDP 7312亿元，京津冀实现GDP 7559亿元。

长江三角洲面积9.96万平方公里，人口约7500万。而川渝经济区面积20.28万平方公里，人口9960万，涉及成都、重庆两个特大城市，17个中等城市和16个小城市，辖142个县级行政单位。地盘大、人口多的成渝经济区，GDP总量仅为长江三角洲的25.72%，京津冀的54.78%，珠三角的56.63%。

因此，国家将成渝地区列入“十一五”规划的重点发展区域，无疑对加快西部发展、建设西部区域层级增长极网络具有重要意义。根据“十一五”规划，5年后川渝两地GDP将超过1.4万亿元，即目前的两倍。以“成渝经济区”来带动西部的发展，同时，还将进一步使成渝经济区在未来的经济发展中，演变成为东、西部经济结合的主要地区。

(1)“成渝”核心增长极建设的未来战略定位

A. 未来经济区的空间布局：两圈、两群、四带

城市群是未来国际、国内竞争的载体。根据国家的有关发展规划，成渝经济区未来的空间布局应该是“两圈、两群、四带”。两圈，即重庆都市圈、成都都市圈；两群，即川南城市群、川中（或川东北）城市群。为了打破行政藩篱，有利于产业发展，现有的城市未来还有可能合并。四带，即长江上游经济带、成（都）德（阳）绵（阳）经济带、沿成渝高速公路的成（都）内（江）渝经济带以及成（都）遂（宁）渝经济带。

为此，必须打破交通壁垒。据悉，未来5年内，川渝两地将有5条高速路连接，从而在长江上游经济带形成西部最发达的交通网。成都周边将建设快速通道，同时建设成都经由内江到达重庆的快速通道，真正带动川南经济区的发展。重庆—泸州—宜宾—成都—绵阳—遂宁—重庆的环线高速形成后，绵阳到重庆不

用再绕道成都，可直接经遂宁到重庆，车程将由现在的6个多小时缩短到2.5小时。同时，时速为200公里、即将竣工的遂（宁）渝铁路，也将把成都到重庆的时间缩短为3.5小时。

B. 成渝经济区必须打破双城壁垒

同处巴山蜀水的成渝两地历来联系紧密。1997年之前，重庆是四川省最大的纳税城市，而成都坐拥省会之利，得到更多的政治资源和经济资源。“重庆挣钱，成都花钱”、“重庆为四川打工”之类的怨言过去长期在坊间流传。重庆直辖8年，成渝这对“冤家”的明争暗斗一直没有停止。这从一定意义上说明了两个城市的行政壁垒严重影响了区域经济的合作与发展。

2003年，专家学者首次提出了“西三角”（重庆、成都和宜昌及三市的腹地）经济区的概念，并预言该区域将是继珠江三角洲、长江三角洲、环渤海经济圈后，中国又一个经济增长极。此概念一经提出，成渝两地都想成为“西三角”的中心。2003年9月，重庆市发展计划委员会出台了“西三角”规划，毫不掩饰地宣称，重庆将成为“西三角”的中心。而此后成都市发展计划委员会出台的文件，也明确提出“成都要当仁不让地建设成西部金融中心”。人们注意到，就连“9+2”的泛珠三角区域合作，也将重庆排斥在外。有专家指出，重庆直辖后，行政壁垒反而阻碍了成渝之间的经济合作。

而《成渝经济区发展思路研究》课题牵头人、四川省著名经济学家林凌教授指出，该课题的实施应该真正以市场手段推动经济发展，目前重点在于政府间的协调，跳出彼此财政体制利益的圈子。林凌说，这次在同一连线经济区进行的规划，是完全基于市场原则的结合，原有行政划分将不变，所以政府间的协调成为成渝经济区发展规划能否顺利推行的重难点，这对两地领导干部提出了新的要求。事实上，不仅重庆和成都，成渝经济区内35个城市如何树立大局意识、实现和谐共赢，也是摆在各个地方政府面前的一大重要课题。

因此，成渝经济区这一核心增长极的建设也应当借鉴“西咸”一体化的思路和模式，逐步打破行政区划的壁垒，从带动和促进区域经济发展的全局考虑，这是“成渝”核心增长极建设的关键。

（2）北部湾经济区

北部湾经济区作为西部区域层级增长极网络中的一个具有重要发展潜力的地区，北部湾经济区近年来的发展将对整个西部区域经济产生重要的推动作用和启示。尽管目前北部湾地区的经济发展水平和经济总量较小，但在未来经过若干年的建设和发展之后，北部湾经济区很可能成为与“大关中”和“成渝”具有同等重要地位的核心增长极。

区域范围：广西北部湾经济区由沿海的南宁、北海、钦州、防城港和玉林、崇左“4+2”城市共同组成。

区位优势：背靠大西南，面向东南亚，东临珠江三角洲，处于中国－东盟自由贸易区、泛珠三角经济圈和大西南经济圈的中心接合部。它是我国西部唯一的沿海又沿边的地区，既是西南地区最便捷的出海大通道，又是促进中国－东盟全面合作的重要桥梁和基地。

发展方向：北部湾国际区域经济合作区。立足北部湾，面向东南亚，沟通东中西，服务西部大开发，建设成为我国西部对外开放的门户和枢纽，中国面向东盟国家的区域性物流基地、商贸基地、加工制造基地和信息交流中心，面向东盟的开放合作示范区，逐步成为带动、支撑西部大开发的战略高地和我国沿海发展新的一极。

北部湾（广西）经济区指南宁、北海、钦州、防城港四市所辖区域范围。同时，包括广西近海沿边的玉林、崇左两市的交通和物流。

此经济区地处北部湾经济圈的中心位置，是中国唯一与东盟海陆相连的区域，是我国实现以东带西、东中西共同发展新格局的重要结点，是中国与东盟、东亚与东南亚的连接点，是西南地区最便捷的出海大通道。

（3）泛北部湾经济合作区

2007 年 7 月，中共广西壮族自治区委书记刘奇葆提出了“泛北部湾经济合作”概念，把原有的环北部湾经济合作区域延伸，涵盖中国、越南、马来西亚、新加坡、印度尼西亚、菲律宾及文莱等相关国家。泛北部湾经济合作区包括大部分东盟国家和中国多个沿海省（自治区），经济互补性强，辐射能力较强，泛北部湾经济合作区作为中国－东盟海上次区域合作，合作空间广阔，发展潜力巨大，是东亚乃至亚太地区层面的一个区域合作。

从区位角度看，北部湾具备成为带动西南地区发展的区位优势。

其一，通道作用。广西北靠大西南，南临北部湾，沿海防城港、钦州、北海 3 个港口城市与南宁同属于北部湾经济区。北部湾经济区是中国与东盟、东亚、东南亚的连接点，是我国西部唯一的沿海地区，战略地位突出。该地区三大港口的吞吐量、便捷的交通运输能力使其成为大西南最便捷的出海口。

其二，枢纽作用。北部湾作为沿海区域具有内外两种功能。一方面，通过吸收西南地区的产品、资源、劳务直接或间接经过深加工后打入国际市场，实现由内向外的辐射；另一方面，通过吸收国外资金、技术、知识和管理经验，经过消化、创新向西南转移，实现由外向内的辐射。

其三，窗口作用。北海成为我国最先对外开放的 14 个城市之一，就是希望沿海地区能发挥标杆示范效应，成为内陆地区的“技术窗口、知识窗口、管理窗口和对外开放政策窗口”。加速北部湾经济区的开发，可以很好地发挥其窗口作用。

北部湾经济区发展已经初步具备“蛙跳”发展能力。

北部湾经济区内沿海港湾众多，可开发的年吞吐能力达2亿吨。目前防城港、北海港、钦州港已建成3个初具规模的大海港，货物吞吐总量占广西沿海所有港口完成货物吞吐量的80%以上。北部湾依托港口优势而发展的临海工业已具雏形。造纸、钢铁、炼油成为当地已经发展和迅速崛起的产业。随着中国－东盟自由贸易区的建立，泛亚铁路和公路的修建，以及中国－东盟博览会每年在南宁的召开，将给北部湾经济区带来前所未有的发展机遇。

通过北部湾增长极带动西南省（自治区）的发展，将有效降低物流、资金流、信息流在西南地区的流动成本，强化传导机制。

首先，要加强基础设施建设。具体而言，就是要加强交通、物流、信息体系的基础建设，构建包括航空、航运、铁路、公路在内的广域交通体系，这些是增强区域综合竞争力、促进城镇群体协调发展的关键所在，也是实现区域基础设施共享和有效利用的根本途径。

其次，培育西南地区统一大市场。培育统一大市场将促进区域经济开放度的提高，扩大资源流动的空间范围与流动频率。有利于彻底瓦解区域内存在的自然经济、计划经济、篱笆墙经济，加快区域经济市场化步伐。通过市场机制，可以加快区域内产业、产品、企业结构的优化调整。西南统一市场，特别是中心市场和大市场体系的培育可以释放出产业关联效应，形成以市场为依托的产业链，推动技术进步和供给结构创新。

该课题组特别强调，北部湾发展带动大西南，在机制上更要统一协调。这就需要政府联合推进，建立跨区域的管理协调机构，形成“职能部门管理、区域综合协调、民间联合推动”的新格局，促进北部湾经济区和西南各省的协调、持续发展。

根据《广西北部湾经济区发展规划》，建设大能力铁路通道，重点建设南宁—广州铁路，构建连接珠江三角洲的高标准、大能力铁路通道；建设湘桂铁路复线和南宁—柳州城际铁路，构建连接中、东部省（直辖市）并与京广大干线相衔接的高标准、大能力铁路通道；建设南昆铁路复线和黔桂铁路扩能工程，构建连接西南地区的高标准、大能力出海铁路通道；建设南宁—防城港铁路复线扩能工程、合浦—河唇铁路和连接沿海港口的铁路支线，构建便捷、高效的港口集疏运铁路通道。到2010年，形成连通西南、中南、华南较为完善的、高标准、大能力的铁路通道网络。

2008年2月21日广西壮族自治区副主席林念修在《广西北部湾经济区发展规划》新闻发布会上说，广西将实施重点机场的扩能改造工程，建设覆盖广西地区的高密度的航空通道。主要是加快南宁、桂林机场扩能改造，完善配套设施，加密其通向国内主要城市的干线航班，开通并增加连接东盟、日韩、欧美等国家或地区的国际航线航班。开辟覆盖广西主要城市的支线航班，形成支线航空网络。这样一来，北部湾经济区在整个西部经济发展中的核心作用将会更加突出。

三、以制度创新为突破，强化生产与人口的极化式布局

（一）层级增长极网络化发展中的人口聚集化迁移

人口迁移是社会发展的产物，因而迁移活动与社会发展进程息息相关。英国人口学家泽林斯基（W. Zelinsky）1971 年在《流动转移的前提》一文中，把经济水平和人口城乡迁移间的相互关系概括为 5 个阶段，具有典型意义：①工业化前阶段——低迁移率；②早期转变时期——从乡村到城市的迁移率高；③转变后期——从乡村到城市的迁移率下降，城市间的迁移率增加；④先进的工业社会阶段——城市间的迁移率进一步增加；⑤高度现代化社会——城市间的迁移率和城市到乡村的迁移率增加。泽林斯基的上述论点被称之为人口迁移转变论。它说明不同的经济发展阶段会有不同的人口迁移形式。在农业社会，人们被固定在土地上面，流动性极低，人口迁移主要采取农村—农村的形式；在产业革命时期，随着非农产业向城镇集中，人口迁移主要采取农村—城镇形式；后工业社会，人口迁移则主要采取城镇—城镇形式。

目前我国西部区域人口迁移的特点有以下三点。

1. 独特的二元迁移格局："计划迁移"和"自发迁移"并存

改革开放前，我国长期实行的计划经济体制以非常规手段形成的城乡二元经济结构，把城乡居民人为地划分成两个在权利、机会和风险方面存在极大差别的社会集团。国家在城市人口中实行"冻结"式封闭管理体制，将劳动力与人口迁移纳入国家计划之内，严格控制农村人口转变为城市人口，实行计划性移民政策。但是，高度集中的计划体制和强有力的行政控制，并没有完全把中国农民固定在土地上。他们一直没有放弃通过迁移来改善自身生活条件的努力，形成了另一种迁移形式——"自发迁移"。由传统经济发展战略和高度集中的计划经济体制所决定，形成了中国人口"计划迁移"和"自发迁移"并存的两种迁移格局。在很大程度上，国家组织的计划性移民在移民总量中占主流地位，这也是中国人口迁移不同于国外人口迁移的特点之一。客观地讲，我国政府把人口迁移置于社会经济发展计划和有关政策的制约下，在一定程度上维护了社会稳定，避免了人口迁移的盲目性与无组织性，减少了农村人口大量涌入城市给城市带来的冲击。但是，新中国成立以来由政府部门组织的移民活动也存在一定问题。当时的移民决策在很大程度上违背了客观现实，缺乏深入分析"计划迁移"所产生的效益和负面影响，以至于造成花费大、问题多、巩固率低的现实。因此，在今后移民时，应采取自愿的原则，同时辅以必要的政策措施调节移民者的行为。

在美国的西部开发中，人口迁移完全是一种个人行为，并不受联邦政府的制约。美国的韦伯教授认为，定居在俄勒冈的人是在寻求一个在气候上同潮湿的东部类似，也就是说在雨量的丰富上相类似的地区。虽然吸引人到内华达和加利福尼亚的是黄金和白银，但更多的是由于自身原因才留下的。前苏联有组织的移民比过去大大减少，20 世纪 70 年代后不及原来的 1/20。也就是说，移民不再靠强迫进行，而主要以经济手段激发移民的欲望。

2. 人口迁移受户籍管理制度强有力的影响

随着我国“一五”计划的推行，众多的农村劳动力开始涌入城市。而此时我国的经济形势不允许大量的农村人口城市化，于是，人口迁移尤其是流向城市的迁移活动受到限制。1953 年 4 月 17 日国务院发出《关于劝止农民盲目流入城市的指示》，禁止农民进城。1958 年 1 月 9 日公布了《中华人民共和国户口登记条例》，对户口迁移制度进行了具体规定，到现在逐渐形成了现代户口管理制度。其主要特点是依城市与乡村把全国人口划分为农村人口（农民）和非农村人口（市民），实行隔离分治。户口性质的转变即由农业户口转为非农业户口，要受到严格的控制。户口管理制度的存在，使人口自发迁移变得极其困难。改革开放以来，严格的户籍制度开始有所松动，人口迁移逐渐活跃起来。但是，其阻碍力还很大，如现在的跨省（自治区）毕业生流动补偿费、城市增容费等名目众多的收费项目制约了劳动力资源的合理流动。

在国外，户籍管理制度当然也是存在的，但它只不过是一种证明公民身份，实施有效管理的手段而已。我国的户籍制度还附加了分配生活资料，协助计划生育等功能。实际上，它还默许了农村人口与城市人口在经济地位上的不平等。有鉴于现行户籍管理制度的诸多弊端，有必要对其进行彻底改革，以便于人口资源的合理配置与有效利用。

3. 人口迁移率还比较低，影响人口的极化或分布

迁移率低是新中国成立以来人口迁移最突出的特点。人口统计资料表明，1954～1987 年，国内平均每年跨市（县）、镇（乡）迁移的人数约 1900 万，其中跨省迁移的人数约 100 万，总迁移率为 2%，省际人口迁移率为 0.1%。这一迁移水平不仅远远低于人口流动性很大的美国、加拿大等国，甚至比印度还低。迁移率低从一侧面反映出人们在和平时期“安居乐业”情况，也反映出中国的社会和经济特征。中国是农村人口占优势的国家，土地是农村最基本的生产资料，劳动者与土地紧密地结合在一起，其“留恋故土”观念的改变更具有“滞后性”。另外，迁移率低还与我国的户籍制度也有关系。户籍管理太严，大大增加了城乡之间及大、中、小城市间人口迁移难度。

（二）西部区域层级增长极网络发展中人口迁移的对策建议

我国于1999年底、2000年初提出要大规模开发西部地区，因此，人口迁移问题也就提上了议事日程。这里说的人口迁移，既有西部地区内部的人口迁移，也有与外部地区之间的人口交流。对于西部地区的人口迁移，应根据国家及西部地区实际情况，总结过去移民成功与失败的经验教训，采取切实可行移民措施，以成功地推动西部经济发展。

1. 逐步实现人口和生产向网络化覆盖区域聚集

西部开发是我国社会经济生活中的一件大事，必须摆在十分重要的地位，以保证西部开发的顺利进行。伴随西部开发的逐步进行，必然会有大量的人口流入西部地区，其中大部分人口以暂时性流动为特征。国家应支持这部分人口的流动，“不求常住，但求常来”，以充分发挥他们的聪明才智。这部分流动人口前往西部的原因主要是出于经济上的考虑，为谋求更高的生活质量、更优越的生存环境和更好的发展机遇是他们离乡背井前往西部的主要动机。相对于国家计划性移民来说，这部分人口流动不需国家投资，移民的自愿程度高，因而开发西部的积极性也高。但是，这部分流动人口，不可避免地带有盲目性与无政府性，会带来一系列社会问题。为此，国家要把西部开发纳入法制化轨道，以行政和法律的手段来协调人们的迁移行为，同时制定、实施一系列鼓励或限制政策，如鼓励西部地区内部人口流动，鼓励东部地区优秀人才流向西部。另外，也要加快体制、福利、社会保障等方面的改革，以更好地发挥政府对经济建设的服务作用。

2. 内部迁移与外部流入相结合

西部地区地域广阔，人口分布相对分散，既不利于管理，也不利于地区经济的发展。伴随着西部大开发的推行，必须调整西部地区人口布局的现状。一种比较可行的方式就是在西部地区范围内或各省（直辖市、自治区）范围内将人口从自然条件恶劣的地域向人口较少、自然环境较好的地区迁移。人口内部迁移对于西部区域经济发展有许多优势：第一，区内人口移动，是在自然环境和社会环境较为相近的情况下进行的，人们容易接受，移民工作也比较好进行；第二，地区内移民距离较短，迁移容易，节省费用；第三，迁入地区能相应的提高生产率和生产效益，同时迁出地的生态环境能够被有效保护，有利于整个西部地区的发展。

此外，西部地区是一个经济文化比较落后的地区，在科技、教育、文化、卫生等方面都与东部地区存在着差距，这种差距在短期内仅凭西部自身的努力是无法克服的，必须由东部地区“输血”。西部地区可以凭借一系列的优惠政策、措施，特别是良好的发展机遇来吸引东部地区的人才，形成“孔雀西北飞”的局面。

3. 建立健全市场化移民管理方式及机制

我们要建立社会主义市场经济体制就是要使市场在社会主义宏观调控下对资源配置起基础性的作用，使经济活动遵循价值规律，适应供求关系的变化。在市场经济条件下，人口、劳动力也是经济要素，必须按比例分配到社会生产各个部门。经济学家凯恩斯曾提出“三位一体”法则，即土地、资本、劳动力是经济资源的三要素。从这个意义上来说，我国的社会主义市场经济要求全国统一、开放的劳动力市场的存在，以实现经济资源的最优组合。

历史经验也告诉我们，移民活动要采取自愿的方式，避免强迫性移民的出现。20 世纪 50 ~ 60 年代，我国的移民基本上都是强迫性方式，是伴随着国内政治运动的高涨而产生的。很多移民活动无视客观规律，违背了当事人的意愿，浪费了大量的人、财、物资源，造成效益差、巩固率低的不良后果。所以，国家必须彻底改变高度集中的计划经济体制，实行社会主义市场经济体制，这一转变是其他一切工作的前提和基础。在此基础上，国家要进行一系列的结构调整、体制转换和观念更新，充分发挥市场机制的作用，同时采取相应的行政与法律手段，以维护社会安定和经济的平稳运行。

4. 西部区域层级增长极网络构建必须有合理的人口结构

西部区域经济的发展需要大量具有先进科学文化知识的人才，单靠西部自身的培养很难达到区域社会经济发展的要求。因此，从区外吸引大量优秀人才成为支撑区域层级增长极网络化发展模式的重要组成部分。

首先，从国外移民的经验来看，落后地区的开发，要求科学技术的投入。以美国的西部开发为例，20 世纪 40 年代初，美国政府开始在新墨西哥州的洛斯阿拉莫斯建立国家原子能基地，后来新墨西哥州立大学的科研活动也活跃起来，这样就在新墨西哥州形成了“格兰德河学术研究走廊”，带动了当地经济的发展。另一个著名的例子是硅谷的建立。硅谷的高科技工业使加利福尼亚州这块昔日的荒凉之地进入了腾飞的轨道，1994 年，加利福尼亚州的国民生产总值已达 8757 亿美元，位居各州之首。由此可见，科学技术对新区的开发是强有力的“推进剂”，高技术人才对落后地区的开发具有极端的重要性。

其次，从当今的国际经济形势来看，世界经济的区域集团化与一体化正在推进，世界各国都进行着产业结构和产业政策的深入调整，世界经济重心已转向太平洋沿岸地区。在这种形势下，我国的经济政策与产业结构也要做出相应的调整。西部地区的经济发展不能再延续过去消耗资源型的发展模式，而应该有一个较高的起点，瞄准“地区化、高科技化、经济服务化”，因地制宜，充分发挥当地的比较优势，缩小与东部地区的差距。

最后，从西部地区的人口状况来看，西部地区文化教育水平普遍较低（表5-4），现有的智力资源不足以满足西部开发的需要，而当地人才的培养还需要一个过程。

由此可见，无论从其他国家的历史经验，当地人口的客观现实，还是从当今社会新发展观来看，西部自然资源比较优势正面临日趋下降的严峻挑战，所有这些都要求移入西部的人口中应以高学历者、中高级技术人员为主。这些高素质人才可以充分发挥其聪明才智，把西部的资源优势转化为经济优势；增强西部地区的“造血”功能，促进西部地区人才培养；使西部地区的社会经济发展在一个较高的起点上运行，尽快缩小东、西部之间的差距。

表5-4　西部地区15岁及以上文盲人口比例及构成

地区	文盲人口比重/%		
	总人口	男	女
全国	9.31	4.87	13.72
重庆	9.70	5.47	13.84
四川	12.56	7.06	18.04
贵州	18.79	9.61	28.27
云南	16.50	9.89	23.42
西藏	45.65	33.46	57.17
陕西	9.35	5.55	13.04
甘肃	22.27	13.80	30.66
青海	19.30	11.92	26.80
宁夏	15.44	8.93	22.07
新疆	6.66	5.30	8.05
广西	6.01	2.44	9.79

资料来源：根据《中国统计年鉴2007》整理

有鉴于此，国家和西部地区各部门应采取一系列措施，吸引东部地区优秀人才，给他们一个充分的发展机遇，上海市建立的西部开发人才信息库就是一个很好的例证。

四、深化西部区域投资、融资体制改革，开辟多元化的融资渠道

深化西部区域投资、融资体制改革，为西部开发多渠道筹集资金，调整城镇

用地政策，突破生产要素向城镇转移的体制性、政策性障碍：①加快改革和创新农村金融体制，形成合理的农村金融机构体系，同时开辟城镇建设多元化投资、融资渠道，让外商、外资以及民间资本成为城市化建设的投资主体，改变政府垄断经营的局面，为农民企业家和中小企业投资者创造良好的发展机遇。这样既可以解决城市化建设过程中需要大量资金的问题，同时也可以为大量农村剩余劳动力进入城市提供广阔的就业机会，加速城市化的进程。②建议成立中国西部发展基金会，其资金应主要来源于以“补偿”的形式从东部沿海发达省（直辖市）征收“西部发展税”，在中央的统筹协调下，主要用于西部环境保护、基础设施、教育、科技及农户培训以及公共福利设施建设等。③建议在西安设立我国第三家证券交易中心（西安是中国地理上的几何中心，也是承东启西的桥头堡），为西部发展吸引资金。上海和深圳证券交易所强大的资金吸引能力已经被实践所证明，如1996年深圳证券交易所交易额为5万亿元左右，若按0.3%征收印花税，可得165亿元。同时，西部地区可制定比东部沿海更加优惠的政策和待遇，吸引东部企业及人才向西部流动，到西部“淘金”。④根据《2003年国家西部开发报告》的统计资料表明，2000～2002年，国家开发银行共为西部提供融资1765亿元。其中面向铁路、道路、电力、石油化工、电气通信、城市建设的资金占据了94.6%，只有95亿元的资金投向了其他领域，占5.4%。事实上，上述6个方面主要集中在一些大的项目上，其中包括西气东输这样的全国性重大项目。中国社会科学院经济研究所宏观经济研究室、欠发达经济研究中心主任袁钢铭认为对于那些迫切需要资金的地区型中小项目以及中小企业，国家开发银行显然做得还不够。因此，我们建议重新调整目前的政策性银行体系，积极引导私人资本和民间金融进入。同时，建议国家在“十一五”期间设立西部开发基金，为西部的政策性融资提供便利。⑤建议大力推进西部开发中的政策性金融法制化工作，如制定《政策性金融机构基本法》，并依据该法制定《西部开发基金条例》。《2003年国家西部开发报告》建议，在上述条例当中，一要明确基金与国家开发银行的业务关系；二要对《国家开发银行章程》进行修改。⑥为促进西部地区经济的持续、快速、健康发展，营造良好的金融生态环境，应该进一步完善农村金融服务体系，应突出加大金融机构对西部地区“三农”的支持力度。

五、加强以交通和信息网络为代表的基础设施建设

1. 交通和信息网络与层级增长极网络系统的相互关系

区域的交通网络与层级增长极网络系统紧密相连，事实上交通网络系统经常影响区域社会经济系统的发展和变革，而社会经济系统的改变又反过来影响交通网络和信息网络。交通网络和信息网络系统与层级增长极网络系统的相互关系如

图 5-6 所示。

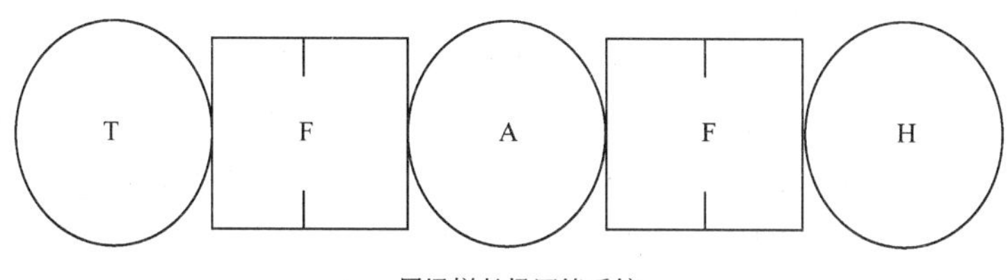

图 5-6 交通运输网络系统、信息网络系统与层级增长极网络系统的关系

T 表示交通网络系统；A 表示活动系统，也就是层级增长极网络内的社会与经济活动；H 表示信息网络系统；F 表示交通网络系统内流的模式，泛指起点、终点、线路和通过这一系统的人和商品货物的数量

首先，交通运输网络系统和信息网络系统内流的模式取决于交通运输网络、信息网络以及区域内社会经济活动系统的相互作用；其次，流的模式随时间的推移可以通过提供的运输服务方式以及通过提供这些服务所消耗的资源改变社会经济活动的模式；最后，流的模式在一定时间内将引起交通运输网络系统的变化，在实际流或预测流的影响下，企业和政府将会发展新的服务或改革现行服务；信息网络越发达，信息化程度越高，则其对层级增长极网络化发展的影响越强。信息网络制约着层级增长极网络化发展的时空进程，信息网络的大力发展可以引发区域经济的突破性发展。这已经被现代经济发展的实践所证明。

现代化的交通运输网络和信息网络无疑是西部区域层级增长极网络化发展模式的基础条件。第二次世界大战后，许多国家和地区之所以能取得较快的发展速度，其中一个非常重要的原因就是他们非常重视交通运输网络和信息网络的建设与发展，以此来推动生产、流通、国土开发和国际交流。区域交通运输网络和信息网络是整个西部区域层级增长极网络化发展赖以形成的基础。例如，在西部区域内商品销售网络的形成，既取决于社会生产过程中的相互需要，更取决于彼此之间有无便利的交通条件和信息通信条件。至于商品流通网络和资金融通网等方面的形成，没有相当发达的交通运输网络和信息网络根本就是难以想象的。所以，根据西部区域层级增长极网络化发展的需要，建设一个现代化的、综合性的交通运输网络和信息网络是至关重要的。

2. 建立现代综合交通运输体系，改善网络系统的功能

大力加强层级增长极网络间的基础设施建设力度，特别是以互联网为基础的信息化建设和以铁路、公路为主的交通网的建设，这是推进层级增长极网络建设的关键，也是推进西部区域开发的基础保障。

首先，要加强西部区域综合交通运输网络的建设，就是要根据西部层级增长

极网络体系的特点和实际情况，必须从总体上规划一个系统功能完整、结构优化、布局合理的综合运输网络系统。重庆、成都和西安是这个层级增长极网络化发展的核心，也应该是这个综合交通运输网络的核心和枢纽，围绕这些交通枢纽应加强三个层次的区域交通网络建设规划和协调。以铁路和高速公路为重点，第一个层次是积极加强区域内部的综合运输网络建设。在设立了铁路和高速公路骨干网络以后，要从层级增长极网络辐射带的角度考虑沿线经济发展和资源开发，发展多种运输方式，如铁路专用线、支线、联络线、地方铁路以及与高速公路配套的支线，为主干交通运输网络起到吸引和疏导物流的作用。第二个层次是建立西部与国内其他区域运输网络的衔接。西部大开发是我国整个国民经济的重要组成部分，与东中部地区的联系显得非常重要和具有战略意义。要使形成的西部区域综合运输网络体系能够与全国的交通运输网络相衔接，有足够数量和运输能力的运输网络，以适应西部与各大区之间经济发展的需要。第三个层次的协调是要注重建立新的国际铁路通道，加强西部与南亚、东南亚、西亚以及中亚等国家的联系，除了目前开通的昆明—越南和凭祥—越南两个出口，还应该进一步考虑修建昆明—缅甸、拉萨—印度、乌鲁木齐—独联体各国首都的铁路，从而形成一个连接东中部、贯通国际的综合交通运输网络，以适应开拓国际市场和加强与周边国家的贸易（苗建军，2004）。

其次，强化信息网络的建设，从西部层级增长极网络发展的实际情况来看，主要应该做好以下几个方面的工作：一是要以高新技术改造传统产业，大力推进新型工业化进程。要加强农村地区的信息化建设，农业信息上网，促进信息技术与生物技术结合，积极推广测土施肥、平衡施肥、节水灌溉、农作物生长自动控制等精确农业技术。二是要用高新信息技术改造传统工业，积极发展新型工业，围绕增加品种、改善质量、节能降耗、防治污染和提高要素生产率等充分利用现代先进技术加快传统工业的升级，推进规模化、集约化经营。三是信息化是当今世界制造业发展的趋势，应注重发挥核心增长极在科技创新领域的“领头羊”作用，加快互联网建设，数字化设计、生产，数字化装备和数字化管理技术等的开发与应用。最后，要加快发展以信息化为基础的管理体制，适应信息时代管理现代化的要求。

六、加强西部区域人力资源的培训与开发

（一）人力资源状况是制约西部发展的重要因素

随着知识经济、网络经济和信息时代的到来，人在社会经济发展中所发挥的作用越来越突出，知识和智力在生产要素中所占的比例越来越大，扩大生产主要靠技术进步，提高管理水平，体现为一种质量效益型的经济发展形态。西部的近

3 亿人，人均收入只及全国的1/2，国家级600 多个重点贫困县有一半以上在西部，要彻底改变西部的贫穷落后的面貌最主要的还是要依靠西部人民自身的奋斗和努力。只有把西部的人力资源培训好、开发好了，西部才会有全面、快速的发展。

西部人力资源开发中面临的主要问题是：

1）西部地区人力资源开发水平低，远远落后于东部地区，文盲所占比重大，具有高中及以上文化人口所占比重低，特别是农村居民受教育年限低，人口以小学文化居民为主体，占总人口的34% ，而东部地区以初中文化居民为主体，占总人口的55%。西部人力资源落后的事实严重制约了城市化发展（表5-5）。根据相关学者（赵伟伟等，2008）的研究，发现如果将城市化率作为因变量，平均受教育年限作为自变量，根据统计数据作散点图（图5-7），发现两者大致呈正相关，特别是在 $E>6$ 时，正相关关系更加显著。将数据进行稳健的固定效应回归，结果如下：

$$U_{it} = 10.22\ E_{it} + \mu_{it}$$
$$(10.60)$$
$$(F = 112.43 \quad Adjusted\ R^2 = 0.65)$$ ①

式中，U_{it}为第 i 省份 t 年的城市化率；E_{it}第 i 省份 t 年人口平均受教育年限；μ_{it}为随机项。

表 5-5 2006 年全国居民平均受教育年限、城市化率

地区	各学历人口所占比重/%					平均教育年限/年	城市化率/%
	未上学	小学	初中	高中	大专及以上		
全国	0.09	0.33	0.39	0.13	0.06	8.04	43.90
北京	0.04	0.14	0.29	0.23	0.29	10.95	84.33
天津	0.04	0.21	0.36	0.23	0.15	9.73	75.73
河北	0.06	0.31	0.47	0.11	0.04	8.13	38.44
上海	0.05	0.14	0.33	0.26	0.22	10.44	88.70
江苏	0.09	0.30	0.39	0.15	0.07	8.25	51.90
浙江	0.10	0.34	0.35	0.13	0.08	8.06	56.50
福建	0.10	0.37	0.34	0.12	0.06	7.73	48.00
山东	0.09	0.30	0.42	0.13	0.06	8.09	46.10
广东	0.05	0.32	0.42	0.15	0.06	8.44	63.00
海南	0.08	0.29	0.44	0.14	0.05	8.17	46.10
河南	0.08	0.28	0.48	0.11	0.04	8.05	32.47

① 赵伟伟，白永秀，吴振磊. 2008. 西部地区人力资源状况对城市化的制约分析. 西北大学学报（哲学社会科学版），38（2）：14～21。

续表

地区	各学历人口所占比重/%					平均教育年限/年	城市化率/%
	未上学	小学	初中	高中	大专及以上		
湖北	0.09	0.30	0.37	0.15	0.08	8.26	43.80
湖南	0.06	0.35	0.40	0.14	0.05	8.17	38.71
山西	0.04	0.27	0.47	0.15	0.07	8.70	43.01
江西	0.08	0.41	0.34	0.11	0.05	7.71	38.68
辽宁	0.04	0.26	0.45	0.15	0.10	8.92	58.99
吉林	0.05	0.29	0.42	0.17	0.07	8.66	52.97
黑龙江	0.05	0.29	0.45	0.15	0.06	8.53	53.50
安徽	0.14	0.33	0.39	0.10	0.05	7.34	37.10
重庆	0.09	0.42	0.33	0.11	0.04	7.57	46.70
四川	0.12	0.44	0.31	0.09	0.05	7.24	34.30
贵州	0.16	0.44	0.30	0.06	0.03	6.59	27.46
云南	0.15	0.47	0.28	0.07	0.03	6.66	30.50
西藏	0.41	0.44	0.11	0.03	0.01	4.16	28.21
陕西	0.09	0.30	0.39	0.15	0.07	8.30	39.12
甘肃	0.19	0.35	0.31	0.12	0.03	6.78	31.09
青海	0.18	0.38	0.28	0.11	0.06	6.99	39.26
宁夏	0.14	0.34	0.33	0.12	0.07	7.63	43.00
新疆	0.06	0.36	0.38	0.11	0.09	8.30	37.94
内蒙古	0.09	0.30	0.40	0.15	0.07	8.19	48.64
广西	0.06	0.37	0.41	0.12	0.05	8.03	34.64

数据来源：根据《中国统计年鉴2007》整理

结果证明，人口平均受教育年限对城市化率有显著的正效应，人口平均受教育年限增加1年，城市化率提高10.22个百分点。而且模型拟合优度达到了65%，F检验表明，模型具有相当好的显著程度，因此可以说明，目前中国区域城市化率与人力资源存量具有密切关系，人力资源对区域城市化具有显著正相关（赵伟伟等，2008）。另外，西部人力资源还存在深层次的结构性问题，具体表现为地域分布不合理、层次和专业不合理、产业部门结构不合理、所有制分布不合理、人才流失严重5个方面的问题（赵伟伟等，2008）。

2）思想观念相对落后和陈旧。这主要表现在以下几个方面：西部地区长期封闭，生产方式比较落后，思维受到局限，思想观念僵化，形成了许多保守陈旧的观念。例如，小富即安，安于现状，长期习惯于纵向比较；等、靠、要等依赖思想比较严重，生活上等待政府救济、扶贫，发展上靠国家投资上项目；在区域

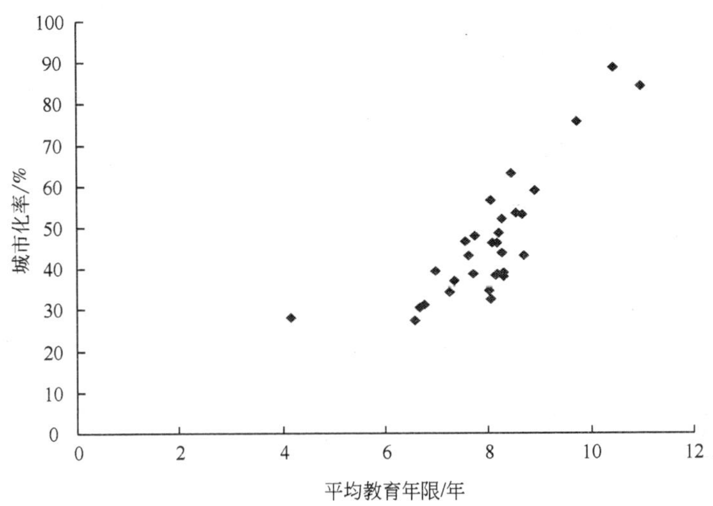

图 5-7 城市化率与人口平均受教育年限散点图

资料来源：赵伟伟，白永秀，吴振磊. 2008. 西部地区人力资源状况对城市化的制约分析。西北大学学报（哲学社会科学版），38（2）：14～21

经济发展的思路上，思维狭窄，依靠经验主义，缺乏现代科学眼光；在外来投资项目实施中，缺乏真诚合作、利益共享、共同发展的宽广胸怀等。

3）西部的企业家人才缺乏。长期以来，西部遇到的许多问题：资金、人才流失，企业效益低下，产品市场适应性差，投资失误，难以吸引资金和人才等。追究这些问题的最根本原因，还是企业家人才缺乏。在一个社会经济的起步期，市场化程度不高，企业质量差，数量少，大量社会资源闲置，创业空间大，尤其需要企业家人才，也就是创业型人才。

4）科技人才流失严重，劳动力队伍基本素质差。经过二十多年的改革开放，“孔雀东南飞”，西部大量的科技人才流向东部沿海发达地区，人力资源现状呈二元格局，人员整体素质差，一方面西部拥有一批高级科技人才，另一方面大量存在低文化素质的普通劳动者，不适应现代产业发展的要求。

（二）人才战略是西部区域层级增长极网络化发展的重要保证

根据有关学者的统计，人力资本的投资回报率至少等于或高于物质资本的回报率。对于人的教育投入回报率最大。学龄儿童入学率每提高 1 个千分点，人均 GDP 增长率可提高 0.35～0.59 个百分点。目前西部地区的人均教育经费投入太少，与东部沿海发达地区的教育经费投入存在很大的差距（表 5-6），这是制约西部地区经济社会发展的重要环节。因此，在西部保持一个较高的教育投资规模并采取相应的一系列措施是十分必要的。

表 5-6 2006 年东西部各级学校在校学生占总人口比重及人均教育经费

地区	各年级学校在校学生占总人口比重/%				人均教育经费/（元/人）
	小学	初中	高中	大专及以上	
北京	3.08	1.87	3.49	6.89	32 942.4
天津	4.96	3.22	3.85	4.60	10 375.8
河北	6.86	4.92	3.62	1.63	3 133.1
上海	3.00	2.48	2.78	4.21	24 709.0
江苏	6.10	4.26	4.06	2.30	6 290.6
浙江	6.93	3.53	3.54	2.12	8 437.0
福建	7.62	4.67	3.83	1.66	4 486.2
山东	6.74	3.90	3.71	1.81	3 805.3
广东	11.50	5.18	3.09	1.59	4 488.4
海南	12.65	5.74	2.65	1.37	2 675.8
重庆	9.02	4.60	3.39	1.91	3 687.7
四川	8.79	4.39	3.06	1.41	2 774.1
贵州	12.72	5.54	2.26	0.91	1 852.8
云南	10.16	4.32	2.06	1.04	2 736.6
西藏	11.89	4.63	1.89	1.01	5 820.1
陕西	8.74	5.71	4.29	2.55	3 304.1
甘肃	11.51	5.57	3.33	1.43	2 256.5
青海	9.61	4.15	2.75	0.93	3 242.1
宁夏	11.69	4.94	3.41	1.51	3 094.6
新疆	10.44	5.82	2.91	1.42	3 946.6
内蒙古	6.55	4.32	3.38	1.41	3 839.6
广西	9.87	0.49	2.77	1.23	2 285.6

资料来源：赵伟伟，白永秀，吴振磊．2008．西部地区人力资源状况对城市化的制约分析．西北大学学报（哲学社会科学版），38（2）：14～21

1）将人力资源开发作为西部层级增长极网络化发展战略决策中一项重要任务考虑。首先，在政府工作任务和领导的思想观念中要确立人力资源开发是区域社会经济发展的前提和基础的概念。政府部门要定期召开专门的会议研究本地区人力资源开发、培训情况。其次，将人力资源规划与发展纳入本地区经济社会整体发展规划中，制订详细的人力资源开发计划，并定期检查落实情况，责任到人。

2）重点培育企业家人才、创业型人才生长的土壤。人才问题的核心是激励的问题。对于创业型人才的激励，主要是利益保护问题。首先，要通过期权、股权等方式形成企业家的利益保护机制。其次，对外来投资创业者，要真正保护投资者的合法利益。再次，培育现代企业家成长的环境。既要政府的过多“关心和照顾”，也要防止社会的种种无形的摧残。需要在全社会形成企业主义的氛围，建立公平的竞争环境，维护合法权益，形成“创业”的良好土壤和条件。复次，政府应专门划拨出一笔基金，设立人才培养基金，用于本地区的人才培养和培训工作。最后，从政策和制度的层面进一步完善人才成长、发展的激励机制，建立真正意义上的“创业园”和“开发区”，切实解决企业家在创业过程中遇到的问题。

3）充分发挥现有科技人才的优势和作用。西部发展要坚持以西部自我开发为主，留住人才，充分发挥现有科技人才的潜力和作用。对科技人才的激励，主要是发挥才能并得到合理待遇的问题，真正把事业留人、感情留人、待遇留人落到实处。为此，一是要创造条件，激励广大科技人员技术创新；二是要引导科技人员面向市场，加速科技产业化的进程；三是切实加强科技骨干分子的培训工作，积极组织赴国外深造、学习；四是对现有企业进行资本、人力和技术的优化重组；五是要积极培育科技人才梯队。积极围绕西安、成都、重庆、兰州等高科技人才密集的增长极发展，发挥科技人才的辐射带动作用，形成相应的科技人才梯队和人才网络。

4）创新人才观念、思路、方法和使用机制，积极借用海内外一切优秀人力资源。西部由于自身的环境限制，很难在短期内吸引和挖掘大量优秀人才，但是可以“借用”其他地区甚至海外的优秀人才资源，这里重在“借智”，不在“借人”，不求所有，但求所用。应该根据本地区、本部门、本产业发展的实际需求，引进人才。同时，还应该积极制定人才智力引进政策，引导国内外的优秀科技人才以多种形成参与西部开发与建设，制造吸引海内外智力和人才的“洼地效应”。

5）切实加强西部整体人力资源开发的力度，提高全体劳动者的科技文化素质，构建西部区域层级增长极网络化发展的基础。搞好西部农村劳动力资源的培训和再教育，为区域开发培养优秀的高素质人才。贫困地区的经济要想快速发展，人力资源培育尤其重要。1999 年，我国从业人员中初中和小学文化程度的比例为 70% 左右，文盲率仍然高达 10%，尤其是大专以上的比例不到 4%，远低于其他国家的平均水平。对于农村而言，许多大中专毕业生根本不愿回原籍，这样，上述各种比例还要偏低。可见，高素质人才的匮乏，将成为制约西部开发的瓶颈。加强农村剩余劳动力的培训和再教育，为落后地区培养优秀的高素质人才，为把大量农村剩余劳动力转移到城市打好基础。美国、日本等发达国家在城市化的过程中也走过了这样一个对农民进行技术培训的道路。实践证明，落后地区的经济要想快速发展，人力资源培育尤其重要。要加快城市化发展的步伐，就必须加强对农民工的技术培训和职业教育，使他们成为有一技之长的技术工人，这是推进西部区域层级增长极网络开发的重要措施。

参考文献

阿尔弗雷德·赫特纳．1983. 地理学——它的历史、性质和方法．王兰生译．北京：商务印书馆．1 ~ 26

安虎森．1997. 增长极理论评述．南开经济研究，(1)：31 ~ 37

安江林．2003. 西部大开发与现代增长极理论的创新．甘肃社会科学，(4)：12 ~ 15

白彦壮，杜俊涛，陈学忠．2004. 增长极理论与西部大开发的战略选择．中国地质大学学报（社会科学版），(3)：15 ~ 18

白永秀，任保平．2001. 西部开发理论研究的任务、现状及其新视角．经济学家，(11)：79 ~ 84

毕于运．1995. 中国耕地．北京：中国农业科技出版社．129

蔡昉，都阳．2000. 中国地区经济增长的趋同与差异——对西部开发战略的启示．经济研究，(10)：7 ~ 13

陈传康．1987. 苏鲁豫皖四省接壤地区发展战略．地域研究与开发，(2)：17 ~ 21

陈德敏．2002. 论西部大开发中战略重点的抉择．中国软科学，(2)：67 ~ 69

陈栋生．2000. 中国西部地区大开发的新思路．地理学与国土研究，(1)：67 ~ 71

陈福义．2001. 论实施多增长极区域经济发展战略．湖南商学院学报，(3)：1 ~ 3

陈家泽．1987. 梯度推移和发展极——增长点理论研究．经济研究，(3)：33 ~ 39

陈修颖，陈国生．2001. 湖南省区域开发的空间模式研究．经济地理，(4)：27 ~ 30

成德宁，侯伟丽．2008. 参与式发展与中国城市治理模式创新．南都学坛，28（3)：120 ~ 123

程必定．1989. 区域和区域经济学的研究对象．财贸研究，(3)：35 ~ 38

程春满，王如松．1998. 城市化取向：从产业理念转向生态思维．城市发展研究，(5)：32 ~ 34

戴晔，丁文峰．1988. 试论陇海——兰新线在我国生产力布局中的主轴线地位．开发研究，(2)：6 ~ 9

丹尼斯·C缪勒．1999. 公共选择理论．杨春学，李绍荣译．北京：中国社会科学出版社．1

狄小龙，张根东，秦效宏．2005. 区域经济：主导产业选择的理性分析．发展，(9)：54 ~ 56

丁四保．1989. "增长极"模式与不发达地区经济发展——意大利南部的教训及启示．经济地理，(9)：52 ~ 56

杜俊涛．2002. 增长极理论的模型化研究．重庆大学学报（自然科学版），(4)：31 ~ 34

范保宁．1998. 多增长极战略是我国现阶段区域经济发展的最佳选择．湖南商学院学报，(6)：26 ~ 27

范红忠．2004. 市场、政府的力量及多中心城市的形成．改革，(6)：15 ~ 19

冯·贝塔朗菲．1987. 一般系统论：基础、发展和应用．北京：清华大学出版社．51

冯邦彦，叶穗瑜．2001. 从增长极理论看我国区域经济的梯度开发——兼论西部大开发的推进策略．暨南大学学报（哲学社会科学版），(4)：25～31

傅崇兰，陈光庭，董黎明等．2003. 中国城市发展问题报告．北京：中国社会科学出版社．56～82. 109～223

戈银庆．2004. 中国区域经济问题研究综述．甘肃社会科学，(1)：57～60

宫新荷，王云才．1994. 边境贸易口岸增长极系统开发．地域研究与开发，(3)：11～15

顾朝林．1992. 论黄河三角洲城镇体系布局基础．经济地理，(2)：31～35

顾朝林．1999. 新时期中国城市化与城市发展政策的思考．城市发展研究，(5)：21～23

关爱萍，王瑜．2002. 区域主导产业的选择基准研究．统计研究，(12)：21～23

郝寿义，倪鹏飞．1999. 中国若干城市的城市建设与城市竞争力相关关系研究．城市，(1)：13～16

赫希曼．1992. 经济发展战略．北京：经济科学出版社，18～51

何钟秀．1983. 论国内技术的梯度转移．科研管理，(1)：7～10

侯家营．2000. 增长极理论及其运用．审计与经济研究，(6)：41～43

胡锦涛．2007. 中国共产党第十七次全国代表大会上的报告：高举中国特色社会主义伟大旗帜为夺取全面建设小康社会新胜利而奋斗．北京：人民出版社．1～8

胡锦涛．2006. 中共中央关于构建社会主义和谐社会若干重大问题的决定．北京：人民出版社．1～5

胡乃武，龙向东．2001. 半个多世纪以来西方经济增长理论的发展．经济学动态，(10)：65～72

胡乃武，张可云．2004. 统筹中国区域发展问题研究．经济理论与经济管理，(1)：42～45

胡俟．2003. 营造增长极地 拓展县域经济．当代经济，(3)：1

黄泰岩，牛飞亮．1999. 西方企业网络理论述评．经济学动态，(4)：17～19

黄薇，王惠文．2004. 北京地区——增长极系统动态分析．北京航空航天大学学报（社会科学版），(1)：38～41

姜璐，沈小峰．1990. 从简单到复杂——简单巨系统的研究方法初探．自然辩证法研究，(6)：1～11

姜鑫．2001. 西部开发中的增长极与灰色区域研究．重庆商学院学报，(1)：11～13

蒋永穆，安雅娜．2003. 我国农村土地制度变迁的路径依赖及其创新．经济学家，(3)：41～46

金培．1993. 国外城乡经济关系理论评介．中国工业经济，(5)：25～29

黎鹏．2003. 区域经济协同发展研究．北京：经济管理出版社．46～48

李桂生．2004. “增长极”理论透视下的江门发展．五邑大学学报（社会科学版），(2)：15～17

李娟娟．2002. 西安城市建设面临的机遇与挑战．现代企业，(2)：33～35

李丽萍，廖家军，徐建华．2003. 增长极理论与远西地区经济发展探讨．开发研究，(2)：34～37

李培祥，石正方．2003. 小城镇建设与西部区域网络经济开发．生产力研究，(4)：1

李宪建．2003. 多增长极战略——福建区域经济发展的新思路．开放潮，(11)：11～14

李咏梅，郑传均．2001．关于西部开发中产业区域网络的构建．有色金属工业，(12)：8～11
厉以宁．2000．对外开放与西部开发．投资北京，(11)：18～23
梁晓明．2001．选择县域主导产业要处理好四个关系．湖南经济，(5)：53～55
林其屏．2001．发展小城镇 我国城市化的重要增长极．理论经纬，(6)：14～16
林毅夫，刘培林．2003．中国的经济发展战略与地区收入差距．经济研究，(3)：19～25
林毅夫．2002．中国的城市发展与农村现代化．北京大学学报（哲学社会科学版），(4)：12～15
刘昌明．2004．西北地区水资源配置生态环境建设和可持续发展战略研究（生态环境卷）．北京：科学出版社．62～88
刘朝明，靳景玉，杨玉明．2004．西部区域增长极培育与形成条件的判断．经济学动态，(9)：23～25
刘大勇，朱召龙．2004．增长极与山区县域经济发展．农村经济，(4)：37～40
刘甲金，孙新安．2001．运用点轴开发模式突出发展天山北麓经济带的增长极．开发研究，(3)：28～31
刘茂林．2001．创建“长株谭”经济增长极的对策思考．经济学家，(4)：15～18
刘淑慧．2001．增长极理论及其在我国的运用探讨．经济师，(8)：36～37
刘宪法．1997．中国区域经济发展新构想——菱形发展战略．开放导报，(1)：3
刘燕华，王强．2001．中国适宜人口分布研究——从人口的相对分布看各省区可持续性．中国人口．资源与环境，(1)：34～37
刘拥军，薛敬孝．2003．加速农业市场化进程是增加农民收入的根本途径．经济学家，(1)：68～73
刘再兴．1988．论梯度理论——兼评《论中国工业布局的区位开发战略》．经济问题，(6)：26～28
刘庄，沈渭寿，车克钧等．2006．祁连山自然保护区生态承载力分析与评价．生态与农村环境学报，(3)：19～22
龙游宇．2002．从“点轴开发理论”看西部大开发．韶关学院学报，(4)：11～15
陆大道．1995a．区域发展及其空间结构．北京：科学出版社．1～120
陆大道．1995b．我国跨世纪持续发展的若干重大问题．中国软科学，(7)：38～44
罗伯特·B 丹哈特，珍妮特·V 丹哈特，刘俊生．2002．新公共服务：服务而非掌舵．中国行政管理，(10)：38～44
罗凤燕．2007．民族地区构建和谐社会呼唤生态经济．学术论坛，(8)：83～90
罗正英，彭磊．2003．增长极与区域经济增长的外向带动．江南大学学报（人文社会科学版），(3)：51～53
马昂主，胡必亮．1993．城乡联系理论阐释与模块选择．中国农村经济，(8)：36～41
迈克尔·麦金尼斯．2000．多中心体制与地方公共经济．上海：上海三联书店．56～106
苗长虹．1999．区域发展理论：回顾与展望．地理科学进展，(4)：296～305
苗建军．2004．城市发展路径——区域性中心城市发展研究．南京：东南大学出版社．141～165，173～204
牛文元．1992．理论地理学．北京：商务印书馆．150～198

潘照东.1985. 论区域经济差异及其对策——与“梯度推移”论商榷. 中青年经济论坛，(1)：39～45
彭代彦. 2003. 增加农民收入与乡镇政府改革. 经济学家，(6)：26～29
彭星闾，肖春阳. 2000. 市场与农业产业化. 北京：经济管理出版社.25～78
珀努尔·M.1997. 增长点·增长极·增长轴. 李仁贵译. 开发研究，(1)：35～38
蒲勇健. 2000. 经济增长方式转变中的产业结构调整于产业政策. 北京：华文出版社. 115～287
钱小平.2002. 构建经济增长极实践回顾及理论分析. 宁夏社会科学，(2)：61～62
钱学森.1982. 论系统工程. 长沙：湖南科学技术出版社.10
乔光平. 2004. 区域网络模式的开发和利用. 河北理工学院学报（社会科学版），(2)：12～15
邱成利，冯杰. 2000. “苏南模式”的发展及其路径依赖. 中国工业经济，(7)：43～48
邱云美. 2004. 增长极理论与欠发达地区经济发展. 丽水师范专科学校学报，(1)：34～36
阮德信，屈晓华. 2004. 西部区域增长极培育中的企业家职能模式研究. 经济体制改革，(2)：26～30
商华.2004. 试析我国政府支农方式的现代化. 济南大学学报，(1)：53～56
申俊喜. 2003. 区域网络整合与我国高新区的发展. 商业经济与管理，(2)：27～31
石忆邵，章仁彪. 2001. 从多中心城市到都市经济圈——长江三角洲地区协调发展的空间组织模式. 城市规划汇刊，(4)：2～221
史东明. 2000. 增长极理论与实践. 理论与实践，(3)：25～26，37
苏廷鳌，付伟. 1999. 增长极理论与我国区域经济发展. 内蒙古大学学报（人文社会科学版），(1)：46～48
孙海鸣，赵晓雷.2003. 中国区域经济发展报告——国内及国际区域合作. 上海：上海财经大学出版社.11，18～69，115
孙久文.2004. 我国区域经济问题研究的未来趋势. 中国软科学，(12)：102～106
孙茜.2000. 增长极理论与我国的知识经济发展. 财经理论与实践，(2)：43～47
孙自铎.2001. 中国农业必须走适度规模经营之路. 农业经济问题，(2)：27～29
覃成林，金学良，冯天才等. 1996. 区域经济空间组织原理. 武汉：湖北教育出版社. 120～230
汪波，白彦壮，杜俊涛. 2004. 增长极理论在西部开发中的应用研究. 西北农林科技大学学报（社会科学版），(2)：41～43
汪霞. 2004. 武汉市成为中部增长极核心的优势及发展对策. 统计与决策，(2)：11～13
王磊，赵大新，苏鸿等.2000. 大开发——世界各国开发落后地区实录. 北京：北京图书馆出版社.280～300
王盛章，赵桂溟. 2002. 中国县域经济及其发展战略. 北京：中国物价出版社.101～141，160～250
王淑荣，吴显悦，郭光虎.1993. 系统科学与成功管理. 北京：中国物资出版社.37～38
王湘东. 2004. 区域开发战略和模式的比较及相机抉择. 上海经济研究，(3)：31～37
王小鲁，樊纲. 2000. 中国经济增长的可持续性. 北京：经济科学出版社.12～36
王铮，丁金宏.1994. 区域科学原理. 北京：科学出版社.1～20，234～306
王之泰. 2000. 把网络经济放在网络开发的重要位置. 经济界，(5)：36～40
王至元，曾新群.1988. 论中国工业布局的区位开发战略——兼评梯度理论. 经济研究，(8)：

18 ~ 25

魏宏森，曾国屏 . 1995. 论系统的层次性原理 . 系统辩证学报，3（1）：42 ~ 47

魏后凯 . 1995. 瑞典的区域科学与区域政策 . 开发研究，(1)：14 ~ 17

魏后凯 . 1998. 跨世纪我国区域经济发展与制度创新 . 财经问题研究，(12)：7 ~ 11

魏后凯 . 2002. 加入 WTO 后中国区域经济发展的新趋势 . 经济学动态，(6)：21 ~ 25

魏后凯 . 2003. 区域发展战略与区域发展政策 . 北京：科学出版社 . 111

魏敏，李国平 . 2004. 区域主导产业选择方法及其应用研究——一个关于陕西省主导产业选择的案例 . 科学学研究，(1)：38 ~ 41

西奥多·舒尔茨 . 2000. 当代微观经济学 . 大连：东北财经大学出版社 . 25 ~ 65

夏禹龙，刘吉，冯之浚等 . 1983. 梯度理论与区域经济 . 科学学与科学技术管理，(2)：5，6

夏振坤 . 1997a. 西方经济发展理论评析（上）. 当代财经，(5)：3 ~ 9

夏振坤 . 1997b. 西方经济发展理论评析（下）. 当代财经，(6)：3 ~ 6

谢让志 . 2004. 关于“大都市区”理论与区域发展：环渤海经济瞭望，(7)：26 ~ 29

徐炳文 . 1985. 试论我国东西地区应采取“一个半重点”的经济发展战略 . 经济管理，(8)：11 ~ 15

徐梅 . 2002. 当代西方区域经济理论评析 . 经济评论，(3)：74 ~ 77

许良军 . 1995. 增长极理论与落后开发 . 云南社会科学，(5)：26 ~ 29

许晔，和雨 . 2004. 从增长极理论看西部地区技术发展能力 . 昆明理工大学学报（社会科学版），(1)：22，23

轩明飞 . 1999. 西部地区小城市发展的“增长极核效应”. 城市发展研究，(3)：23 ~ 26

延军平 . 2001. 中国西部大开发的战略与对策 . 北京：科学出版社 . 78 ~ 120

严琼 . 2004. 西部地区实现跨跃式发展的思考 . 求实，(2)：20 ~ 23

阎小培，欧阳南江，许学强 . 1994. 迈向二十一世纪的中国城市发展与城市地理学 . 经济地理，(4)：29 ~ 32

颜鹏飞，黄树人 . 2002. 经济增长极和湖北经济跨越式发展 . 武汉大学学报（社会科学版），(6)：33 ~ 37

颜鹏飞，马瑞 . 2003. 经济增长极理论的演变和最新进展 . 福建论坛（人文社会科学版），(1)：71 ~ 75

颜鹏飞，邵秋芬 . 2001. 经济增长极理论研究 . 财经理论与实践，(3)：35 ~ 38

颜鹏飞，孙波 . 2003. 经济增长极的定位和区域经济发展 . 管理现代化，(3)：36 ~ 38

颜鹏飞 . 2003. 西部大开发经济增长极的抉择和构筑 . 新疆师范大学学报（哲学社会科学版），(12)：26 ~ 30

晏学峰 . 1986. 沿海、长江、陇海三大经济地带将构成我国经济的基本格局 . 经济改革，(1)：10 ~ 13

杨承训，阎恒 . 1990. 论“弗”字形网络布局和沿黄——陇海经济带 . 开发研究，(4)：18 ~ 23

杨承训，杨继 . 1996. 网络经济论 . 郑州工业大学学报（社会科学版），(1)：40 ~ 42

杨汇智 . 2005. 诺斯制度变迁理论考察：方法论的视域 . 求索，(8)：37 ~ 42

杨开忠 . 2001. 中国西部大开发战略 . 广州：广东教育出版社 . 91 ~ 114，119 ~ 131

杨吾扬 . 1989. 区位论原理——产业、城市和区域的区位经济分析 . 兰州：甘肃人民出版社 .

2~51，101~180
姚慧琴，仁宗哲，徐璋勇等. 2007. 中国西部经济发展报告（2007）. 北京：社会科学文献出版社. 1~7
姚士谋，陈振光. 1992. 中国的城市群. 合肥：中国科学技术大学出版社. 50~160
叶穗瑜，李栋亮. 2001. 从增长极理论看我国的西部大开发实践. 开放时代，(4)：25~28
叶依广，曹乾. 1999. 增长极理论在我国西部开发中的应用. 中国农业资源与区划，(3)：1~13
叶裕民. 2001. 中国城市化之路：经济支持与制度创新. 北京：商务印书馆. 1~230
郁鸿胜. 2005. 崛起之路：城市群发展与制度创新. 长沙：湖南人民出版社. 4~8，19~48
袁兮. 2002. 长株潭一体化的形成机制及战略对策与措施. 云南师范大学学报，(6)：19~21
原杕. 2004. 区域经济开发模式与主导产业选择的理论依据. 西安电子科技大学学报（社会科学版），(4)：46~50
曾国安，冯涛. 2004. 增长极、产业集群与落后地区的区域经济发展. 生产力研究，(8)：47~51
曾建民. 2001. 西部开发：以城市为增长极的非均衡发展战略构想. 南方经济，(10)：28~31
曾菊新. 2001. 现代城乡网络化发展模式. 北京：科学出版社. 7~27，29~178，180~249
曾菊新，冯绢，蔡靖方. 2003. 论西部地区的城镇网络化发展. 地域研究与开发，(1)：38~41
曾菊新. 1996. 空间经济：系统与结构. 武汉：武汉出版社. 150~261
张敦富. 2001. 西部开发论. 北京：中国轻工业出版社. 99~109，256~283
张建军，2008. 农村城镇化与新型工业化联动发展模式研究. 人口与经济，(6)：1~7
张建军，李国平. 2004. 基于建设全面小康社会的新型工业化、城市化研究. 中央财经大学学报，(10)：43~47
张建军，蒲伟芬. 2006. 西部区域层级增长极网络化发展战略构想. 科技进步与对策，(9)：37~39
张建军. 2006. 对当前农村经济发展与推进城镇化进程问题的思考. 农村经济，(3)：81~83
张锦鹏. 1996. 增长极理论与不发达地区区域经济发展战略探索. 当代经济科学，(6)：38~41
张京祥，崔功豪. 1999. 区域与城市研究领域的拓展：城镇群体空间组合. 城市规划，(6)：41~43
张伦. 1992. 我国对外开放的“目”字形格局. 开发研究，(3)：21~26
张培刚. 1994. 新发展经济学的思路. 江海学刊，(3)：1~8
张平军. 2004. 中国西部经济发展现状及走向. 理论前沿，(6)：3~8
张雨林. 1985. 城—镇—乡网络和小城镇的整体布局. 经济研究，(1)：18~23
赵伟伟，白永秀，吴振磊. 2008. 西部地区人力资源状况对城市化的制约分析. 西北大学学报（哲学社会科学版），(2)：14~21
赵现红，吴丽霞，马耀峰. 2004. 应用增长极理论 整体提升陕西旅游业. 陕西师范大学继续教育学报，(3)：41~45
赵雪雁，2005. 西北地区城市化与区域发展. 北京：经济管理出版社. 12~132

郑伯红．2005. 现代世界城市网络化模式研究．长沙：湖南人民出版社．12～107，170～195
中国科学院国情分析研究小组．1997. 机遇与挑战——中国走向21世纪的经济发展目标和基本发展战略研究．资源节约和综合利用，(4)：1～15
中国可持续发展研究组．2001. 中国可持续发展战略报告（2000）．北京：科学出版社．171
钟声，高小琴．2001. 增长极理论在西部开发中的实践．理论导刊，(2)：21～23
钟水映．2000. 人口流动与社会经济发展．武汉：武汉大学出版社．23～31
周红梅，王齐．2005. 试论落后地区主导产业的选择．理论学刊，(9)：43～48
周建军．1997. 论多重变革与制约条件下的中国城镇可持续发展——寻求一种新的城市增长与发展方式．城市规划汇刊，(4)：13～16
周民良．1994. 增长极理论与西方的区域政策．中国工业经济研究，(7)：26～31
周叔莲，郭克莎．1996. 中国城乡经济与社会的协调发展．管理世界，(3)：15～24
周叔莲，金培．1993. 国外城乡经济关系理论比较研究．北京：经济管理出版社．1～120
周一星．1995. 城市地理学．北京：商务印书馆．30～60，81～200，220～312
周一星．1998. 淡化现行的城市发展方针．城市规划，(6)：8
朱厚伦．2004-11-18. 大国区域经济发展规律探寻．湖北日报，第4版
朱鸣，郭凤典，阚雅晗．2005. 区域经济发展中主导产业的选择原则．经济论坛，(6)：49～51
朱要武，朱玉能．2003. 区域主导产业的选择基准．上海综合经济，(11)：26～30
朱英明．2004. 城市群经济空间分析．北京：科学出版社．4～149
邹东涛．李洪侠．2006. 近年来西部大开发政策绩效分析与思考．载：韦苇．中国西部经济发展报告（2006）．北京：社会科学文献出版社．42～57
左伟，王曙，查启军．2002. 我国西部区域开发理论分析．西安联合大学学报，(1)：24～28
Arrow K J. 1962. The economic implications of learning by doing. Review of Economic Studies, 29: 155～173
Barror J , Martin S I. 1995. Economic growth. Mcgrow-Hill. 121～152
Batten D F. 1993. Network cities versus central place cities: building a Cosmo creative constellation. The Cosmo-Creative Society, 25 (4): 137～150
Brun J F, Combes J L, Renard M F. 2002. Are there spillover effects between coastal and noncoastal regions in China? . China Econ Rev, (13): 161～169
Cai F, Wang D, Du Y. 2002. Regional disparity and economic growth in China: the impact of labour market distortions. China Econ Rev, (3): 197～212
Capello R, Nijkamp P. 1996. Regional variations in production network externalities. Regional Studies, 30 (3): 83～96
Cartels M. 1994. The information society and the global economy, new left review. European Cities, 30 (6): 204
Christaller W. 1966. Central Places in Southern Germany. English translation by Carlisle W B. London: Prentice-Hall. 89～102
Conti S, Malecki E J. 1995. The Industrial Enterprise and Its Environment: Spatial Perspectives. Avebary Ashgate Publishing Ltd. 221～244

Cooke P, Morgan K. 1993. The network paradigm: new departures in corporate and regional development. Enviornment and Planning D: Society and Space, 36 (11): 543 ~ 564

Cooke P, Uranga M G, Etxebarria G. 1998. Regional systems of innovation: an evolutionary perspective. Environment and Planning A, (30): 1563 ~ 1584

Cooke P. 1983. Theories of Planning and Spatial Development. London: Hutchinson. 102 ~ 113

Cumbers A, Mackinnon D , McMaster R. 2003. Institutions, power and space: assessing the limits to institutionalism in economic geography. European Urban and Regional Studies, 10 (4): 325 ~ 342

Demurger S. 2001. Infrastructure development and economic growth: an explanation for regional disparities in China?. J Comp Econ, (29): 95 ~ 117

Dixit A K, Stiglitz J E. 1977. Monopolistic competition and optimum product diversity. AER, (67): 297 ~ 308

Eiersch H. 1995. Urban Agglomeration and Economic Growth. Berlin: Springer Verlag. 3 ~ 35

Folemr H , Oosterhaven J . 1997. Spatial Inequalities and Regional Development. Martinus Nijhoff Publishing Ltd. 1153 ~ 1178

Friedman J R. 1966. Regional Development Policy: A Case Study of Venezuela. Cambridge: MIT Press. 1 ~ 31

Friedman J. 1969. A General Theory of Polarized Development. Los Angeles: UCLA Press. 376 ~ 398

Friedman J. 1996. Two consepts of urbanization. Urban Affairs Quarterly, (1): 78 ~ 84

Fujita M, Krugman P. 1995. When is the economy monocentric? Regional Science and Urban Economics, (25): 595 ~ 628

Fujita M, Ogawa H. 1982. Multiple equilibra and structural transition of monocentric urban configuration. Regional Science and Urban Economics, (12): 161 ~ 196

Fujita M, Krugman P, Mori T. 1999. On the evolution of hierarchical urban systems. European Economic Review, 43 : 209 ~ 251

Fujita M, Thisse J F, Yves Z. 1997. On the endogenous formation of secondary employment centers in a city. Journal of Urban Economics, 11: 337 ~ 357

Fujita M, Mori T. 1997. Structure stability and evolution of urban systems. Regional Science and Urban Economics, 27: 399 ~ 442

Fujita M, Hu D. 2001. Regional disparity in China 1985 – 1994: the effects of globalization and economic liberalization. Anna + ls of Reg Science, 35 (1): 3 ~ 38

Giannetti M. 2002. The effects of integration on regional disparities: convergence, divergence or both. European Economic Review, 46 (3): 539 ~ 567

Ginsburg N, Koppel B, MeGee T G. 1991. The Extended Metropolis: Settlement Transition in Asia. Honolulu: University of Hawaii. 47 ~ 70

Golley J. 2002. Regional patterns of industrial development during China's economic transition. Econ Transition, 10 (3): 78 ~ 93

Grabher G, Stark D. 1996. Organizing diversity: evolutionary theory, network analysis and postsocialism. Regional Studies, 31 (5): 263 ~ 279

Guldin G. 1992. Urbanizing China. Contributions in Asian Studies. NewYork: Greenwood

Press. 328 ~ 378

Gurglers J. 1998. The Urbanization of the Third World. New York: Oxford University Press. 389 ~ 412

Harrison D, Kain J F. 1974. Cumulative urban growth and urban density functions. Journal of Urban Economics, 4 (1): 113 ~ 117

Henderson V, Mitra A. 1996. The new urban landscape: developers and edge cities. Regional Science and Urban Economics, 26 (6): 613 ~ 643

Jia L. 1998. Regional catching up and productivity growth in Chinese reform period. International J Social Econm, 25 (6, 7, 8): 1160 ~ 1177

Jin D J, Stough R R. 1998. Learning and learning capabilityin the Fordist and post—Fordist age: an integrative framework. Environment and Planning A, (30): 1255 ~ 1278

Karlavist A, Lundavist L. 1997. Spatial Interaction Theory and Planning Models. North-Holland Publishing Company. 324 ~ 344

Kurgman P. 1991. Increasing Returng and Economic Geography. Journal of political Economy. 9 (3): 483 ~ 499

Lösch A. 1954. Die Raumliche Ondnung der Wirtschaft. English translation by Woglom W H, Stolper W F. New Haven CT: Yale University Press. 471 ~ 482

Lacus R. 1988. On the mechanics of economic development. Journal of Monetary Economics, 22: 3 ~ 42

Leach J. 1996. Training, migration, and regional income disparities. Journal of Public Economics, 61 (3): 229 ~ 443

Lee C, Rongxing G. 1996. Simulating regional systems: a system dynamics approach. The Journal of Chinese Geography, 6 (2): 56 ~ 61

Li Shaomin, Li Shuhe, Zhang Weiying. 2000. The road to capitalism and institutional change in China. Journal of Comparative Economics, 28 (2): 51 ~ 63

Liu S. 2000. Resource allocation and economic growth in China. Econ Inquiry, 38 (3): 515 ~ 526

Lovering J. 1999. Theory led by policy: the inadequacies of the new regionalism (illustrated from the case of Wales). International Journal of Urban and Regional Studies, (2): 379 ~ 395

Lu M, Wang E. 2002. Forging ahead and falling behind: changing regional inequalities in post-reform China. Growth and Change, 33 (1): 42 ~ 71

Markusen A. 1999. Fuzzy concepts, scanty evidence and policy distance: the case for rigour and policy relevance in critical regional studies. Regional Studies, 33 (9): 869 ~ 886

Martin P, Ottaviano G I P. 1999. Growing locations: industry location in a model of endogenous growth. European Economics Review, 43 (2): 281 ~ 302

Martin R L, Sunley P. 2001. Rethinking the "economic" in economic geography: broadening our vision or losing our focus. Antipode, 33 (2): 148 ~ 161

Martin R L, Sunley P. 1998. Slow convergence? The new endogenous growth theory and regional development. Economic Geography, 36 (4): 201 ~ 227

Martin R L. 1999. The new economic geography: challenge or irrelevance. Transactions of the Institute of British Geographer NS, 24 (4): 387 ~ 391

Maskell P. 1998. Competitiveness, localized learning and regional development. London: Routledge. 164 ~ 187

Meyer D R. 1980. Emergence of the american manufacturing belt: an interpretation. J Hist Geography, 9 (2): 145 ~ 174

Morgan K. 1997. The learning region: institutions, innovationand regional renewal. Regional Studies, 31 (5): 491 ~ 503

Myrdal G. 1957. Economic Theory and Under-developed Regions. London: Duckworth. 1142 ~ 1158

Nakagome M. 1991. Competitive and imperfectly competitive labor markets in urban areas. Journal of Regional Science, 31: 161 ~ 170

Ottaviano G I P, Puga D. 1998. Agglomeration in the global economy: a survey of the ' new economic geography. World Economy, 21 (6): 707 ~ 731

Pred A R. 1966. The Spatial Dynamics of U. S. Urban-Industrial Growth 1800-1914: Interpretive and Theoretical Essay. Cambridge Mass: MIT Press. 568 ~ 599

Puga D. 1999. The rise and fall of regional inequality. European Economic Review, 43: 303 ~ 334

Qian Yingyi , Roland G. 1998. Federalism and the soft budget constraint. American Economic Review, 88 (5): 398 ~ 412

Ravi K , Zhang Xiaobo. 1999. Which regional inequality? The evolution of rural-urban and inland-coastal inequality in China from 1983 to 1995. J Comp Econ, 27 (4): 686 ~ 701

Rodriguez P A. 2001. Killing economic geography with a "cultural turn" overdose. Antipode, 33 (2): 176 ~ 182

Romer P M. 1986. Increasing returns and long-mn growth. Journal of Political Economy, (94): 12 ~ 37

Solow R M. 1956. A contribution to the theory of economic growth. Quarterly Journal of Economics, (70): 65 ~ 94

Sun H, Parikh A. 2001. Exports, inward foreign direct investment (FDI) and regional economic growth in China. Reg Studies , 35 (3): 156 ~ 178

Swan T W. 1956. Economic growth and capital accumulation. Economic Record, (2): 334 ~ 361

Venables A J. 1996. Equilibrium locations of vertical linked industries. International Economic Review, 37: 341 ~ 359

Walz U. 1996a. Long-run effects of regional policy in an economic union. Regional Science and Urban Ecnomics, 30: 165 ~ 183

Walz U. 1996b. Transport costs, intermediate goods, and localized growth. Regional Science and Urban Ecnomics, 26: 671 ~ 695

Wan G. 2001. Changes in regional inequality in rural China: decomposing the Gini index by income sources. The Australian J of Agricultural and Resource Econ, 45 (3): 316 ~ 381

Wang Y, Yao Y D. 2001. Sources of China's Economic Growth, 1952 – 1999: Incorporating Human Capital Accumulation. WBI Working Paper, The World Bank. 1453 ~ 1479

Wei Y D. 2000. Investment and regional development in pest- Mao China. Geo journal, 51 (3): 169 ~ 179

Wei Y, Liu X, Song S, et al. 2001. Endogenous innovation growth theory and regional income convergence in China. J of Int Develop, 13 (2): 513 ~ 527

Williamson J G. 1965. Regional inequality and the process of national development: a description of the patterns. Economic Development and Cultural Change, 13 (4): 3 ~ 45

Wu Yanrui. 2002. Regional disparities in China: an alternative view. Int J of Social Econ, 29 (7, 8): 575 ~ 598

Xu X. 2002. Have the Chinese provinces become integrated under reform. China Econ Rev , (13): 116 ~ 133

Yang D T. 2002. What has caused regional inequality in China? . China Econ Rev, (13): 331 ~ 334

Yeung H W C. 2003. Practicing new economic geographies: a methodological examination. Annual of the Association of American Geographers, 92 (2): 442 ~ 462

Yeung H W C. 2003. Theorizing economic geographies of Asia. Economic Geography, 79 (2): 107 ~ 128

Yinger J. 1992. City and suburb: urban models with more than one employment center. Journal of Urban Economics, 31: 181 ~ 205

Young A. 2000. The razor's edge: distortions and incremental reform in the People's Republic of China. Quarterly Journal of Economics, 115 (4): 1091 ~ 1135

Zhang X, Zhang K H. 2003. How does globalisation affect regional inequality within a developing country? Evidence from China. J Develop Studies, 39 (4): 36 ~ 45

后　记

理论的产生来源于客观实践本身，传统理论的产生、发展经历了实践的全部过程，因而理论本身的优势与不足往往能够比较直观地表现出来，这为我们进一步对传统理论进行创新提供了良好的契机。本书从众多的区域经济发展理论中筛选出传统增长极理论，在深入分析、借鉴其他相关发展理论的基础上，通过对传统增长极理论的创新，大大拓展了区域经济非均衡发展与协调发展的研究视角与空间概念。增长极理论和实践的困境促使增长极理论进行创新，以增长极理论为指导的区域经济发展理论为增长极理论的创新提供了基本实践来源和客观依据，而增长极理论创新的逻辑起点离不开“增长极”本身的创新。

按照增长极理论的内在逻辑，整合区域经济发展理论的演进过程，我们能够得出以下结论：中心地理论、核心－外围理论、循环累积因果理论、二元空间结构理论、新经济地理理论、空间网络化理论、网络化发展理论等区域发展理论的演进过程，都是对创新的“增长极”概念内涵的丰富和外延的扩大。众多相关的区域发展理论从不同的方面和角度对区域经济发展的内在机理进行了阐释和演绎，虽然不同的理论只是在某一或某几个方面有所体现，但各种理论的互补与整合无疑为增长极理论的创新提供了丰富的理论源泉。从增长极的聚集与扩散过程而言，有些理论只是揭示聚集与扩散的动力源泉，有些理论从不同侧面体现了增长极空间聚集和扩散的单向过程等。众多理论的互补整合能够克服单个理论的单纯与不足，为在传统理论的基础上构建一个新的理论创造了条件。从当前区域经济发展的实际来看，真正具有实践意义的是如何通过对传统理论的扬弃、创新构建一个新的理论框架，它的基本范畴（范式）能够解释增长极的多层含义，同时能够从根本上涵盖一个大范围区域经济发展的过程及机理。层级增长极网络化发展理论是本书希望解决此问题的逻辑起点和一种探索。

西部区域经济空间布局不经济和区域自然地理环境是西部区域经济发展必须面对的两大现实问题，一切区域经济发展理论和模式都必须在充分考虑上述约束条件的基础上进行。区域经济空间格局不经济与自然地理环境制约是一个问题的两个方面，二者相辅相成。区域自然地理环境的制约实质上导致了空间分布分散等地理不集中现象，使规模经济难以实现，生态环境被破坏和污染等。由于区域经济空间格局不经济和自然地理环境的制约导致区域交易费用高昂和发展空间受到强烈的约束，因此，实行地理集中或聚集是适应西部区域经济社会现实的一种有效举措。它一方面能够带来聚集经济效应和规模经济效应；另一方面通过“聚集或集中”能够有效减少对西部生态环境的破坏和压力，维护生态平衡，为西部区域经济长期稳定、可持续发展创造有利的条件。

此外，西部区域经济发展战略模式问题涉及经济、政治、文化、地理、自然环境、社会以及地域风俗习惯等多方面因素，因此，西部区域经济发展模式问题是一个非常复杂的系统工程，对于这个问题的研究也必须进行多方法、多角度、多层次考察，在进行深入、细致、大量调查研究的基础上才能最终确定具体发展模式和途径。从当前国内外区域经济研究的现状来看，区域经济持续、协调、稳定发展虽然一直被作为整个国家经济发展战略中的核心问题来审视，但这方面理论研究却仍然是当前我国区域经济研究中的薄弱环节。本书虽然试图对这方面的问题寻找一个比较深入、细致、科学、合理的“答案”，但是毕竟西部区域经济可持续协调稳定发展问题是一个跨越了诸多学科的系统工程，西部区域的自然、地理、人文、经济社会等诸多方面还存在许许多多我们自身（包括学术界）没有了解，也无法了解到的问题和“盲区”，加之作者自身的学识、时间、精力以及自身能力的多方面制约，对于西部区域经济发展问题的研究仍然处于一个较为浅显的阶段和层次。因此，综合上述多方面的原因，本书对西部区域经济发展战略模式、路径以及具体途径选择的研究仅仅是从一两个重要的角度进行审视的结果，就解决西部区域经济发展战略和模式等理论问题而言，我们不能苛求毕其功于一役，尚有许多问题需要在区域发展理论以及实践的基础上进一步研究和总结。

在本书完稿之际，蓦然回首，往事历历在目，不经意间1000多个日日夜夜已悄悄溜走！三年来的酸甜苦辣刹那间一起涌上心头，让我真正体会到了什么是“学海无涯苦作舟”！

感谢我的博士导师西安交通大学经济金融学院李国平教授！李老师深厚的学术功底和渊博的理论素养让我受益无穷。在本书写作过程中，李老师给予了悉心的指导和帮助，在此对于导师表示最诚挚的感谢。

感谢我的硕士导师西安电子科技大学党委书记李立教授和师母谢海珍教授，他们在我人生的道路上给予我巨大的关怀和支持，把我引进了学术研究的殿堂。李老师经常借用名人名言、典故来激励我要勤奋创新、博采众长、锐意进取，他们博大的胸怀、深厚的学术修养以及高尚的人格魅力时刻感染和影响着我，给予我做人、做事、做学问的动力。

我要深深地感谢西安电子科技大学纪委书记靳雅静教授、党委组织部王援肃副教授、季庆阳高级工程师、师妹靳珠和王丽玲，他们始终关心我的学业和工作，给了我极大的鼓励。

感谢西安电子科技大学经济管理学院的王安民书记、赵捧未院长、李华副院长、刘东苏副院长，在本书出版过程中，他们给予了全力的支持和帮助。

感谢西安市碑林区纪委书记刘伯雅博士，作为学长，他对本课题的研究，对我个人工作、学习的各方面都给予了大力支持和帮助！

远在遥远北方山村的父母和家人，他们热切的期望始终是我奋勇前进的动力源泉，他们在那贫瘠的土地上辛勤劳作，历经风霜却毫无怨言，永不言累，没有父母多年含辛茹苦、呕心沥血的养育和奉献，我将一事无成。他们默默的奉献、辛勤的劳作为我铺就了上大学、攻读硕士、博士的学习之路，父母在极其艰苦的条件下供我上学，并用他们最朴实无华的方式教给我做人、做事的道理和方法。两个弟弟也竭尽全力支持我的求学之路。我的岳父母全家用他们最真诚的方式给予我无尽的理解和毫无保留的支持！家人期待的目光，永远是我人生旅途中不竭的动力源泉，我衷心祝愿他们健康长寿！

还要感谢科学出版社的宋旭编辑和牛玲编辑，她们对于本书的出版倾注了大量的心血！

在本书的写作过程中，参阅了学术界、实际工作部门的专家、学者们的研究成果，没有他们辛勤工作的成果，我对本课题的研究是绝对没有根基的。特向他们表示诚挚的谢意！

最后，我还要感谢我的妻子史文霞女士和我可爱的女儿张乐昱，你们永远都是我前进道路上坚强的精神支柱和不竭的动力源泉！

张建军

2009 年 3 月 12 日于西安电子科技大学

“21 世纪科技与社会发展丛书”

第一辑书目

《国家创新能力测度方法及其应用》
《社会知识活动系统中的技术中介》
《软件产业发展模式研究》
《软件服务外包与软件企业成长》
《追赶战略下后发国家制造业的技术能力提升》
《城市科技体制机制创新》
《休闲经济学》
《科技国际化的理论与战略》
《创新型企业及其成长》
《劳动力市场性别歧视与社会性别排斥》
《开放式自主创新系统理论及其应用》

“21世纪科技与社会发展丛书”

第二辑书目

《证券公司内部控制论》
《入世后中国保险业竞争力评价与对策》
《服务外包系统管理》
《高学历科技人力资源流动研究》
《国防科技资源利用与西部城镇化建设》
《高技术风险投资理论与政策研究》
《中国金融自由化进程中的安全预警研究》
《中国西部区域发展路径——层级增长极网络化发展模式》
《中国西部生态环境安全风险防范法律制度研究》
《科技税收优惠政策与利用》